L'adolescent suicidaire

Dans la série Enfances

Extrait de notre catalogue

Maurice Berger	La Séparation thérapeutique
	Les Troubles du développement cognitif
Jean Cartry	Petite chronique d'une famille d'accueil
Yvonne Castellan	Psychologie de la famille
Jean-Pierre Chartier	Les Adolescents difficiles
Albert Criville	L'Inceste
Jean-Marie Delassus	La Nature du bébé
Léon Kreisler	Le Nouvel Enfant du désordre psychosomatique
Emilia M.-O. Marty	les Enfants de l'oubli
Théo Peeters	L'Autisme
Roger Perron	Les Représentations de soi
	L'Enfant en difficulté
Xavier Pommereau	L'Adolescent suicidaire
Gérard Poussin	Psychologie de la fonction parentale
Ginette Raimbault	L'Enfant et la mort
Pierre Verdier	Face au secret de ses origines
	L'Enfant en miettes
Claude Wacjman	L'Enfance inadaptée
	Travailler avec les enfants malades mentaux

Xavier Pommereau

L'adolescent suicidaire

DUNOD

Du même auteur

Dictionnaire de la folie. Les mille et un mots de la déraison. En collaboration avec S. MARC, Paris, Albin Michel, 1995.

ISBN 2 10 003097 3

« J'ai besoin de me rassurer
Mais pourquoi ?
Pour fuir
Par peur
Par honte
Bye bye ! »

Christelle

Table des matières

Avant-propos

Tout acte suicidaire est l'expression d'une tragédie qui se joue sur l'avant-scène d'un profond désespoir intérieur. Quel que soit son aboutissement, les termes de ce drame conjuguent des facteurs personnels, familiaux et environnementaux qui s'intriquent, se condensent et se renforcent mutuellement au point de faire de ce comportement une voie finale commune pour laquelle il est bien difficile, parfois impossible, d'identifier *a posteriori* un déterminant principal. Dans le cas où l'acte s'avère malheureusement fatal, les spéculations et les rationalisations retenues par le corps social comme une cause plausible du suicide (précarité du statut social, perte affective, maladie...), n'effaceront jamais, chez les proches du disparu, cette lancinante question : *pourquoi a-t-il fait ça ?* C'est toute la cruauté et la complexité de cette conduite, rendue d'autant plus énigmatique qu'elle est susceptible de revêtir simultanément plusieurs sens... qui ont échappé en grande partie à la conscience du sujet lui-même. Il est d'ailleurs frappant de constater que la plupart des personnes qui mettent sciemment leur vie en jeu ne « savent » pas que l'événement ou le vécu auquel elles attribuent leurs tourments, en cache d'autres, et que leur incapacité à accéder aux origines de leur souffrance constitue le principal ressort du passage à l'acte. Ainsi, l'acte suicidaire doit s'interpréter à différents niveaux et la pluralité des approches est nécessaire pour tenter d'en percer les mystères, en s'efforçant de concilier, plutôt que d'opposer, sociogenèse et psychogenèse.

Cela est vrai quel que soit l'âge des sujets concernés. Mais lorsqu'il est accompli par un adolescent, l'acte suicidaire représente une monstruosité qui résiste d'autant plus à la compréhension qu'elle implique un être par essence en devenir. Le caractère inacceptable de tels événements explique sans doute le silence empreint de honte et de culpabilité qui l'entoure encore, tant dans les familles qui en sont victimes que dans la société toute entière, alors que le phénomène s'amplifie de façon préoccupante chez les jeunes depuis trois décennies. Soulignons que cette inquiétante progression est sans précédent connu. Elle frappe tous les pays industrialisés et ne se limite pas aux passages à l'acte suicidaires *stricto sensu*. Chez les adolescents, on assiste en effet à une augmentation concomitante d'autres conduites pathologiques souvent associées entre elles : fugues, alcoolisme, toxicomanies, boulimie ou anorexie... auxquelles il faut ajouter les actes de vandalisme et de violences diverses qui s'expriment en milieu urbain et, depuis peu, au sein même de l'univers scolaire. À propos de l'école, nous examinerons en détail les tenants et les aboutissants de ces troubles du comportement dont la fréquence exacerbe aujourd'hui les craintes et les questionnements. L'accroissement parallèle de ces pathologies de l'agir à l'adolescence et le fait qu'elles aient en commun d'être des actes de rupture, suscitent d'emblée deux interrogations de fond : la société moderne favorise-t-elle l'émergence de ces conduites ? À quels impossibles détachements ou renoncements pourraient correspondre de telles velléités de rupture ? Contrairement aux idées reçues, ce n'est pas tel ou tel fait social pris isolément qui peut rendre compte de ces manifestations. Ainsi, le chômage est un facteur aggravant ou déclenchant, non la cause exclusive d'un geste suicidaire. C'est la dynamique globale d'une société en mutation qui est à prendre en considération, car elle s'accompagne d'un démaillage du tissu social et d'une désorganisation de ses instances de régulation. Les individus les plus jeunes, les plus vieux ou les plus démunis, qui – par définition – sont les plus dépendants du bon fonctionnement des rouages sociaux pour s'intégrer à la communauté, payent le prix fort de ce que l'on pourrait appeler une « dérégulation » sociale. Sous l'influence de différents facteurs, les deux pôles de la vie que sont la jeunesse et la vieillesse, s'étirent démesurément, réduisant par là-même l'âge adulte proprement dit, c'est-à-dire celui de la pleine maturité. Il faut rester jeune le plus longtemps possible avant d'avoir à se préoccuper d'une vieillesse qui ne serait plus synonyme d'expérience et de sagesse. À l'instar du risque d'effondrement qui menace toute construction provisoire qui dure, l'étirement démesuré de cette période de transition qu'est l'adolescence, fragilise ceux qui – en pleine métamorphose – ont à la traverser. Et c'est précisément la dilution des repères et des limites, le développement des dépendances de toutes natures, le recul du symbolique (notamment de ce qui fait loi) et la prédominance de l'agir, qui caractérisent le mode de vie de la deuxième moitié du XXe siècle. La cellule familiale contemporaine en est souvent l'illustration. Toutefois, certaines familles – plus que d'autres – répercutent, subissent ou alimentent ces phénomènes parce qu'ils entrent en résonance avec les avatars de leur propre histoire. Elles peuvent être le siège de violences manifestes. Elles peuvent être surtout marquées, à l'insu de leurs acteurs, par un climat relationnel délétère qui se nourrit de la confusion des générations, de l'imprécision de la place et du rôle de chacun, auxquelles font écho certaines formes de démission parentale, l'absence des pères et l'omnipotence des mères. De telles configurations réelles ou symboliques, laissent de nombreux jeunes désemparés et dépendants. Dans bien des cas, ces derniers ne trouvent pour voies de dégagement que celles de l'agir, afin de s'extraire d'un passé infantile irrémédiablement révolu.

Les facteurs personnels ne peuvent évidemment être éludés. Pourquoi tel sujet passe à l'acte et non tel autre ? Nous verrons cependant que ce n'est pas la maladie mentale qui permet, le plus souvent, de rendre compte de la problématique suicidaire, même si la symptomatologie anxio-dépressive est fréquente chez les jeunes concernés. Ceux-ci éprouvent en effet une souffrance psychique qui doit être reconnue et traitée, mais leur passage à l'acte n'est révélateur d'une affection mentale avérée que dans un cas sur cinq. Dans le prolongement des travaux de Haim (1970), Ladame (1981) et Jeammet (1994) – auteurs qui ont considérablement éclairé la psychopathologie des jeunes suicidants – nous préférons parler de vulnérabilité psychique à propos du fonctionnement mental caractérisant nombre de ces sujets. On note chez eux une grande fragilité narcissique, une intolérance à la perte (notamment des liens parentaux ou de leurs substituts) et une dépendance massive à ces mêmes liens primordiaux. Leur vie psychique se montre généralement riche de possibilités figuratives, mais celles-ci sont expulsées dans l'acte qui matérialise « au pied de la lettre » les tensions et les conflits qui ne sont pas psychiquement symbolisés et contenus. De ce point de vue, le comportement suicidaire constitue une modalité économique d'anti-pensée, une transposition métaphorique « concrète » de ce qui ne peut être représenté. Le passage à l'acte vient à la place d'une prise de conscience insupportable et vise à s'arracher à une réalité interne ou externe vécue comme traumatique et douloureuse. Aux sentiments de dépendance et d'emprise qui les menacent ou les aliènent, les sujets répondent par l'agir avec l'illusion d'exercer un contrôle, une maîtrise toute-puissante sur leur souffrance. Je vais me faire moi-même, non à l'image des vivants qui m'ont tant fait souffrir, mais à celle des dieux que je tutoierai désormais, semblent-ils proférer. Pour autant, est-ce toujours la mort qui est en question ? On doit convenir que celui ou celle qui a placé le canon d'une arme à feu dans sa bouche a la volonté d'en finir avec la vie. Mais beaucoup de jeunes suicidaires ne savent pas eux-mêmes ce qu'ils visent : la mort réelle ou l'interruption d'une vie jugée intolérable. C'est l'un des nombreux paradoxes de ce comportement. « Vouloir en finir » peut signifier tout à la fois rompre des liens de dépendance et les pérenniser en imposant sa présence posthume éternelle dans l'univers des survivants, mourir à cette vie-là pour renaître à une vie meilleure.

En passant à l'acte, quelles effroyables représentations mentales les sujets cherchent-ils à fuir ou à neutraliser ? Cette interrogation est, pour nous, au cœur du processus suicidaire. Avec *l'homicide* auquel il est apparenté jusque dans ses fondements étymologiques, le *suicide*[1] – ce « meurtre de soi-même » – est un acte de transgression absolue qui est situé, comme *l'inceste*, au degré ultime des interdits humains. Notre expérience clinique nous incite à penser que chez les adolescents en grande détresse dont nous nous occupons, la transgression qu'exprime leur geste répond pratiquement toujours à l'une de ces transgressions majeures, parfois même aux trois réunies. La conduite suicidaire peut être la reproduction à l'identique d'un acte de même nature effectué par un proche ou un ascendant. Elle succède très souvent à la trace ou à la crainte de violences incestueuses et parricides, réelles ou imaginaires. De fait, nous montrerons qu'à un niveau manifeste ou fantasmatique, il est souvent question d'inceste et de meurtre dans l'histoire familiale, le vécu personnel ou la vie psychique des jeunes suicidaires. Que de telles menaces soient liées à la reviviscence de traumatismes inscrits dans la réalité externe ou qu'elles traduisent la non-symbolisation des conflits appartenant au monde interne, la souffrance et l'angoisse ressenties sont à la mesure de la réactivation œdipienne qui marque l'adolescence, à travers la sexualisation des liens due à l'émergence du corps pubère. Dans de nombreux cas, l'acte

1. XVIIIe siècle, mot formé d'après homicide. Il est issue du latin *sui* « soi » et de *caedere* (-cide) « tuer »

suicidaire révèle ainsi l'enlisement de son auteur dans la traversée du détroit oedipien pubertaire, le sujet étant pris dans les sables d'une dépendance aux figures parentales que son corps sexué rend dangereusement incestueuse. Faire disparaître l'« objet du crime » en attaquant le corps propre, pour n'avoir pas à renoncer à des liens parentaux indépassables, est l'objectif illusoire et tout-puissant que tenteraient d'atteindre ces adolescents au moyen de l'acte suicidaire. Par devers eux, ils transposeraient dans le réel le mythe universel d'Œdipe, la tragédie grecque révélant symboliquement, comme on le sait, la collusion existant entre l'inceste, le meurtre et le suicide.

Dans la réalité clinique quotidienne, les choses n'apparaissent pas toujours aussi clairement. Tel ou tel facteur déclenchant masque les origines profondes de la souffrance. La culpabilité engendre le déni et la banalisation qui aveuglent le sujet et son entourage quant au sens de l'acte suicidaire. Bien plus, au sein de la cellule familiale, ce n'est souvent pas l'adolescent ni l'un ou l'autre des principaux acteurs familiaux qui est individuellement malade, mais les relations que les protagonistes entretiennent entre eux. En tout état de cause, certaines évidences s'avèrent trompeuses, tandis que des interrogations essentielles demeurent. C'est à l'exploration de ces différents aspects que nous invitons le lecteur, en pénétrant plus avant dans les arcanes du drame suicidaire à l'adolescence.

1

Quelques repères statistiques

Nul ne conteste aujourd'hui que le phénomène suicidaire soit devenu un thème de santé publique à part entière. Le suicide devance les accidents de la circulation pour le nombre de décès annuels. Il représente la première cause de mortalité chez les 25–34 ans, la deuxième chez les 15–24 ans. Pourtant, on constate que relativement peu d'études épidémiologiques détaillées sont disponibles à ce jour. Il existe à peu près partout des enquêtes locales, parfois régionales, notamment sous l'impulsion des ORS[1]. Mais la dernière étude statistique française de référence a été publiée en 1986 et fait état de données datant de 1980 (Françoise Davidson et Alain Philippe, 1986). La consultation des causes médicales de décès établies annuellement par le service SC8 de l'Inserm[2] est certes possible, mais – pour chaque année considérée – les résultats définitifs ne sont disponibles que deux à trois ans plus tard. Ainsi, les chiffres actuels sont ceux de 1993. Cette année-là, il y a eu en France, tous âges confondus, 12 251 déclarations de décès par suicide, soit un quart de plus que de morts sur la route, ceux-ci correspondant à 8 773 décès pour la même année[3]. Trois suicidés sur quatre sont de sexe masculin[4]. Dans les deux sexes, la tranche d'âge la plus touchée est celle des 35–44 ans. En deuxième position, se situe – chez

1. Observatoires régionaux de la santé.
2. Institut national de la Santé et de la Recherche Médicale.
3. Causes médicales de décès, année 1993, résultats définitifs, France, Inserm SC8.
4. 8 861 hommes, soit 72,5 %.

Tableau 1
Mortalité par suicide tous âges - France, 1993

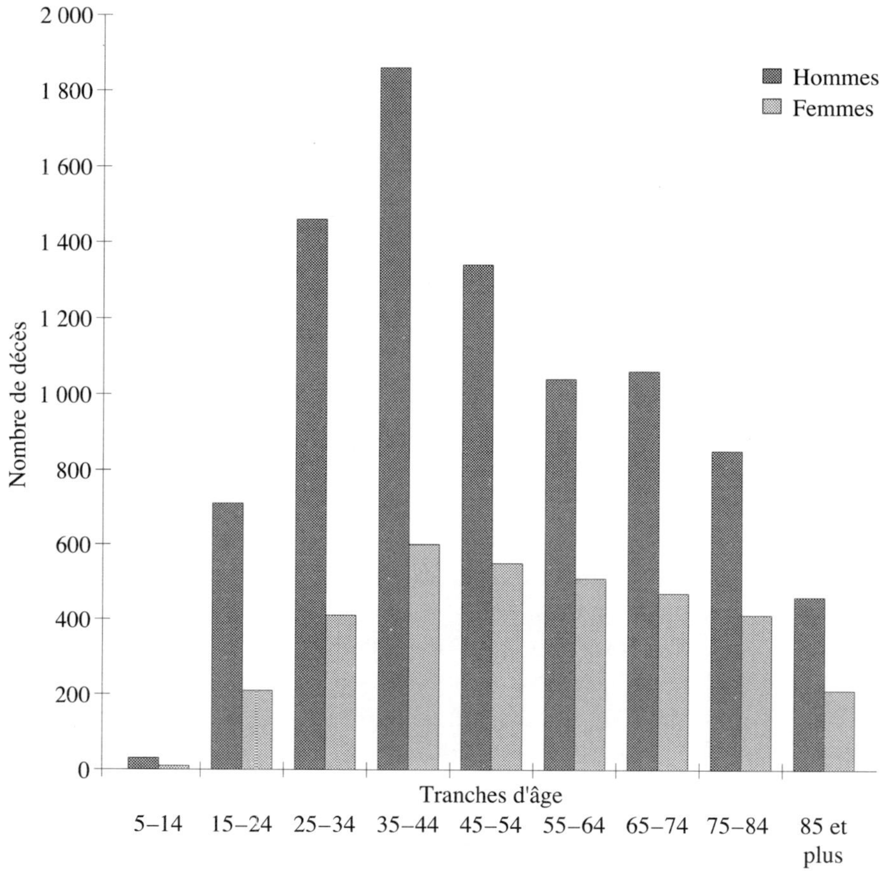

Source : Inserm SC8

	Hommes	Femmes
5–14	26	5
15–24	756	210
25–34	1 458	415
35–44	**1 867**	**601**
45–54	1 343	552
55–64	1 039	511
65–74	1 061	472
75–84	850	410
85 et plus	461	214

les hommes – la tranche des 25–34 ans (*cf. tableau 1*). Les décès enregistrés chez les moins de 25 ans représentent près de 9 % des suicides masculins et 6 % des suicides féminins[1]. Le nombre officiel de suicides chez les enfants ou adolescents de moins de 15 ans reste très faible : 26 garçons et 5 filles. Compte tenu du taux réduit de mortalité infantile dans notre pays, le suicide est responsable de 19 % des décès dans la tranche d'âge 15–24 ans, ce qui place cette cause en seconde position, après les accidents et avant les tumeurs. L'évolution dans le temps indique qu'après une hausse continue depuis le début des années soixante-dix (avec une pointe en 1985–86), les taux de suicide semblent aujourd'hui stabilisés – tous âges confondus – à 31,5 pour 100 000 habitants dans le sexe masculin et 11,5 pour 100 000 dans le sexe féminin. Chez les 15–24 ans, ces taux sont approximativement réduits de moitié[2].

De telles tendances doivent cependant être pondérées du fait d'une sous-estimation du phénomène d'au moins 20 %. Ainsi, par exemple, en l'absence de lettre d'adieu explicite, toute personne trouvant la mort dans une collision automobile est considérée par défaut comme victime d'un accident de la circulation, si toute hypothèse de meurtre peut être écartée. D'autre part, l'établissement des statistiques repose sur une certification correcte des décès. Or, la fiabilité de cette procédure est sujette à caution. Pour des raisons de tabou social (le qu'en-dira-t-on) ou de contrainte familiale (l'exclusion des clauses d'une assurance-vie), l'entourage du défunt fait parfois pression sur le médecin afin que n'apparaisse pas la mention suicide sur le certificat de décès. Le praticien, notamment en milieu hospitalier, n'est d'ailleurs pas toujours conscient lui-même de l'importance d'une certification précise, qui demeure pourtant strictement confidentielle. La cause finale de la mort (exemple : « arrêt cardio-respiratoire ») peut éluder la raison initiale de l'hospitalisation (exemple : « tentative de pendaison »). Ailleurs, la demande d'une autopsie avec « obstacle médico-légal à l'inhumation » conduit le défunt à l'institut médico-légal. Or, la transmission des données statistiques de cet établissement vers la DDASS[3] et l'Inserm est

---

1. Soit, respectivement, 782 hommes et 215 femmes.
2. Dix-huit pour cent mille habitants, chez les hommes ; cinq pour cent mille, chez les femmes.
3. Direction départementale des Affaires sanitaires et sociales.

loin d'être systématique, aboutissant dans certaines régions à des taux importants de « causes de décès inconnues ou non précisées ». C'est le cas à Paris où l'institut médico-légal conclut, dans une étude récente, à une sous-déclaration de 30 %. Pour l'année 1993, le rapport des causes médicales de décès en France, établit que 262 garçons et 71 filles âgés de moins de 25 ans sont décédés par « traumatismes et empoisonnements causés d'une manière indéterminée quant à l'intention ». On note également que 519 garçons et 176 filles sont décédés par « accidents non précisés » ou de « causes inconnues ou non déclarées ». La sous-estimation statistique semble d'autant plus importante que les individus concernés sont jeunes et que les drames surviennent au sein de petites communautés rurales.

À tout âge, les deux modes de suicide les plus utilisés sont la pendaison et l'arme à feu. Chez les 15–24 ans, 75 % des hommes et 40 % des femmes ont mis fin à leurs jours en employant l'un ou l'autre de ces moyens (*cf. tableau 2*). Dans les deux sexes, l'usage de l'arme à feu est proportionnellement plus fréquent à cet âge qu'aux autres périodes de la vie. Dans la triste énumération des méthodes suicidaires, l'intoxication – responsable d'un tiers des décès féminins – précède le saut d'un lieu élevé et la précipitation sous un véhicule (*cf. tableau 3*). Parmi les 31 sujets âgés de moins de 15 ans déclarés décédés par suicide en 1993[1], 17 ont eu recours à la pendaison, 10 à l'arme à feu, deux à un moyen « non précisé », un à « une séquelle de TS »... et un à la précipitation d'un lieu élevé[2].

Les caractéristiques socio-démographiques et socio-familiales statistiquement observées, ne permettent pas d'établir un « profil » type du jeune suicidé. On note toutefois une sur-représentation d'individus issus de régions rurales (en particulier Nord-Ouest, Centre) et de personnes en situation de grande précarité : déscolarisation précoce, qualification professionnelle faible, niveau socio-culturel bas, absence d'emploi stable, isolement affectif et perte des liens interpersonnels, famille perturbée par le chômage, la maladie, les ruptures de tous ordres.

1. Causes médicales de décès, *op. cit.*

2. On conviendra qu'un seul décès déclaré par « saut d'un lieu élevé » laisse perplexe.

Tableau 2
Modes de décès par suicide en fonction du sexe - France, 1993

	Hommes (en %)		**Femmes** (en %)	
	15–24 ans	**Tous âges**	**15–24 ans**	**Tous âges**
Pendaison	33,2	40,9	22,8	27,5
Arme à feu	44,1	32,2	16,1	7,9
Intoxication	8,3	10,6	31,9	27,1
Noyade	1,4	4,8	2,8	15,3
Saut d'un lieu élevé	4,7	4,0	13,8	10,8
Arme blanche	0,5	0,9	0,4	1,4
Autres + non précisés	7,5	6,5	11,9	9,7

Source : Inserm SC8

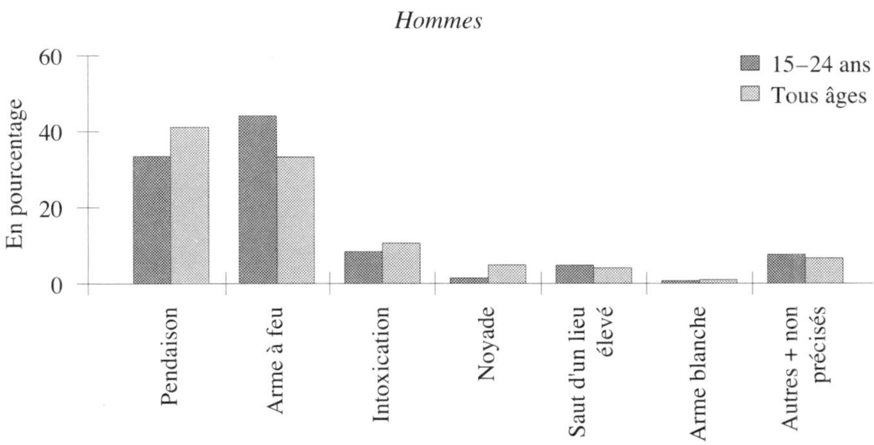

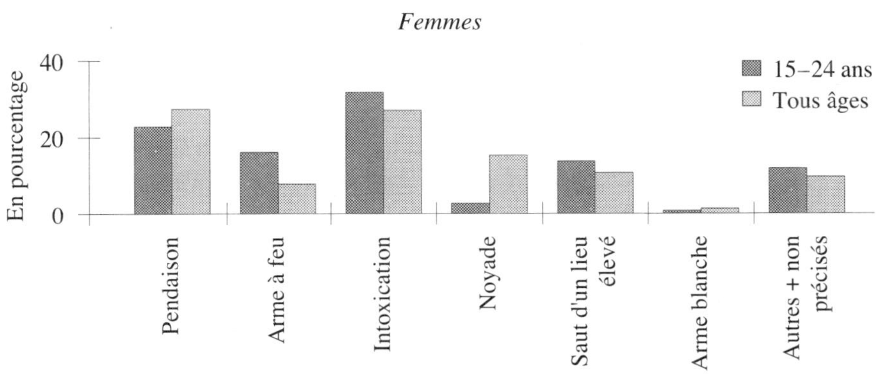

Tableau 3
Modes de suicide chez les 15–24 ans

	Hommes (en %)	**Femmes** (en %)
Pendaison	33,2	22,8
Arme à feu	44,1	16,1
Intoxication	8,3	31,9
Noyade	1,4	2,8
Saut d'un lieu élevé	4,7	13,8
Arme blanche	0,5	0,4
Autres + non précisés	7,5	9,7

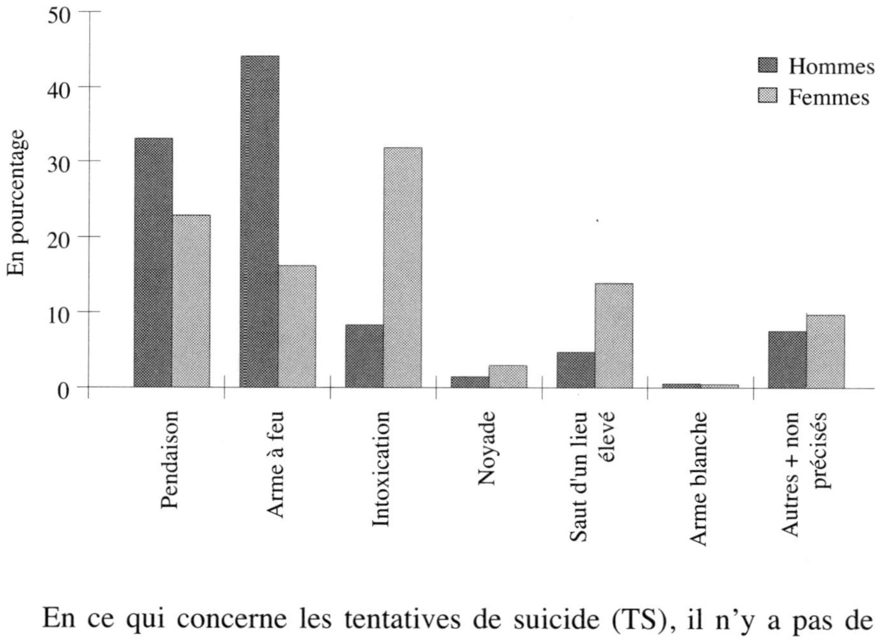

En ce qui concerne les tentatives de suicide (TS), il n'y a pas de recensement statistique national des hospitalisations qui leur sont liées. L'ampleur du phénomène est évaluée à partir de données hospitalières locales ou régionales, extrapolées à l'ensemble du territoire. On estime que les tentatives de suicide sont au moins dix fois plus nombreuses que les suicides aboutis. Les chiffres de 120 à 140 000 TS annuelles, dont 40 000 effectuées par des sujets âgés de moins de 25 ans, sont généralement retenus. L'incidence semble croître parmi les très jeunes, notamment les 13–16 ans. D'autre part, 30 % des TS ne font pas l'objet d'une admission en milieu hospitalier. Nous verrons que le déni et la

Tableau 3
Modes de suicide, tous âges

	Hommes (en %)	**Femmes** (en %)
Pendaison	40,9	27,5
Arme à feu	32,2	7,9
Intoxication	10,6	27,1
Noyade	4,8	15,3
Saut d'un lieu élevé	4,0	10,8
Arme blanche	0,9	1,4
Autres + non précisés	6,5	9,7

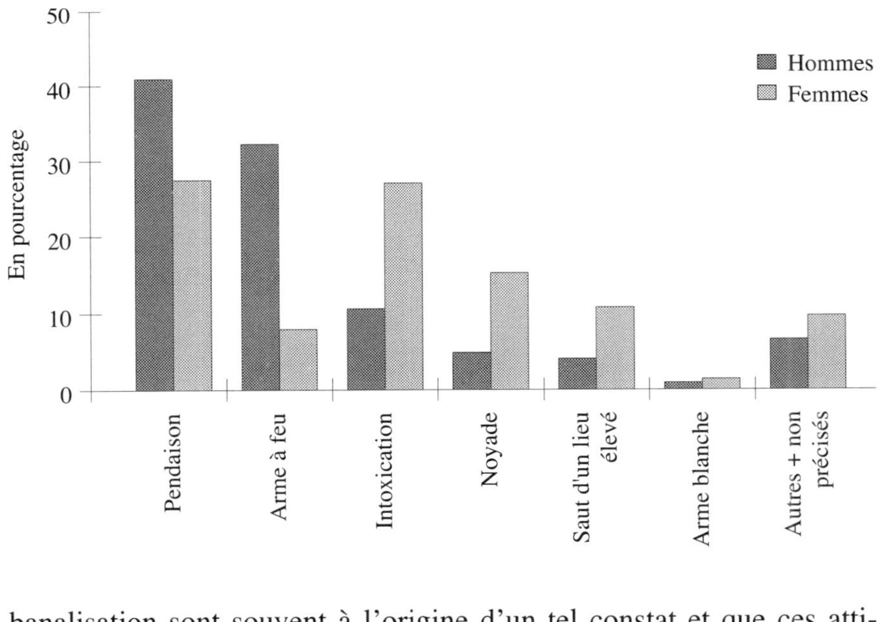

banalisation sont souvent à l'origine d'un tel constat et que ces attitudes défensives conduisent non seulement à une sous-estimation statistique du problème, mais favorisent aussi les récidives. L'enquête récente de Marie Choquet et Sylvie Ledoux (1994), effectuée auprès de 12 000 jeunes scolarisés de la population générale, indique que parmi les 11–19 ans, 19 % des garçons et 27 % des filles reconnaissent avoir eu des idées de suicide. La même étude constate que 6,5 % des adolescents (8 % des filles, 5 % des garçons) disent avoir déjà fait au moins une TS, dont un quart, plusieurs. La majorité de ces tentatives (80 %) n'a pas donné lieu à une hospitalisation.

Dans un rapport inverse à celui observé chez ceux pour qui l'acte suicidaire a été fatal, 75 % des jeunes suicidants sont de sexe féminin. Ces jeunes gens vivent principalement en zones urbaines. Les taux de tentatives sont assez voisins d'une agglomération à l'autre ; dans la tranche d'âge 15–24 ans, on les estime à 500 pour 100 000 habitants chez les filles et 200 pour 100 000 chez les garçons (Isabelle Gasquet et Marie Choquet, 1995).

Le mode de TS, de loin le plus fréquent, est l'intoxication médicamenteuse volontaire (IMV) : huit à neuf tentatives de suicide sur dix sont effectuées par ce moyen. Les médicaments surtout employés sont les psychotropes, parmi lesquels les tranquillisants[1] figurent en première place. Les produits les plus utilisés sont généralement ceux qui sont les plus prescrits. Très souvent, ils l'ont été dans les semaines précédentes, au titre d'une prescription médicale destinée au sujet lui-même ou à un membre de son entourage. Hormis les psychotropes, les dérivés du paracétamol[2] sont concernés une fois sur quatre chez les jeunes. L'ingestion des substances est fréquemment polymédicamenteuse. Dans 20 à 30 % des cas, l'IMV est associée à une prise d'alcool et/ou à des scarifications à visée phlébotomique[3]. La létalité de la méthode suicidaire employée est évidemment fort différente selon qu'il s'agit d'un moyen violent à effets destructeurs immédiats (pendaison, arme à feu, défenestration...) ou d'une intoxication dont les effets différés et progressifs laissent plus de chances aux secours d'intervenir à temps. Le recours aux méthodes violentes s'observe plutôt chez les hommes, ce qui aboutit en moyenne à un décès pour quinze tentatives de suicide masculines en dessous de 25 ans. Chez les femmes du même âge, ce rapport est de un pour 160. Nous reviendrons ultérieurement sur les questions de psychopathologie différentielle que ne manque pas de susciter un tel constat.

---

1. Anxiolytiques et hypnotiques.
2. Médicaments à visée anti-inflammatoire, antalgique ou anti-pyrétique (exemples : Doliprane, Efferalgan...).
3. Comme moyen suicidaire, la phlébotomie consiste en l'incision des veines au moyen d'un objet coupant ou contondant (rasoir, cutter, bris de verre...). Elle est le plus souvent effectuée au niveau de la face interne des poignets ou des plis du coude.

L'un des problèmes majeurs que posent les conduites suicidaires est leur répétition potentielle, qualifiée habituellement de « récidives[1] ». Quarante pour cent des jeunes suicidants ont déjà effectué dans le passé au moins une TS (Jean-René Carré et Élisabeth Zucker, 1989). Le risque de récidive est très important dans les douze mois qui suivent l'acte suicidaire de référence, ce d'autant plus que l'individu est jeune. Cela concerne le tiers des adolescents suicidants chez qui deux récidives sur trois sont réalisées dans cet intervalle. Dans notre expérience, 75 % des jeunes récidivistes à trois mois n'avaient pas fait l'objet d'une hospitalisation lors de leur TS précédente. Le risque physique pris augmente avec la répétition, ce qui est un facteur important de morbidité (risque de séquelles, hospitalisations plus longues, soins plus importants du point de vue somatique). Enfin, selon certaines études, 1 à 2 % des suicidants décéderont par suicide dans l'année suivant leur TS (L. Kotila et J. Lonnquist, 1987), quel que soit le mode antérieurement utilisé.

Indépendamment du sexe et du lieu de l'habitat, on retrouve chez les jeunes suicidants une sur-représentation statistique de variables socio-démographiques et socio-familiales identique à celle observée chez les jeunes suicidés. Dans bien des cas, ruptures, violences et précarités diverses se déclinent à tous les modes et marquent la position sociale des sujets, leurs relations inter-personnelles et les milieux familiaux dans lesquels ils évoluent. Chez les adolescentes, on observe que les jeunes Françaises d'origine maghrébine ou non métropolitaine – dont on sait qu'elles connaissent des difficultés d'intégration à différents niveaux – ont recours aux conduites suicidaires avec une fréquence croissante. On relève également l'importance quantitative d'antécédents personnels concernant d'autres troubles des conduites (fugues, absentéisme scolaire, appétences toxicophiliques, actes délictueux, etc.).

Quant à l'inscription de la TS comme symptôme inaugural ou évolutif de troubles mentaux avérés chez son auteur, elle concerne deux à trois jeunes suicidants sur dix.

---

1. Le terme est évocateur du statut réservé aux suicidants, puisqu'il traduit soit la réapparition d'une maladie, soit un nouveau délit, soit encore le fait de retomber dans la même faute, la même erreur. On nomme d'ailleurs « multirécidiviste » le sujet répétant plusieurs passages à l'acte suicidaires.

2

L'adolescent, l'agir et le suicide

L'adolescence, cette période de grands remaniements tant physiques que psychiques, est – plus que tout autre âge de la vie – un moment où « ce qui bouge en soi »[1] atteint parfois une telle intensité et entraîne une telle douleur que c'est tout entier que le sujet peut basculer et se perdre dans l'agir. Les manifestations qui en résultent, même si elles s'avèrent minimes, sont le reflet d'une agitation de l'esprit, non celui d'une activité au sens constructif du terme. Rappelons en effet que tout être humain est naturellement orienté vers l'action et l'autonomie[2]. L'*action* est le produit de l'accomplissement psychique. Si tout se passe à peu près normalement, elle permet à l'individu de suffisamment s'affranchir de ses liens de dépendance pour qu'il se sente exister comme un sujet à part entière, mû par ses désirs et contraint par ses frustrations. *A contrario*, l'*agir* est la résultante d'une difficulté ou d'une impossibilité de mentalisation. Il se substitue à la parole – celle qui met des mots sur les sentiments ou les émotions – et revêt diverses formes que nous proposons de distinguer schématiquement en deux grandes catégories : les passages à l'acte « en plein » (opposition active,

---

1. Accession au corps sexué et reviviscence des périodes œdipiennes et pré-œdipiennes.
2. Le concept d'*action* s'applique à toute activité psychologique privée qui peut être rendue publique à travers le geste et la parole, au rêve, à la pensée silencieuse, ainsi qu'à toute activité d'emblée publique, comme le langage ordinaire et le comportement intentionnel ou symbolique. La *passivité* est de ce fait une activité qui s'ignore ou qui se récuse.
L'*autonomie* ou action d'« être régi par ses propres lois », comporte la valeur psychologique de liberté, d'indépendance.

violence) et les passages à l'acte « en creux » (retrait, évitement), leurs motivations restant la plupart du temps inconscientes, mais très révélatrices[1].

L'acte : issue de secours ou chausse-trappe ?

La propension à l'agir est classique à l'adolescence. Souvent, elle se superpose à l'action qui s'exerce communément à cet âge sous la forme de prises de risque plus ou moins inconsidérées, selon la qualité et la permanence des limites que fixent la famille et la société. « Je prends la moto », dit Nicolas à sa mère, en esquissant un baiser furtif avant de s'engouffrer dans le garage. « Et ton casque ? », lui demande-t-elle. « Je ne le mets pas, ça va me coller les cheveux », répond Nicolas. « Il n'en est pas question : ou tu mets ton casque, ou tu ne prends pas la moto, rétorque sa mère. » « Fais chier ! », entend-on distinctement, juste avant que ne claque bruyamment la porte d'entrée. Sur le coup fâché d'être obligé de partir casqué, mais en même temps rassuré par l'attention soucieuse de sa mère à son égard, Nicolas passera « une bonne soirée ». De fait, toute autre attitude maternelle aurait été inappropriée : « Fais comme tu veux, ça te regarde », confine au laxisme et à la démission, ce que Nicolas aurait interprété en termes d'indifférence ou de rejet. « Puisque tu dis ça, il n'est plus question que tu sortes et ne demande pas à prendre la moto de sitôt », est excessif et aurait acculé l'adolescent à la dissimulation ou à la provocation.

L'agir, lorsqu'il est tempéré, n'a pas de signification pathologique, si ce n'est qu'il traduit la fragilité, propre à l'adolescence, de l'interface entre *contenant psychique* et *contenant corporel*. Rompre brutalement une discussion familiale au milieu du repas et partir en jetant sa serviette de table, se retirer ostensiblement dans sa chambre pour s'isoler de l'entourage, avoir le verbe haut dès la moindre remarque jugée à tort ou à raison désobligeante, en sont des illustrations courantes. C'est la fixité, la répétition et l'augmentation *crescendo* des manifestations exprimées qui doivent attirer l'attention, car elles signalent une souffrance

---

1. La notion de *passage à l'acte* doit être distinguée de celle d'*acting out*, terme anglais employé en psychanalyse pour désigner – au sein de la cure – un acte exprimé en lieu et place de la parole, transgressant la règle fondamentale de verbalisation en association libre. Il représente une forme de blocage ou de résistance vis-à-vis du transfert, ou une « réponse » au contre-transfert.

qui ne peut être dite autrement. Le passage à l'acte suicidaire, aussi « bénin » soit-il sur le plan du risque vital encouru, constitue un indicateur de gravité qui doit être pris pour ce qu'il est : le signe tangible que son auteur est en grande difficulté.

À l'adolescence, l'agir et ses éventuels développements pathologiques sont à craindre, parce que le processus pubertaire entraîne l'émergence de pulsions et de représentations psychiques ressenties par le sujet comme aussi incontrôlables que les remaniements qu'il subit au niveau de son corps propre. Celui-ci lui apparaît soudainement imposé par ceux qui l'ont conçu : il est l'expression manifeste de l'union des parents et la concrétisation de leur désir. Tout adolescent connaît, à des degrés divers, ces tensions douloureuses qui lui font éprouver de vifs sentiments de dépossession de lui-même, dans les domaines corporel, affectif et relationnel. Mais, la maladie mentale, certains événements de vie ou la résurgence de traumatismes psychiques infantiles forment autant de composantes réelles et fantasmatiques qui pérennisent ou attisent un tel vécu. Lorsque le sujet est dans l'incapacité de reconnaître comme sien son monde interne, lorsqu'il ressent à l'intérieur de lui des forces contradictoires terriblement violentes, son corps propre lui semble être le seul vecteur possible de mobilisation pour se dégager des contraintes qui l'assaillent. Les actes lui restituent un rôle actif et lui donnent un sentiment de maîtrise sur la réalité extérieure, en reléguant au second plan le poids de sa réalité psychique.

Dans certains comportements pathologiques – et c'est précisément le cas des conduites suicidaires – le corps est investi d'une fonction éminemment paradoxale : il est à la fois le moyen d'agir et la cible de ces agissements. Nous reviendrons plus avant sur ce qui est susceptible de se jouer à ce niveau. En dehors des troubles graves de la personnalité, retenons dès à présent qu'un adolescent qui attaque son corps, réalise le plus souvent à travers son geste une attaque d'une autre nature. Il ne s'agit pas d'un déplacement tel qu'on entend ce terme en psychanalyse[1]. Comme l'énonce Philippe Jeammet (1985*a*), face à un

1. La théorie psychanalytique fait du déplacement un phénomène à l'œuvre dans la formation des symptômes et, d'une façon plus générale, dans toute formation de l'inconscient. Il se rapporte au « fait que l'accent, l'intensité d'une représentation est susceptible de se détacher d'elle pour passer à d'autres représentations originellement peu intenses, reliées à la première par une chaîne associative » (J. Laplanche et J.-B. Pontalis, *Vocabulaire de la psychanalyse*).

acte, « [...] on n'est plus en présence, comme dans la névrose, d'un symptôme (même s'il est des cas où coexistent les deux dimensions) qui est, à la suite d'un long processus de déplacements, la représentation déguisée de désirs inconscients, dont l'objet reste clairement représenté et fortement investi dans l'inconscient *via* le préconscient. C'est évident dans les passages à l'acte impulsifs, mais c'est également le cas pour les conduites agies les plus stables où il y a une tentative non plus tant de déplacement que de substitution d'objet. L'objet substitutif (la drogue, la nourriture, mais aussi le corps propre ou telle ou telle de ses parties) est là en tant que pseudo-objet [...] [non pas] pour symboliser l'objet absent et investi inconsciemment, mais plutôt pour remplacer celui-ci [...] [afin] d'effacer la représentation et de supprimer les investissements qui le visent [...] ».

Ce phénomène, qui concrétise et donne à voir une conflictualité impossible à contenir psychiquement, suscite fréquemment – chez l'adolescent – le sentiment qu'il est « deux en lui ». La conscience réfléchie l'amène bien entendu à tenter de lutter – parfois de façon épuisante – contre l'« irrésistible envie » de passer à l'acte. Ces efforts restant vains et les mécanismes en jeu lui étant inaccessibles, le sujet se sent, par devers lui, « poussé » à l'agir. La facilité de mise en œuvre, l'apaisement immédiat que procure le sentiment d'exercer une emprise sur ce qui est agi, l'effet provoqué sur l'entourage, concourent à faire du passage à l'acte une voie de dégagement prévalente. Sans même envisager l'issue dramatique sur laquelle cette dernière peut déboucher, le problème est que l'efficacité de la « matérialisation » produite n'est qu'illusion. L'apaisement ne dure pas, obligeant l'intéressé à réitérer son comportement. Le sens de celui-ci échappe au sujet et à son entourage, ce qui contribue à dégrader leurs relations plutôt qu'à les détendre. Enfin, l'acte peut s'« auto-entretenir », si l'on peut dire, en se nourrissant lui-même, à l'instar de certaines toxicomanies où la dépendance aux produits et l'accoutumance qui l'accompagne, forcent à l'augmentation des doses. D'ailleurs, les troubles alimentaires et leur inquiétante aggravation, certaines conduites suicidaires et leur surenchère, ou encore l'escalade parfois observée dans les violences hétéro-agressives, répondent d'assez près à ce que les Anglo-Saxons nomment addiction[1], le passage à l'acte devenant en soi une source d'assujettissement potentielle.

1. Du verbe *to addict* « s'adonner à (qqch) ».

Les conduites de risques sont-elles toutes suicidaires ?

Tout acte suicidaire se définit, *stricto sensu*, comme l'expression d'une volonté délibérée de mettre fin à ses jours. Son issue est ou non fatale, ce qui conduit à distinguer le suicide *abouti*[1] – acte mortel par lequel son auteur devient, à titre posthume, un *suicidé* –, la *tentative de suicide* (TS)[2] – acte non mortel faisant du rescapé un *suicidant* – et le *projet* d'en finir avec la vie, qui conduit à dénommer *suicidaire* l'individu animé d'une telle idéation.

Derrière la simplicité de ces définitions, se cachent des notions plus complexes. En quoi le sujet a-t-il vraiment conscience de ce qu'il vise et est-ce toujours la mort réelle qui est l'enjeu de sa détermination ? S'il veut « en finir », est-ce avec la vie ou avec cette vie-là qui lui paraît « invivable » ? On admettra que de telles interrogations s'accordent mal à des définitions aussi réduites. Certes, celles-ci permettent d'exclure *a priori* du champ du suicide les conduites d'automutilation, terme que l'on réserve soit à un acte volontaire destiné à tirer avantage d'une invalidation, soit aux comportements non suicidaires portant atteinte à l'intégrité corporelle qu'effectuent certains malades mentaux. Sur un plan théorique, de telles définitions n'incluent pas non plus les conduites mortifères d'enfants pour qui la notion d'irréversibilité de la mort n'est pas encore acquise, c'est-à-dire qui ont moins de six ou sept ans. Mais que penser, en dessous de cet âge, de certains « accidents » domestiques ou de la circulation (absorption de substances toxiques, précipitation sous un véhicule...) survenant dans des contextes affectifs et

1. Certains parlent de suicide « réussi » (décès) et de suicide « raté » (tentative). L'usage de tels qualificatifs situe l'acte sur le terrain d'un antagonisme réussite/échec. Ce dernier ne rend pas compte de la souffrance psychologique qui précède et accompagne le processus suicidaire. Il n'est en rien indicateur de l'ambivalence et de l'impasse affective dans lesquelles se trouvent les sujets concernés. Il renvoie enfin aux rescapés une image particulièrement péjorative de leur geste.

2. Le langage médical a souvent recours aux termes « autolyse » et « tentative d'autolyse » (abrégé en TA), comme synonymes de suicide abouti et de tentative de suicide. Cet usage est impropre puisque le mot *autolyse* signifie « destruction des tissus par leurs propres enzymes ». Il participe de l'évitement linguistique dont sont l'objet ces conduites en ne les désignant pas de manière explicite. De même, le terme *parasuicide* pour « tentative de suicide (bénigne) », importé de l'anglais (Kreitman, 1969), doit être considéré comme mal formé en français. Son usage dépréciatif est fréquent, au sens de « TS non sérieuse ».

relationnels aussi perturbés que ceux qui fondent nombre d'actes suicidaires ? La force du tabou social qu'exerce le suicide, contribue sans doute à couvrir de tels événements dramatiques d'un voile pudique.

Mirna L.[1] a quatre ans lorsque sa mère se suicide en absorbant un produit domestique à base de soude caustique. Ce drame fait suite à une longue période dépressive, émaillée de nombreux séjours en milieu spécialisé. L'entourage date le début des problèmes de Mme L. au moment de sa grossesse. « Mirna n'a pas été désirée… Son géniteur a quitté Mme L. au cinquième mois de grossesse et ne reconnaîtra pas l'enfant à sa naissance… ». Mme L. présente une dépression du post-partum ; elle est hospitalisée une première fois en milieu psychiatrique pendant trois mois. Elle confie sa fille à sa propre mère jusqu'à ce que Mirna ait deux ans. Elle reprend sa fille avec elle lorsqu'elle se met en ménage avec l'ami avec qui elle vivait au moment du drame. Un après-midi de ses six ans, c'est en jouant dans la cuisine avec les flacons situés sous l'évier que Mirna avale de l'eau de Javel pure. L'enfant décède après trois jours de soins hospitaliers intensifs. L'enquête conclut à une mort par « empoisonnement de cause indéterminée quant à l'intention ».

Sauf à convenir d'en réduire le champ pour des besoins de dénomination, il apparaît clairement que le phénomène suicidaire est difficile à circonscrire et ce, à tout âge. Il existe un grand nombre de *conduites de risques*, qui toutes menacent la vie du sujet à plus ou moins long terme et qui sont ou non consciemment suicidaires. De ce point de vue, l'adolescent ne se distingue pas de ses aînés, si ce n'est que le risque est pour lui, nous l'avons vu, au cœur même d'un besoin : celui de « se mettre à l'épreuve » pour se sentir exister. L'ampleur et l'ambiguïté de telle ou telle conduite mortifère laissent en tout cas perplexe l'observateur quant à leurs véritables enjeux. À l'évidence, certains comportements sont impossibles à caractériser formellement comme actes délibérés de se donner la mort. D'autres accumulent les coïncidences qui n'en sont pas. Même en présence de circonstances pour le moins troublantes, le doute subsiste souvent, d'autant plus qu'il constitue – pour l'entourage ou le corps social – une dérivation possible à d'intolérables sentiments de culpabilité. Que dire, par exemple, de Fabrice, ce jeune motard qui s'est enivré en discothèque après que sa petite amie l'ait quitté, est parti sur un coup de tête contre l'avis de ses

1. Les prénoms ainsi que les initiales des noms ont été volontairement modifiés dans toutes les vignettes cliniques illustrant le présent ouvrage. De même, ont été délibérément écartés tous les éléments relatifs à la topographie précise des lieux ou à la datation des événements relatés.

amis et a trouvé la mort à cinq heures du matin dans un virage plutôt moins dangereux que beaucoup d'autres ?

S'il est possible de repérer un désir suicidaire plus ou moins conscient dans des conduites à risque particulières (« roulettes urbaines[1] », certaines anorexies ou toxicomanies, actes sexuels volontairement non protégés...), d'autres se prêtent moins facilement à une telle interprétation (défis motorisés, pratique d'une activité sportive dite « de l'extrême »...). Faute de pouvoir établir une distinction précise entre tel ou tel comportement « à risque », force est donc de laisser de côté ceux pour lesquels leurs auteurs n'ont pas conscience d'un désir de mort immédiat (tabagisme, alcoolisme, la plupart des toxicomanies, etc.). Mais même en établissant cette séparation un peu arbitraire, nous ne pouvons prétendre cerner l'acte suicidaire proprement dit, sans l'amputer à bon compte d'une partie de sa substance et de son mystère. En quoi la prise de risques démesurés (dont le sujet ne semble pas avoir pleinement conscience) se distingue-t-elle vraiment de la volonté exprimée de mettre fin à ses jours ? Toutes deux échappent souvent à la compréhension, y compris d'ailleurs pour les sujets eux-mêmes, pris – comme nous le verrons – dans le maelstrom de nombreux paradoxes.

De l'idée de suicide au passage à l'acte

L'idéation suicidaire à l'adolescence doit être distinguée des préoccupations plus ou moins morbides qui répondent aux interrogations existentielles caractéristiques de cette période de la vie (goût prononcé pour les symboles de mort, phénomènes d'attraction/répulsion pour les événements horribles, etc.). Penser à la mort est nécessaire et structurant à cet âge qui est celui du deuil de l'enfance et des images parentales révolues, de la question des origines et du devenir de tout un chacun. De même, les idées de suicide ne doivent pas être sommairement assimilées aux représentations fugaces qui traversent l'esprit dans les moments difficiles, quand la mort apparaît dans toute son évidence comme le seul vrai terme à quelque entreprise humaine que ce soit. Il

1. Comportement motorisé consistant à brûler les feux rouges de carrefours sans visibilité (voir *ordalie*).

y a lieu enfin de ne pas confondre les idées de suicide avec les rêveries éveillées au cours desquelles s'élabore parfois tel ou tel scénario mortuaire (obsèques, deuil de l'entourage, etc.). Ces pensées font circuler de riches représentations et affects, liés au réseau associatif, et donc psychiquement contenus, même si de telles rêveries comportent une tonalité triste que l'on peut considérer comme une satisfaction régressive. L'idéation suicidaire est, elle, bien différente. Elle ne correspond pas à un questionnement philosophique, car *elle ne se pense pas*. Profondément morbide, elle résulte de la concentration d'« idées noires » qui s'expriment lorsque la pensée n'est plus en mesure d'articuler ni son langage intérieur, ni son discours. Ce peut être en raison d'une désorganisation psychique structurelle, d'un vide dépressif interne ou du sentiment d'effondrement qu'entraîne tout vécu réel ou supposé de perte indépassable. Cette dernière émerge souvent sans que le sujet n'ait directement accès aux fondements mêmes de cette souffrance. Elle est alors susceptible de se cristalliser autour d'événements ressentis ou présentés comme autant de facteurs déclenchants, quand ceux-ci font écho à la survenue ou à l'imminence d'une perte : rupture sentimentale, conviction d'être délaissé ou abandonné, perception d'une image altérée de soi dans le regard d'autrui et ses conséquences sur l'estime qu'a le sujet de lui-même (résultats scolaires décevants, chômage, fréquentations jugées mauvaises par l'entourage...), changements de domicile et suspension des contacts amicaux, décès d'un proche, etc.

Le moment critique que représente l'envahissement du champ de conscience par des idées de suicide, est d'autant plus menaçant que les associations psychiques se trouvent amoindries et empêchées. Les pensées perdent leur fluidité, leurs capacités de liaison et de déliaison s'amenuisent au point que l'on peut parler d'une sorte d'« asphyxie » du champ de conscience. Tout se passe comme si ce dernier se rétrécissait au point de réduire les productions mentales à des ruminations tourbillonnantes gorgées de pseudo-lucidité quant à l'absence d'issue à tel ou tel vécu. Leur force et leur impétuosité leur font tenter de se frayer un passage vers une échappatoire possible : l'*agir*. À l'image des parcours aléatoires que suivent les boules d'un billard électrique, ces idées se percutent, se bloquent ou accélèrent au fil de courtes séquences idéiques dont la brièveté le dispute à la violence. Contrairement à ce que beaucoup croient, cette expérience angoissante est très rarement un phénomène isolé. Le processus suicidaire évolue en effet par accès qui ponctuent une période s'étendant le plus souvent sur quelques jours ou plusieurs semaines. « Dans ces moments-là, je n'arrête pas de penser », dit Laura, jeune suicidaire âgée de 17 ans, avant de préciser : « En fait, ma tête part dans tous les sens, je ne contrôle plus rien et là, je peux faire n'importe quoi pour que ça s'arrête. » En dehors des cas où elles s'accompagnent de manifestations psychiatriques évidentes, les « idées noires » naissent et disparaissent au gré des frustrations affectives et des réparations provisoires ou, à l'inverse, s'incrustent comme autant d'idées arrêtées en attente d'un dégagement. Celles-ci sont plus denses en fin de journée, ce qui explique que le moment où l'idéation peut déboucher sur l'acte suicidaire, se situe très souvent en soirée.

À l'acmé des moments critiques, le sujet cherche à exprimer sa détresse auprès de ses proches. Il est fréquent qu'il fasse part de ses idées de suicide, au travers de propos allusifs directs ou indirects, d'écrits laissés en évidence, etc. Pour le sujet, il s'agit généralement de rationalisations destinées à s'expliquer la cause de ce qu'il ressent et à communiquer ces perceptions à l'entourage. Cet « aveu » s'effectue sous une forme plus ou moins voilée, selon l'importance de la culpabilité qu'il génère et le degré atteint par la crainte d'apparaître « fou » aux yeux des proches ou des intervenants. Mais remarquées ou évacuées par l'entourage, ces manifestations ne se limitent pas à cela. Le rétrécissement du champ de conscience et sa concentration en idées morbides s'accompagnent d'un signe comportemental qui en est le témoin : l'autorestriction brutale des relations, isolement délibéré qui traduit le repli douloureux du sujet sur lui-même. Cette rupture relationnelle ne vise pas seulement l'entourage familial. Elle s'exerce aussi à l'égard des pairs, camarades ou amis, que le sujet fréquente habituellement. Cet aspect est d'ailleurs ce qui doit le plus inquiéter la famille, car il maintient le sujet dans une dangereuse rumination mentale. Parallèlement, un cortège d'attitudes ou de symptômes est fréquemment associé. Du côté de l'acte, les conduites de rupture se déclinent en termes de fugues, d'absentéisme scolaire, d'ivresses répétés et de recours aux stupéfiants, de troubles alimentaires, etc. Du côté du symptôme, les manifestations d'apparence « fonctionnelle » affectant telle ou telle sphère corporelle sont classiques (maux de tête, de ventre, spasmophilie...), de même que l'apparition de certains signes neuro-psychiques (dysphorie, labilité émotionnelle exagérée...), en deçà de la présence de troubles psychiatriques majeurs.

Un point est essentiel : malgré la lutte qu'il tente d'engager contre l'idéation suicidaire dont il est la proie, et bien que certains accès soient spontanément résolutifs, le sujet a besoin d'aide pour sortir de l'impasse dans laquelle il se trouve et ne pas avoir à revivre cette expérience à court terme. Nous verrons plus loin que sa demande est rarement manifeste. Elle est pourtant exprimée sous diverses formes qui doivent impérativement être « décodées », non pour empêcher le sujet de se suicider mais pour restaurer en lui l'envie de vivre.

Filles et garçons suicidaires : quelles différences ?

L'existence d'une sex-ratio en miroir selon que l'on considère les jeunes ayant mis fin à leurs jours ou ceux qui ont tenté de le faire, mérite une attention particulière. Nous l'avons vu, les suicides concernent trois garçons pour une fille tandis que les rescapés d'une TS sont de sexe féminin dans le rapport inverse de trois filles pour un garçon. À tout âge, les hommes emploient plus souvent des méthodes suicidaires violentes, donc plus radicales. Les femmes ont surtout recours à de tels moyens après 55 ans (Françoise Davidson et Alain Philippe, 1986). Cette observation est bien entendu d'ordre statistique ; il y a des garçons qui utilisent l'ingestion médicamenteuse – méthode suicidaire dite « douce » – et des filles qui effectuent un passage à l'acte « destructeur ». Mais l'écart entre les deux sexes quant à l'usage préférentiel de tel ou tel moyen de suicide est quantitativement très significatif. Cet aspect est à l'origine d'interprétations différentielles qui se situent au carrefour des champs sociologiques, ethnologiques et psychologiques. L'analyse est parfois sommaire et non dénuée de considérations sexistes ou misogynes. Ainsi, il n'est pas rare d'entendre que les garçons seraient en quelque sorte plus « sérieux » que les filles, y compris pour se donner la mort. « Quand un homme a décidé de faire quelque chose, il le fait vraiment », soutiennent ceux qui font de la détermination suicidaire un attribut masculin. Pour eux, les filles « jouent souvent la comédie » en effectuant des TS destinées moins à mettre leur vie en jeu qu'à attirer l'attention de leur entourage. Il y aurait les « vrais » suicidaires (plus souvent les garçons) et ceux pour qui le passage à l'acte ne serait qu'un geste d'« appel » (plus souvent les filles). Le fait qu'une jeune suicidante ait avalé une dizaine de comprimés lors de sa première TS et qu'elle se soit défenestrée quelques semaines plus tard, cadre évidemment mal avec un tel point de vue.

Il semble beaucoup plus pertinent de se poser la question suivante : le choix de méthodes traumatiques (pendaison, arme à feu, collision automobile, etc.) est-il plus fréquent chez les garçons du fait de la propension masculine à la violence agie ou bien témoigne-t-il d'une plus grande morbidité psychopathologique chez les suicidants hommes ? En discussion de l'étude épidémiologique qu'elles ont réalisée sur ce thème, Isabelle Gasquet et Marie Choquet (1995) avancent l'hypothèse que les jeunes suicidants de sexe masculin représentent un sous-groupe plus à risque que les filles. Il se distingue par des problèmes scolaires plus nets (déscolarisation, redoublements), la consommation de toxiques illicites plus fréquente, des symptômes habituellement surtout retrouvés chez les filles (troubles du sommeil, plaintes psychologiques, troubles corporels fonctionnels et utilisation de psychotropes). Ces auteurs suggèrent que « [...] la plus grande gravité des tentatives de suicide des garçons n'est pas seulement liée à la différence des moyens utilisés pour se suicider, mais est due également à des différences psychopathologiques [...] ». Marie Choquet et Sylvie Ledoux (1994*b*) précisent que les garçons « [...] font plus souvent l'objet de diagnostics psychiatriques que les filles [...]. L'acte suicidaire, comme les troubles fonctionnels, les troubles alimentaires, la dépressivité, fait ainsi partie des symptômes du corps, typiques des femmes. Lorsque les garçons les adoptent, ils expriment un malaise plus important [...] ». Du point de vue psychologique, il y aurait ainsi une *gravité différentielle* selon le sexe qui serait à l'origine d'une plus forte détermination suicidaire masculine. Une telle perspective mériterait d'être validée par un travail épidémiologique spécifique relatif aux diagnostics portés, ce dont conviennent d'ailleurs ces chercheurs. La réalisation d'une étude de ce type devra cependant prendre en compte l'existence d'un incontestable risque de biais méthodologique : en pratique, l'établissement plus fréquent de diagnostics psychiatriques chez les jeunes hommes ayant tenté de se suicider, semble largement induit par la nature et la gravité des passages à l'acte réalisés ; plus ceux-ci mettent en jeu le pronostic vital, plus les diagnostics formulés vont dans le sens de la pathologie.

En attendant que cette hypothèse soit confirmée ou infirmée, notre expérience clinique nous incite à penser qu'il existe une même proportion d'adolescents des deux sexes connaissant des états de souffrance psychologique comparables. Ce sont les symptômes ou les comportements les traduisant qui paraissent différer sensiblement d'un sexe à l'autre. Garçons et filles en situation de mal-être adoptent en effet des conduites de rupture dont la forme n'est pas la même.

L'acte au masculin : « attention à la casse ! »

Les garçons qui vont mal privilégient typiquement le recours à l'agressivité patente et à la violence projetée. Ils mettent en actes et illustrent le verbe « casser » selon ses diverses acceptions. Casser, pour un garçon en difficulté, c'est ainsi rompre les relations de manière voyante et provocante pour se replier brutalement sur lui-même.

Fabien, 17 ans, est hospitalisé après s'être blessé au niveau du cuir chevelu avec une décharge de pistolet à grenaille. Depuis deux jours, il s'était retranché dans sa chambre, refusant de répondre aux sollicitations de ses parents qui ne savaient que faire : « Nous avions appris que Stéphanie, sa petite amie, l'avait plaqué... Depuis deux semaines, Fabien n'était plus le même... D'ordinaire gentil et doux, il nous répondait méchamment, s'emportait pour un rien... Il faisait pareil avec ses copains. Il y a deux jours, il a cassé son vélomoteur. Nous avons voulu en parler avec lui. Fabien nous a copieusement injuriés, puis il est monté se barricader dans sa chambre... Il refusait de descendre aux repas et lorsque nous tentions de dialoguer avec lui à travers la porte, il mettait sa musique à tue-tête. Notre docteur de famille a essayé lui aussi sans succès. C'est au moment où mon mari a entrepris de défoncer la porte que nous avons entendu la détonation... Sa chambre était un véritable carnage. Fabien gisait sur son lit. Autour, c'était innommable. Il avait déchiré tous ses posters... Il y avait des morceaux de feuilles, de photos, partout... On aurait dit qu'il s'était battu avec un régiment... »

Casser, c'est aussi commettre certains actes anti-sociaux (vandalisme, tag...), voire réaliser en bandes de véritables transgressions organisées. De l'effraction de lieux interdits ou du « cassage » de commerces à l'expédition hostile à l'égard d'autres « clans » ou de minorités ethniques, il existe toute une gamme de conduites délictueuses qui ont souvent un caractère purement « gratuit ». Ces agissements confinent parfois à des passages à l'acte médico-légaux d'une extrême gravité, allant du viol collectif à la chasse à l'homme et au meurtre. On est évidemment loin en apparence du comportement suicidaire, si ce n'est que les auteurs de telles violences le font fréquemment « à visage découvert », laissant derrière leurs exactions une traînée d'indices susceptible de mener directement à leur interpellation[1].

1. Il n'est pas rare non plus qu'ils tentent de mettre fin à leurs jours lorsqu'ils sont sur le point d'être pris.

Stéphane, 16 ans, est inconnu des services de police. Scolarisé en classe de première scientifique, « c'est un bon élève » de l'avis de tous ses professeurs. Avec trois camarades, eux aussi sans antécédents, Stéphane dit « avoir pété les plombs ». Vendredi soir, « ils ont bu beaucoup de bières et fumé des joints » chez l'un d'entre eux, en se passant la cassette d'un film intitulé *Exterminator IV*. Vers minuit, ils sont descendus dans la rue « pour faire un tour ». Stéphane a eu l'idée d'« emprunter » la camionnette d'un voisin « pour rigoler » et le quatuor a décidé de « faire du rodéo avec » : « Au début, on avait envie de voir si on pouvait sauter les trottoirs et les glissières et puis on a voulu faire peur aux gens en les frôlant... On était super excité. Quand on a renversé un type, ça nous a sacrément refroidi... On a su qu'on avait complètement déconné... On n'a pas réfléchi, on s'est enfui chacun pour soi... » Deux heures plus tard, les policiers se présentent au domicile de Stéphane : ce dernier avait laissé son portefeuille dans le véhicule volé. L'adolescent avoue immédiatement et donne le nom de ses complices.

Quant à prendre le risque de « se casser », c'est adopter toutes sortes de conduites dites d'*ordalie*[1], qu'elles soient motorisées (« fureur de vivre » rejouée sur les parkings déserts, « roulettes urbaines »...), parasportives (challenges sur des lieux élevés, épreuves de vitesse...) ou pseudo initiatiques (bizutage, jeux dangereux au moyen d'explosifs...). L'ampleur de ces défis est, de nos jours, réellement préoccupante. De tels comportements sont favorisés par la désinhibition qu'induit la prise concomitante d'alcool et de stupéfiants. L'usage de drogues licites ou illicites correspond d'ailleurs à un même désir de « se casser », de « se défoncer ». Bien que les garçons soient encore majoritaires dans l'emploi de tels expédients, notamment en matière de drogues dites « dures », les filles sont aujourd'hui plus nombreuses à recourir à l'alcool et au haschisch.

Les comportements de rupture scolaire ou professionnelle accompagnent de telles mises en acte, certaines étant d'ailleurs à l'origine de la déscolarisation ou de la désinsertion sociale. Ces événements forment une succession de cassures qui altèrent la continuité de tel ou tel cursus et rappellent, dans leurs formes, l'instabilité propre à ce que l'on nomme en psychiatrie les états limites.

L'auto-agressivité – autre forme de « casse » – s'exprime par les violences que le sujet s'inflige lui-même « pour se faire mal » (coups de poings ou de tête sur des surfaces dures, brûlures de cigarettes...).

1. *Cf.* chapitre 4.

L'apaisement que procure au sujet son passage à l'acte, est de courte durée, ce qui explique – nous l'avons dit – le caractère itératif de ces conduites.

David, 18 ans, est apprenti chez un carrossier. Depuis quelques jours, « il a la rage ». Tout est « terminé » avec sa petite amie ; ses parents (mère et « beau-père ») lui refusent toute sortie nocturne « parce qu'il a de mauvaises fréquentations ». Ses parents « ont l'air de préférer Christophe », le demi-frère âgé de 7 ans. David a des « crises qui lui prennent la tête ». Il a alors besoin de se faire mal : « Ça me soulage de taper de toutes mes forces contre le mur à m'en faire péter les doigts. » Un matin, il se présente au travail, la main très enflée. Son employeur s'énerve et le renvoie à son domicile. « Il m'a dit : casse-toi, bon à rien ! », se souvient David qui disparaît pendant deux jours : « J'en avais plein le cul de tout ça... j'avais envie de me jeter sous une bagnole... Finalement, j'ai été chez un copain... On a fumé pétard sur pétard... Ça m'a rendu nettement plus cool et j'avais plus mal à ma main... J'ai dormi une journée entière... »

Toutes ces composantes se retrouvent peu ou prou chez les jeunes suicidants de sexe masculin. Quelle que soit l'intensité de leur désir de mort, la rupture visant à se soustraire au vécu intolérable qui est le leur, est synonyme de rature – ultime ou non – d'une existence jugée « invivable ». « J'ai décidé de tirer un trait sur ma vie de merde », dit Alexandre, rescapé d'une tentative de suicide par arme à feu. De fait, chez les garçons en détresse, ce trait rageur et désespéré prend souvent la forme d'une balle ou d'une corde. La violence potentielle du moyen employé est en soi un moteur puissant, tout échec ou reculade étant perçu comme lâche et méprisable. Leur masculinité est en quelque sorte mise en jeu, ce qui explique sans doute le recours plus ou moins conscient à des méthodes ne remettant pas en cause leur virilité : pendaison (ne dit-on pas qu'elle provoque la mort en érection), arme à feu ou collision automobile (l'arme et la voiture représentant dans notre société des emblèmes phalliques évidents). L'impulsivité est une autre composante de la violence au masculin. Elle semble conduire les garçons suicidaires à soudainement projeter ou faire exploser leur souffrance à la face du monde, au sens propre comme au sens figuré.

Emmanuel G., 18 ans, éprouve depuis quelque temps le sentiment « de ne pas être à la hauteur ». Il vient de rater ses examens, se montre toujours trop timide avec les filles et a l'impression de décevoir sans cesse ses parents. M. G. est exploitant agricole et souhaiterait que son fils prenne sa suite. Emmanuel s'y refuse « parce qu'il ne veut pas s'enterrer dans ce trou ». Il voudrait poursuivre des études d'horticulture et « travailler en ville ». Ce souhait est maintenant compromis par l'échec scolaire qu'il vient de subir. En rentrant chez lui, l'adolescent « prend la résolution d'en finir ». Il se rend dans la grange où son père entrepose ses armes. Emmanuel « prend la 22 » [long rifle], place le canon sur sa tempe et appuie sur la détente. « J'ai vu des éclairs puis plus rien... J'étais dans le noir, je pensais que j'étais mort... Et puis j'ai retrouvé la vue et j'ai compris que j'étais vivant... Je me rappelle de tout... J'avais du sang partout... Je suis sorti de la grange et j'ai été voir mon père qui travaillait non loin de là... Il n'avait rien entendu... Je suis arrivé vers lui et j'ai dit : "Papa, j'ai fait une connerie" ; après, j'ai perdu connaissance... » Emmanuel a aujourd'hui 21 ans. Il est vendeur de matériel agricole dans une grande surface spécialisée. Il ne présente aucune séquelle psychomotrice de sa tentative de suicide et « garde la balle dans la tête à un endroit qui est inopérable ».

L'acte au féminin : « fuyons à tire-d'aile ! »

À niveau de souffrance psychologique égal, les filles manifestent leur désir de rupture par des comportements plus souvent de l'ordre de l'effacement, du retrait. Se « casser », pour elles, c'est faire une fugue, développer un absentéisme scolaire ou professionnel plus ou moins chronique. C'est aussi avoir de plus en plus volontiers recours aux « cocktails » de drogues dites « douces » (alcool, haschisch, tranquillisants). L'expression de la détresse au féminin passe couramment par l'évanouissement du sujet, terme qui revêt tour à tour un sens concret ou abstrait. Comment rendre compte autrement de ces disparitions subites de jeunes filles survenant à la suite d'une dispute ou d'une déception et de ces pertes de connaissance affectant celles qui – placées dans la même situation – sont victimes de syncopes ?

Sandra, 15 ans, a effectué une première TS à l'âge de 13 ans. Comme son entourage, elle parle pudiquement d'« overdose médicamenteuse » à propos des passages à l'acte qu'elle multiplie depuis cette date. Elle attribue ces gestes « aux angoisses qui l'envahissent à n'importe quel moment ». Sandra est également « spasmophile » et a fait l'objet de divers traitements médicaux, sans résultat. Elle redouble sa quatrième, sa scolarité étant émaillée depuis deux ans d'« arrêts-maladie » qui peuvent atteindre six semaines. À l'insu de ses parents, l'adolescente « fume du H » et « multiplie la dose prescrite de calmants par deux ou trois tous les jours ». Ses parents « changent de médecin jusqu'à ce qu'ils en aient trouvé un qui guérisse leur fille ». Ils se disent « opposés à la psychologie qui est une médecine de charlatans ».

En matière de comportement suicidaire, la recherche de l'échappement vis-à-vis d'une réalité externe ou interne insupportable, est – de ce point de vue – typiquement féminine. Chez les jeunes femmes, plusieurs facteurs se conjuguent pour faire de l'intoxication médicamenteuse le mode suicidaire par excellence.

Aussi curieux que cela puisse paraître, elles ont moins souvent recours à des moyens violents, parce qu'elles désirent préserver – même dans la mort – leur intégrité corporelle. Chez elles, la représentation mentale d'une mort violente s'accompagnant d'éclatement ou de morcellement corporel, est d'ailleurs fréquemment associée à une intolérable idée de souffrance[1]. Le désir de « disparaître sans souffrir » conduit ainsi un grand nombre de jeunes filles en détresse à opter pour un moyen suicidaire non traumatique[2]. Dans l'intoxication volontaire, on constate que les substances employées sont pour la plupart censées induire un « profond sommeil ». Au gaz de ville utilisé dans les années cinquante et devenu moins toxique, se sont largement substitués les médicaments psychotropes. Leur usage à des fins suicidaires suit de près leur diffusion au sein de la population générale : après les barbituriques des années 60–70, les tranquillisants (anxiolytiques et hypnotiques) sont aujourd'hui ingérés dans sept TS sur dix.

Pour beaucoup de jeunes femmes suicidaires, « mourir en s'endormant » représente une modalité « douce » et d'autant plus tentante à mettre en œuvre que ces médicaments sont banalisés et facilement disponibles. On mesure la collusion établie, chez elles, entre le sommeil et la mort, Hypnos et Thanatos, les frères jumeaux de la mythologie grecque[3]. Mais est-ce la mort réelle qui est toujours visée ? Comme le souligne J.-M. Botta (1982), prendre des comprimés pour dormir n'est pas tant « une manière de déguiser une envie de mourir », que « le signe par lequel un sujet peut vouloir exprimer son besoin de reprendre des forces pour vivre ». L'absorption massive de calmants ou de somnifères réalise une représentation métaphorique de la mort (sommeil éternel) et du repos transitoire (sommeil réparateur). Il s'agit d'une mise « entre parenthèses » laissant le destin décider si « l'arrêt sur image » sera momentané ou définitif : « Ou bien je me réveillerai et les choses

---

1. À la différence de l'homme qui ne connaît la douleur physique que dans la maladie, la femme – en dehors de toute pathologie – entretient une relation structurelle et biologique à la douleur. C'est le cas lors des menstrues ou de l'accouchement.

2. Chez les hommes, il n'y a pas de différences notables dans le choix du mode suicidaire en fonction de l'âge. *A contrario*, chez les femmes, le recours aux méthodes violentes est observé avec une fréquence accrue au-delà de 50 ans, précisément à une période de la vie où leur physiologie se masculinise.

3. Pommereau X. et Delile J.-M., 1986, « Tentatives de suicide : la mort sans trépas et le conte de Blanche-Neige », *Actualités psychiatriques*, n°6 : 23–26.

auront changé... ou bien je ne me réveillerai pas et peu importe ce qu'il adviendra. »

C'est aussi s'en prendre à la tête, contenu de la psyché, cette partie de l'« espace corporel » qui est le siège de tensions insoutenables[1]. « Ne plus penser » est l'objectif de celles et ceux pour qui le sommeil – fût-il comateux – est un moyen de neutraliser en les figeant des représentations psychiques douloureuses. La léthargie toxique est recherchée parce qu'elle attaque les pensées en les endormant, tandis que le corps propre est « abandonné » comme objet à voir (à jouir ?), mimant la fixité de la mort. Il est d'ailleurs frappant de constater que les jeunes intoxiquées se sont souvent parées de leurs plus beaux atours avant d'effectuer leur geste, comme si elles s'étaient préparées à une ultime cérémonie. La présentation parfois « pharaonique[2] » de ces « belles endormies » et l'érotisation que suscite leur abandon, contribuent au rejet défensif dont ces patientes sont victimes de la part d'autrui. C'est en particulier le cas pour certains soignants des services d'urgence qui parlent d'hystérie, ce qui est synonyme pour eux de « comédie ».

Ce mode suicidaire est caractéristique du sexe féminin parce qu'il permet l'apaisement en conjuguant oubli, immobilité, évitement de la douleur et préservation de l'intégrité corporelle. Une fois « réveillés » au sortir de leur coma, les suicidants tentent d'ailleurs souvent d'expliquer leur geste moins par un désir de mort que par celui de suspendre le cours du temps : « Je ne voulais plus penser à rien », « Il fallait que ça s'arrête... », « Ça ne pouvait plus durer », etc. La lettre d'adieu suivante, laissée par une jeune fille de 16 ans[3], est tout à fait significative de la recherche de ce no man's land mental :

---

1. Hormis les psychotropes, nous avons vu que les dérivés du paracétamol (ou l'aspirine et ses dérivés) sont utilisés dans un quart des cas d'intoxication volontaire. Très répandus, ces médicaments sont connus dans la population pour leur action contre les maux de tête. Leur emploi dans le contexte suicidaire semble bien, là encore, pouvoir être saisi comme une réponse métonymique à l'intolérable étau psychique dont le sujet se sent victime.

2. À l'hôpital, les conflits soignants-suicidants se nourrissent fréquemment des problèmes posés par l'inventaire et le dépôt des bijoux, valeurs et effets vestimentaires appartenant à ces patientes.

3. Citée par J. Vedrinne in « Les tentatives de suicide de l'adolescent », D.J. Duché, *Revue de neuro-psychiatrie infantile*, 1974, 22, 10–11 : 639–656.

« Je ne pourrai pas continuer à vivre ainsi. La vie devient de plus en plus impossible pour moi. Je me rends compte que je la rends impossible à vous (les parents) qui ne le méritiez pas. J'ai donc décidé d'avaler un tube entier de mes comprimés ce soir. Je ne sais pas l'effet que ça me fera, je me porterai peut-être très bien, comme je pourrai aussi être morte... J'ai donc fait le bilan de ma vie, c'est une vie inutile qui ne vous donne que des soucis. J'ai déjà fait pas mal de bêtises. Exemple : ma fugue... J'ai aussi fait le bilan de mon avenir. Je ne le vois pas très gai, seule, sans copains, avec tous mes soucis... Et pourtant, en avalant ces comprimés, je n'ai pas l'intention de me tuer, c'est pourquoi je n'en prends qu'un tube, sinon je les avalerais tous. Je veux seulement pouvoir rester dans le coma car je doute sur ce qu'il y a après la mort. Je serai ainsi ni morte, ni vivante, enfin sans soucis ; je ne penserai à rien... Je ne sais pas quel effet les comprimés feront, je me réveillerai peut-être en pleine forme. »

Comme l'indique Ruth Menahem (1974), « [...] dire que c'est toujours la mort qui est en question ne signifie pas pour autant que l'objectif du suicidant est de mourir, mais se reconstruire, renaître après une mort qui ne serait pas définitive [...] ». Cette dernière notion est au cœur même de la structure de nombreux contes populaires : une jeune femme en situation affective difficile « tombe » – sous l'effet d'une drogue – dans un profond sommeil semblable à la mort ; grâce à l'intervention d'un prince ou d'Éros en personne, elle se réveille et connaît le « bonheur ». L'un des exemples les plus anciens de ce type de récit est fourni par le conte d'*Amour et Psyché*[1]. Plus présents dans nos mémoires, les contes de *Blanche-Neige* et de *La Belle au bois dormant* en sont des illustrations évidentes. Leur portée symbolique a été soulignée par Bruno Bettelheim (1976) dans son ouvrage paru en français sous le titre *Psychanalyse des contes de fées*[2]. L'auteur souligne notamment la dimension initiatique que comporte le passage léthargique, chaque réveil (ou renaissance) symbolisant l'accession à un niveau supérieur de maturité et de compréhension. Plongée dans un sommeil intemporel au moment critique de la réactivation œdipienne pubertaire, l'héroïne se réveille, prête « à se marier et à avoir beaucoup d'enfants » avec son sauveur.

La permanence de la structure mythique, que l'on retrouve en des lieux et des temps fort différents, montre bien que – œuvre collective – elle fait toujours écho dans l'esprit de chacun. Elle conforte l'hypothèse selon laquelle la recherche de l'immobilité et du sommeil est un

1. Apulée, *Métamorphoses*, IV, 28 à VI, 24.
2. *The Uses of Enchantment*, New York, Alfred A. Knopf, 1976.

mécanisme psychique important – peut-être fondamental – face à une situation traumatique (Pommereau *et al.*, 1987). Ainsi, pour Daniel Widlöcher (1985), « [...] le repli dépressif constitue une attitude protectrice de retrait, une forme d'hibernation qui permet au sujet de survivre quand il ne dispose plus de la faculté de lutter [...] ». De fait, si les déprimés ont bien du mal à trouver le « vrai » sommeil nocturne – celui qui porte en lui le travail du rêve – ceux-ci sont nombreux à « faire le mort » à travers un ralentissement psychomoteur et psychique souvent intense, en réponse à une situation jugée douloureuse et sans issue. Tandis qu'il s'agit là d'un désinvestissement massif du monde extérieur, chez la plupart des suicidants par intoxication, « faire le mort » dans un coma toxique est tout à la fois retrait et attente d'une vie « meilleure ». Tomber dans un profond sommeil s'offre comme mode de résolution magique de la situation de crise : il ne s'agit pas de se mobiliser pour « s'en sortir », mais au contraire d'immobiliser le conflit dans l'espoir que l'autre procédera à son dénouement.

Le désir d'échappement conduit pourtant certaines jeunes femmes suicidaires à recourir d'emblée à un moyen particulièrement traumatique : la précipitation d'une hauteur[1]. Lorsque l'on connaît la gravité des séquelles physiques qu'implique un tel procédé, faut-il voir là une contradiction avec ce qui a été dit à propos de la propension féminine à éviter une atteinte à l'intégrité corporelle trop dégradante ? Dans une étude rétrospective sur cinq ans effectuée auprès de cent dix rescapés (X. Pommereau, Ph. Tédo *et al.*, 1989*b*), nous avons pu établir que cette modalité suicidaire est souvent corrélée à une pathologie mentale avérée et ce, quel que soit le sexe : un suicidant par précipitation sur deux souffre de troubles mentaux de la série psychotique. Fuir des persécuteurs imaginaires, réagir à l'angoisse de morcellement liée à la rupture de l'unité psychique et corporelle, semblent « pousser » ces sujets à sortir de limites perçues comme hostiles ou terriblement indifférenciées. En présence ou non de troubles constitués de cette nature, certaines caractéristiques phénoménologiques nous sont apparues

1. Le saut d'un lieu élevé est responsable de 14 % des décès par suicide chez les jeunes femmes âgées de 15 à 24 ans (*cf.* tableau 2). Il est employé trois fois sur dix lors des TS traumatiques, les jeunes suicidants ayant eu recours à ce mode ne se distinguant ni en âge, ni en sexe de ceux qui ont effectué une intoxication médicamenteuse (X. Pommereau, Ph. Tédo et coll., 1989*a*).

communes à la plupart des observations rencontrées. C'est le cas du caractère souvent non prémédité de l'acte, de son urgence, de sa nécessité ontologique. L'impulsivité est telle que l'on parle de *raptus*, tandis que la rapidité de l'action, sa fulgurance, se trouvent implicitement rendues par le terme *précipitation* qui évoque aussi la vitesse et l'accélération. C'est encore l'atmosphère toute particulière dans laquelle s'effectue le passage à l'acte. Les sujets décrivent un vécu qui s'apparente à celui d'une expérience de dépersonnalisation, véritable « désamarrage symbolique » proche de ce que l'on observe dans certains crimes, induit ou majoré par l'absorption concomitante de toxiques[1]. C'est enfin la matérialisation d'un franchissement libératoire qui s'exerce du dedans vers le dehors, du trop plein vers le vide ou, à l'inverse, du vide intérieur à l'espace de tous les possibles. « J'ai regardé le ciel, se souvient Véronique, jeune psychotique âgée de 20 ans, et je me suis envolée à la suite des anges qui me montraient le chemin. » Au-delà de tout repérage nosographique, il semble bien que cette modalité suicidaire soit la traduction exemplaire d'une faillite de l'identité et donc du narcissisme telle, qu'elle renvoie à la problématique essentielle du double. Le drame qui se noue au sein de la fiction romanesque que propose Albert Cohen (1968) dans *Belle du Seigneur*, est à cet égard stupéfiant de véracité clinique :

> « [...] Elle ouvrit la boîte des comprimés, les compta, reprit son stylo, dessina une croix qu'elle transforma en losange auquel elle fit des dentelures, sentit soudain qu'elle reprenait goût à la vie [...] Maintenant prendre un bain, retourner dans la vie. Elle jeta les comprimés, tira la chasse d'eau. Sortie du bain, elle se sécha en évitant de se regarder dans la glace, se frictionna à l'eau de Cologne [...] Son peignoir passé, elle ouvrit la fenêtre, entra sur l'étroit balcon, s'accouda à la balustrade, et ce fut lui devant elle, grand, sans chapeau, les cheveux en désordre, la poursuivant en riant, la poursuivant pour un baiser, et elle se pencha, se pencha encore pour lui échapper, et la tablette d'appui lui fit mal au ventre et, les bras en avant, elle poussa un cri dans le vide [...] puis il y eut un autre cri contre l'asphalte du trottoir devant le kiosque des journaux éclaboussés [...] »

C'est bien du ravissement de son image que Narcisse n'a pu se déprendre, la fascination s'avérant mortelle. Atteints dans leur identité, exécutant au pied de la lettre une ultime tentative de vicariance de

1. Toutes les drogues peuvent en être responsables, mais les substances psychodysleptiques – comme le LSD – sont particulièrement concernées.

l'image de soi, les suicidants par précipitation ne seraient-ils pas précisément ceux qui se jettent à corps perdu à travers le miroir, brisant tout à la fois leur image et leur double, brisant du même coup toute perspective dialectique du corps et de l'esprit, de l'extérieur et de l'intérieur, de l'amour et de la haine, du conscient et de l'inconscient ?

Quant à la phlébotomie, si courante et si typiquement féminine, elle ne représente nullement une atteinte à l'intégrité physique au sens qu'aurait un projet suicidaire visant à éparpiller ou disloquer toute ou partie du corps propre. Elle est le signe par lequel se révèle, là encore, l'inefficience des barrières symboliques entre contenant corporel et contenant psychique. L'attaque porte en effet sur l'enveloppe – la peau – dont l'effraction, superficielle et presque indolore lorsqu'elle se réduit à des scarifications, permet de « répandre » *de visu* une douleur éprouvée à un autre niveau. Sans en avoir conscience, l'adolescente qui se scarifie (se) donne à voir une plaie qui rend compte de sa blessure affective. Le sang qui coule concrétise d'autant mieux la souffrance psychique ressentie – elle, indicible – qu'il est le témoin menstruel[1] d'une féminité rejetée par l'intéressée elle-même. De quelle impossible « coupure » ces adolescentes cherchent-elles à témoigner, sinon – comme nous le verrons – de celle du giron maternel et d'un passé pré-génital protecteur du danger incestueux[2] ? Comment ne pas trouver dans cette transposition de l'attaque des liens de dépendance, une troublante similitude avec les ruptures alimentaires si fréquentes chez les adolescentes en difficulté ? « Je suis trop grosse », dit Emmanuelle, jeune anorexique de 18 ans, qui s'acharne à « faire fondre de l'intérieur » ce corps « en trop » dont elle parle comme « d'une machine à remplir et à vider », avant que d'ajouter, triomphante : « au moins, je suis débarrassée des règles[3] ».

---

1. Dans le langage populaire de nombreuses contrées rurales, « se voir » signifie, pour une femme, « avoir ses règles ».

2. Par interprétation des données de l'anthropologie, certains pensent repérer à travers les scarifications à visée phlébotomique, l'équivalent des sévices corporels auxquels se prêtent les jeunes gens au cours des rites de passage des sociétés traditionnelles. Outre que ces derniers concernent essentiellement les garçons, rappelons que les rites en question sont collectivement gérés par les adultes de la communauté référente et qu'ils symbolisent précisément l'arrachement des jeunes sujets au monde de l'enfance (*cf.* chapitre 4).

3. L'aménorrhée est l'un des signes cliniques de l'anorexie mentale.

Prendre au sérieux toute tentative de suicide

La fréquence des conduites suicidaires porteuses de l'illusion et de la quête d'une résolution magique des problèmes, conduit à leur dénier, à tort, toute réelle gravité. Un tel point de vue concerne d'ailleurs aussi bien l'adolescent passant à l'acte que le suicidant plus âgé. Dans les TS par ingestion, les substances employées, dont la toxicité est souvent très faible en soi, représentent pour certains un élément en faveur de l'inauthenticité du geste ou de la faiblesse de la volonté de mort supposée être à son origine. Dès lors, la faillite affective et la détresse du sujet ne sont plus envisagées comme l'expression d'une souffrance véritable. D'aucuns circonscrivent même l'acte à une pitoyable manipulation histrionique[1], arguant du fait que la plupart de ces conduites sont mises en scène et qu'elles recèlent une évidente jouissance, pourtant inconsciente et profondément morbide. Nous reviendrons plus loin sur la confusion qu'engendrent ces exhibitions triomphantes qui, croit-on, permettent à leurs « exposants » d'en tirer sciemment bénéfices.

Quand la gravité physique de l'acte apparaît minime et que la TS est adressée à un proche parfaitement identifié, certains parlent de « chantage affectif[2] ». Cette appellation est d'autant plus facilement retenue que seule la revendication apparaît claire et intelligible. C'est le cas lorsque l'adolescent passe à l'acte à un moment et dans un lieu où, logiquement, il doit être découvert à temps. C'est encore plus tentant de conclure à une simple manœuvre d'intimidation lorsqu'il sollicite lui-même les secours après avoir effectué son geste. Une attitude aussi paradoxale en apparence est promptement interprétée comme la négation de toute volonté suicidaire. On parle de « pseudo-tentative » ou de

1. Du latin *histrio* « acteur jouant des farces grossières ».
2. Si souvent entendu, le terme de « chantage » est particulièrement dépréciatif. Il renvoie à l'action d'extorquer à autrui un avantage sous la menace d'une imputation diffamatoire ou de la révélation d'un scandale. On oublie que la caractéristique principale de tout « maître chanteur » consiste à impliquer l'autre en restant dans l'ombre de l'anonymat. Le suicidaire, lui, implique l'autre... par la menace de sa propre soustraction. « Si tu me quittes, je me tue », dit-il en posant sa vie comme enjeu de la relation. Même s'il s'agit de fait d'une pression sur l'entourage, très souvent d'un appel de détresse destiné à obtenir de lui plus d'amour, de reconnaissance ou d'attention, convenons qu'il faut être particulièrement démuni pour faire de soi l'objet d'un tel enjeu.

« simulation ». Pour beaucoup, le comble – dans ce domaine – c'est de prétendre vouloir se suicider et de « tout faire » pour en être empêché. Une telle interprétation ne tient pas compte du processus par lequel passe celui ou celle qui, par exemple, attente à ses jours en absorbant des médicaments. On oublie que ce mode suicidaire ménage un délai entre le moment où le sujet avale les comprimés et celui où se produisent les effets escomptés. Généralement, ce temps de latence dure vingt à trente minutes. Dans bon nombre de cas, l'auteur de la TS éprouve d'abord un apaisement momentané lié à la réalisation de l'acte. Très vite, il ressent cependant un étrange malaise : il est encore conscient mais plus tout à fait vivant, situé dans un entre-deux d'autant plus angoissant qu'apparaissent les premiers effets des produits ingérés (vertige, nausée...). La présence réelle ou supposée de la mort provoque en lui une relativisation soudaine des circonstances à l'origine de son geste qui mobilise à son insu ses forces de survie.

Carole, 20 ans, vit depuis six mois avec Hervé, son concubin âgé de 23 ans. Ce dernier la laisse souvent seule le soir « pour sortir avec ses copains, faire la fête et boire beaucoup d'alcool ». Elle l'a plusieurs fois menaçé de le quitter après qu'il soit rentré saoul, « mais [elle] n'a pu se résoudre à le faire parce qu'elle l'aime... et aussi parce qu'elle ne veut pas retourner vivre avec sa mère ». Carole a déjà pensé à se suicider. D'ailleurs, « elle a préparé une réserve de somnifères, au cas où, qu'elle cache dans un placard de cuisine, là où Hervé n'ira jamais mettre la main... ». Ce soir-là, « il est encore en vadrouille ». Elle le suspecte depuis quelques temps d'avoir une liaison avec une autre fille. Carole « rumine seule dans la cuisine, boit un ou deux verres de Porto... pour se donner du courage ». Elle répand le contenu de quatre à cinq tubes de somnifères sur la table, froisse leurs boîtes qu'elle jette à la poubelle. Elle éprouve une sorte de fascination : « Je regardais les cachets de toutes les couleurs... Je savais que c'était du poison... Je n'avais plus peur. » Désinhibée par l'alcool, elle décide d'« en avaler une poignée ». « Je n'aurais jamais imaginé que ce soit dur à ce point... Des gélules me collaient à la gorge, je n'arrivais plus à avaler... Et surtout, je me suis retrouvée comme une imbécile... J'avais pris ce qu'il fallait et j'étais toujours vivante... J'ai réalisé la bêtise que je venais de faire... J'ai appelé le Samu... Ils sont venus très vite... »

En dehors du registre de la maladie mentale, pourquoi sont-ils si nombreux à répéter leur geste, si tel est ce qu'ont vécu les sujets après coup ? Nous l'avons vu, la majorité d'entre eux ne savent pas s'ils cherchent la mort ou l'oubli. C'est la souffrance qui leur est insupportable et le passage à l'acte est un moyen de l'apaiser. Le problème est que les effets de l'agir sont fugaces et qu'ils demandent à être reproduits tant que le sujet est dans l'incapacité d'en percevoir le sens et de trouver d'autres alternatives plus satisfaisantes. D'autre part, chez les adolescents, l'intoxication médicamenteuse a souvent valeur de test destiné à mesurer leur aptitude à mettre en acte l'idéation suicidaire ressentie. « Je voulais vérifier que j'avais assez de courage pour aller jusqu'au bout», déclare Vanessa, 16 ans, au lendemain de sa TS. C'est la raison pour laquelle le recours à tel ou tel mode ne préjuge en rien de ce que l'intéressé emploiera éventuellement lors de tentatives ultérieures et que l'on ne doit jamais banaliser une TS – encore moins la première – aussi minime soit-elle. Comme le rappelle Peter Lewinsohn (1995), « [...] une tentative de suicide est toujours le facteur prédictif isolé le plus important d'une tentative future [...] ».

Réalités de l'acte suicidaire : de l'évidence à l'inconnaissable

Que le sujet croie ou non chercher la mort réelle, la réalisation de l'acte suicidaire n'est pas indépendante des représentations familières qui ont cours dans son environnement. L'ensemble constitue une voie finale commune dont il est très difficile de démêler les éléments qui le composent. Rien ne distingue d'ailleurs, en la matière, l'adolescent du sujet adulte.

La plus ou moins grande détermination à mourir est généralement tenue pour constituer la trame principale du passage à l'acte. On avance souvent qu'un sujet désirant « se supprimer » peut toujours arriver à ses fins. Pourtant, l'expérience montre que certains suicidaires voulant mettre un terme définitif à leur existence, réchappent de leur acte, bien qu'ils aient eu recours à des moyens laissant classiquement peu de chance de survie. D'autres trouvent la mort alors qu'ils souhaitaient seulement interrompre une vie jugée intolérable.

On peut bien sûr interpréter *a posteriori* ces événements en termes de victoire ou d'échec des pulsions de vie ou de mort, combat qui s'est déroulé à l'insu du sujet. Toutefois, si la présence génératrice de la pulsion de vie en chaque être vivant ne fait pas l'ombre d'un doute, qu'en est-il de l'intervention de sa force contraire dite pulsion de mort ? Nous reviendrons dans le chapitre suivant sur ces notions qui passent pour des évidences alors qu'elles ne le sont pas. Quel que soit leur âge, les personnes gravement défigurées à la suite d'une tentative de suicide par arme à feu, le sont très souvent à la suite du geste de recul qu'elles ont eu en appuyant sur la détente. C'est le même geste de survie qui est à l'origine des séquelles physiques effroyables dont sont victimes ceux qui, voulant se jeter sous un train, l'ont fait – au dernier moment – « les jambes les premières ». Il est fréquent de constater que ces rescapés du suicide – mutilés ou blessés à jamais dans leur corps – s'investissent, par la suite, dans une farouche volonté de vivre, comme s'il avait fallu qu'à défaut de pouvoir donner un sens à leur existence, ils retrouvent dans le handicap une force et une identité dont ils se sentaient jusque-là dépourvus.

Les récidives sont d'ailleurs rares chez ces sujets atteints d'infirmités auto-infligées. Certains suicidants prétendent même découvrir, au cours des longs mois de rééducation ou de soins qui succèdent à leur geste, l'authenticité relationnelle et « la valeur de la vraie vie ». Devaient-ils en passer par là pour se sentir réellement exister ? Il est évidemment regrettable qu'ils n'aient pu trouver auparavant l'aide appropriée et les ressources narcissiques nécessaires pour éprouver en eux le désir de vivre. Mais il est clair que les suicidants sont d'autant moins enclin à reproduire leur acte qu'ils en ont compris le sens ou que leur TS est vécue par eux comme une sorte de passage, ce qui n'est pas sans conférer à cette conduite une dimension pseudo-initiatique.

Isabelle, élève infirmière âgée de 20 ans, a fait une première tentative de suicide à 16 ans « en avalant des cachets pour dormir », puis deux autres du même type à 18 et 19 ans, à la suite de ruptures amoureuses. Sa mère avec qui elle vit (le couple parental est divorcé de longue date) lui reproche de fréquenter depuis trois mois « un arabe au chômage » suspecté de « fumer du H » et qui est « interdit à la maison ». C'est l'occasion de nombreuses disputes entre Isabelle et sa mère et la situation finit par envenimer la relation qu'entretient la jeune fille avec Karim. Ce dernier lui demande de choisir : « Ce sera elle ou moi. » Isabelle ne peut se résoudre « à ce choix trop cruel ». Elle absorbe des tranquillisants puis prend sa voiture. « J'étais dans une rage folle... Je pleurais... Je voulais mourir ou plutôt n'avoir jamais existé... J'ai vu un mur, j'ai décidé de foncer dedans... » Victime d'un grave polytraumatisme, Isabelle est atteinte d'une paraplégie complète. Elle a aujourd'hui 23 ans. Elle se prend en charge « de manière aussi autonome que possible » compte tenu de son handicap. Depuis trois mois, elle exerce à titre bénévole un emploi de standardiste dans une centrale d'approvisionnement d'une organisation humanitaire. « J'ai l'impression d'être vraiment utile à quelque chose et d'être appréciée pour moi-même... Avant, je voulais être infirmière pour faire plaisir à ma mère... Sans elle, je n'étais rien... Maintenant, je dois me bouger toute seule... Si je ne le fais pas, personne ne le fera à ma place... Pour le reste, que Dieu me rende mes jambes, je les prendrai. Qu'il refuse, je ferai sans... »

Contrairement aux idées reçues, un individu dont la vie est menacée ne peut en même temps se mobiliser pour survivre et penser à se tuer. Si nombreux que soient ceux pensant qu'ils mettraient fin à leurs jours en cas de maladie incurable, la réalité d'un tel état aboutit à des conséquences fort différentes. Ce discours courant chez un individu en bonne santé tranche en effet avec l'observation des statistiques : les suicides de cancéreux ou de sidéens sont rares. Il en est de même chez les déportés, les prisonniers connaissant des conditions inhumaines d'incarcération[1] et les populations exposées à la guerre (Jean Baechler, 1975). Un tel constat conforte l'idée selon laquelle le désir de vivre l'emporte sur toute velléité mortifère, chaque fois que le prix de la vie[2] – en l'occurrence celui de la survie – dépasse un certain seuil.

Qu'on le veuille ou non, un autre aspect reste en suspens. Certes « dérangeant », il est intimement lié à la nature humaine et situe le débat sur le terrain de la croyance et de l'irrationnel. Nous voulons parler de la « signature » de ce que d'aucuns attribuent à Dieu ou au destin. L'expression populaire « ça n'était pas son heure » rend parfaitement compte de ces cas où l'on ne s'explique pas comment le sujet ait pu survivre à son geste. Que dire de ces sauvetages inopinés offrant à certains suicidaires d'être découverts à temps malgré les précautions qu'ils avaient prises pour mettre leur projet à exécution ? On n'en finirait pas de citer mille et une situations où l'intervention improbable d'un tiers a permis d'éviter l'irréparable : chercheur de champignons découvrant la personne en coma au fond d'un bois isolé, pêcheur nocturne sauvant un candidat à la noyade, etc. À l'inverse, pourquoi tel rescapé d'une TS trouve-t-il la mort quelques jours après son geste dans un accident de la circulation, en tant que simple passager d'un véhicule ? Comment se fait-il que telle intoxication se solde par un décès, alors que l'intéressé n'avait jamais frôlé la mort en effectuant

1. Les conduites suicidaires en milieu carcéral traditionnel sont, par contre, très fréquentes.

2. Dans un tout autre domaine, les études épidémiologiques s'accordent à reconnaître la faible incidence des conduites suicidaires chez les personnes « porteuses de vie », c'est-à-dire chez les femmes enceintes. (George J. Kleiner et Wilma Markus Greston, 1984). La période de « protection relative » ne coïncide pas avec le début de la grossesse. Elle s'installe dès que celle-ci est ressentie physiquement par l'intéressée et se prolonge jusqu'à l'accouchement. Par contre, la période du post-partum peut être critique et s'accompagner d'idéation morbide ou de passages à l'acte suicidaires, dont certains avec infanticide.

plusieurs TS antérieures avec les mêmes produits et les mêmes doses ? Si l'éventuelle marque d'une force supra-humaine laisse, bien entendu, le psychiatre aussi dépourvu que l'homme de la rue, faut-il admettre que tout individu ne peut être vraiment certain de s'ôter la vie au moment où il croit pouvoir le décider ?

Disponibilité et choix du moyen suicidaire

Pour beaucoup, la diffusion élargie au sein de la population générale des médicaments psychotropes ou celle des armes à feu, serait responsable de l'augmentation de fréquence des conduites suicidaires. Il est vrai que celles-ci sont d'autant plus faciles à mettre en œuvre que les adolescents en difficulté disposent de moyens susceptibles de satisfaire immédiatement leur impulsion morbide. Mais la moindre toxicité du gaz domestique ou l'effondrement des prescriptions de barbituriques, n'ont pas réduit le nombre de suicides par intoxication. Ce sont les produits employés qui ont changé, pas la méthode. Et même lorsque cette dernière est moins accessible, le mode est substitué par un autre, d'efficacité et de « valeur » identiques : dans les régions où les armes à feu sont peu répandues, les suicides par pendaison sont plus fréquents. Convenons donc de cette simple évidence : limiter l'accès aux substances potentiellement toxiques (produits dangereux, médicaments…) et les délivrer dans un conditionnement appropriée (faible quantité de produit au prorata de sa dangerosité), peut indubitablement contribuer à rendre les accidents ou certaines TS moins probables ou moins graves. De même, la restriction contrôlée de la détention d'armes à feu limite les risques d'accident, de conduite criminelle ou de raptus suicidaire. Surtout, moins l'accès à celles qui sont les plus meurtrières est aisé, moins les dégâts seront lourds de conséquence lors de l'usage de l'arme concernée. Stéphane, 18 ans, doit ainsi d'être resté en vie au fait qu'il n'a pu se procurer qu'un pistolet à grenailles pour effectuer son geste.

Dans d'autres cas, la disponibilité du moyen est étroitement liée à la dimension symbolique qu'il a au sein de la collectivité. Ce peut être un lieu ou un monument au passé dramatique notoire, ici ou là surnommé « tour des pendus », « pont aux suicides », « falaise des désespérés », etc. La pose de filets de protection à l'aplomb de ces lieux élevés n'est pas aussi naïve ou utopique qu'il y paraît de prime abord.

Plus le site est porteur de symboles positifs (liberté, point culminant, fréquentation importante...), plus le risque que certains suicidaires y aient recours est important. Empêché dans son projet, tel ou tel sujet en détresse pourra évidemment recourir à un autre moyen. Mais faute de pouvoir utiliser la méthode qui correspond le mieux à son aspiration morbide, il reportera peut-être l'exécution de son plan mortifère, ce qui laisse plus de chances qu'il obtienne de l'aide ou qu'il s'apaise dans ses pensées auto-destructrices.

Cédric, 17 ans, vit en banlieue parisienne. Il doit prochainement faire un stage de langue en Californie, près de San Francisco. Depuis quelques semaines, il « pense à se suicider » en se jetant de la Tour Eiffel. Convaincu, sans aller le vérifier, « que ça doit être impossible à cause de la surveillance », Cédric décide qu'il mettra son projet à exécution pendant son séjour linguistique : « Je sauterai du Golden Gate [Bridge]. » Il effectue le séjour prévu, rentre en France et sollicite dès son retour l'aide d'un psychiatre, ce qui surprend son entourage. Son père parle de « nouvelle lubie » et pense que son fils « n'est jamais en reste pour avoir l'air à la page ». Au praticien qu'il rencontre, Cédric explique qu'il a bien été sur le célèbre pont de San Francisco où il a lu sur une pancarte ceci : « Avant de vous suicider, appeler le numéro suivant à l'aide du combiné téléphonique. » L'adolescent dit « avoir été complètement scié » par cette injonction. « D'un seul coup, j'ai imaginé le nombre des gens qui avaient dû lire ça avant moi... Et puis, sans réfléchir, j'ai fait ce qui était indiqué... J'ai eu une femme au bout du fil... Je n'ai pas trop bien compris ce qu'elle me racontait, mais du coup je n'avais plus du tout envie de sauter... » Cédric est actuellement très investi dans une psychothérapie.

En réalité, le jeune suicidaire ne cherche pas nécessairement à se procurer le moyen selon lui le plus efficace ou le plus accessible. Il faut que ce mode corresponde à la représentation qu'il se fait de sa propre soustraction ; il faut aussi que ce moyen exprime ce que son désir lui dicte quant au « message » à laisser à ses proches ou à la collectivité. La lisibilité sociale que cette dernière aura du passage à l'acte, est évidemment fonction à la fois du caractère « logique » ou non de la cause supposée (chômage, solitude, séparation, maladie...) et de son inscription plus ou moins conforme au contexte culturel considéré. Il existe en effet des modalités de suicide qui sont plutôt caractéristiques d'une population donnée (crémation des asiatiques, pendaison ou arme à feu en milieu rural, absorption de produits ménagers corrosifs chez les Maghrébines, ingestion de substances agricoles chez les Réunionnais, etc.). Certains sujets y souscrivent ; d'autres s'en démarquent, voire suscitent l'incompréhension absolue de la part de la communauté à laquelle ils appartiennent.

Thierry, 16 ans, est « un adolescent sans histoires » selon le voisinage. Il débute un apprentissage en boulangerie et on le considère comme un garçon « serviable », « un peu renfermé ». Il est connu pour être « passionné de modélisme », mais c'est avec discrétion « qu'il fait voler ses maquettes d'avion ». Il vit chez ses parents qui possèdent une petite maison à l'entrée du village. Son père, 52 ans, est handicapé à la suite d'un accident vasculaire cérébral datant de cinq ans. Il se déplace en fauteuil roulant et demeure très dépendant de son entourage. Sa mère, 48 ans, est employée de mairie et travaille à proximité. Brigitte et Sandrine, les deux soeurs aînées, sont mariées et vivent à B..., sous-préfecture distante d'une vingtaine de kilomètres. C'est un vendredi soir vers onze heures que Thierry assassine « à coups de hache » ses parents, sa soeur Brigitte et une cousine de sa mère, avant de se tirer une balle dans la tête au fond du pré jouxtant la maison familiale. Près de trois ans plus tard, les habitants de la localité « restent sous le choc » de cette folie meurtrière dont la cause n'a jamais été élucidée.

S'infliger une souffrance physique cruelle, chercher au contraire à l'éviter, effectuer ou non un geste très spectaculaire, préserver ou défaire son intégrité corporelle, constituent des soubassements conscients et inconscients qu'exprime plus ou moins distinctement le type de passage à l'acte utilisé. Il est des cas où la finalité est d'apparence limpide. D'autres où elle semble confuse et obscure. D'autres encore où une métonymie transparaît au premier coup d'œil, faisant de l'acte la transposition « au pied de la lettre » de la problématique du sujet. Comment interpréter autrement la tentative de strangulation de Laurent qui, après-coup, reconnaît qu'« il étouffe chez ses parents » ou l'injection intra-veineuse de lait que Violaine s'est faite, elle qui « pense que sa mère ne l'aime pas » ?

Indéniablement, il serait abusif de considérer que « ceux qui veulent vraiment se suicider s'en donnent les moyens » – sous-entendus les plus meurtriers. Pas plus qu'il ne faudrait voir dans la mise en scène du geste, une quelconque preuve de son inauthenticité. Toutes les conduites suicidaires, même les plus impulsives, mettent en représentation la souffrance ressentie. Dans son effroyable impuissance, le sujet en détresse ne peut plus se nourrir que d'une jouissance éminemment pervertie. Acculé dans ses derniers retranchements, se sentant blessé au plus profond de son être, il peut même revendiquer une ultime maîtrise : immobiliser le souvenir qu'auront de lui ses survivants, afin d'assurer sa permanence « éternelle » dans l'univers de ces derniers.

De tels fantasmes de toute-puissance et d'emprise sur l'autre peuvent conduire à des mises en scène d'une incroyable dureté. Combien de pendus « exposent » leur dépouille derrière la porte d'entrée, comme s'il s'agissait de saisir à jamais le premier à les y découvrir ? Que dire de la lettre d'adieu d'Éric – jeune suicidé de 19 ans – dont la concision le dispute au cynisme ? : « Chers Parents, merci de m'avoir aidé jusqu'au bout mais je n'en peux plus... Faites au mieux sans moi, maintenant vous n'aurez plus à me supporter... PS : les 100 francs dans le tiroir du haut de la commode et mon blouson sont pour Hervé. » De fait, les paroles s'envolent tandis que les écrits restent. Nous verrons combien ces aspects contribuent, chez les proches, à rendre extrêmement long, pénible et douloureux le deuil du « disparu » par suicide.

3

Les troubles psychiques de l'adolescent suicidaire

Au sein de la population générale, lorsque l'acte suicidaire est reconnu comme tel, il est très rare que son auteur soit considéré comme malade mental, sauf bien entendu dans le cas où son geste est précédé d'un « accès de folie meurtrière » à l'égard d'autrui. De toute évidence, le couple associant folie et homicide est plus facilement retenu que celui qui lie folie et suicide. L'auto-détermination qu'exprime ce dernier comportement apparaît sans doute incompatible avec les divagations que l'on prête à l'individu qui a perdu l'esprit. Pour la plupart des gens, le jeune suicidant est avant tout un désespéré qui répond par son geste à une perte manifeste indépassable. Cette opinion n'est pas fausse en soi, si ce n'est qu'elle néglige les sentiments d'abandon, de perte ou d'indifférenciation insupportables dont souffrent tant d'adolescents pour qui la réalité psychique est beaucoup plus douloureuse que la réalité manifeste. Certes, nous allons le voir, la « folie psychotique » et la «maladie dépressive» sont relativement rares chez les adolescents suicidants, ceux-ci ayant plus souvent un fonctionnement psychique morbide qui ne s'apparente pas à une affection mentale. Il n'en demeure pas moins que nombre d'entre eux présentent – beaucoup plus fréquemment qu'on ne l'imagine généralement – des affects anxieux ou dépressifs nécessitant une prise en charge spécialisée. Malheureusement, il est plus fréquent d'entendre parler à leur propos de « stress » et de « chagrin » que d'angoisses et de sentiments dépressifs. Dans bien des cas, ces évitements contribuent à laisser de côté toute perspective de consultation médico-psychologique, au profit de conseils ou d'attitudes pragmatiques en prise directe avec la réalité externe, par exemple socio-familiale ou scolaire.

Maladie mentale ou état de souffrance psychologique ?

Chez les professionnels de santé mentale, plusieurs points font aujourd'hui l'unanimité. En premier lieu, toute tentative de suicide est un acte pathologique[1], en ce sens qu'il traduit toujours une souffrance psychique qui demande à être reconnue et, si possible, apaisée. En second lieu, l'acte suicidaire à l'adolescence peut marquer le début d'une affection psychiatrique évolutive (psychose, troubles cycliques de l'humeur) dont le pronostic sera d'autant plus favorable que le sujet aura pu bénéficier d'une prise en charge spécialisée précoce. Enfin, à la différence de ce qui s'observe à l'âge adulte, l'adolescence est une période de transition au cours de laquelle certains troubles peuvent se manifester (et nécessiter un traitement spécifique), sans qu'ils correspondent nécessairement à des structurations pathologiques fixées. S'il faut se féliciter d'un tel consensus qui peut ainsi déboucher sur une offre de soins plus adaptée à l'égard des adolescents en difficulté, on ne peut toutefois passer sous silence une question qui continue à susciter des controverses en milieu spécialisé : il s'agit de l'importance du lien de cause à effet établi entre maladie mentale et comportement suicidaire à l'adolescence. Comme le rappelle Henri Chabrol (1984), la proportion de jeunes suicidants faisant l'objet d'un diagnostic psychiatrique, varie – selon les auteurs – de 20 à 90 % ! De telles divergences s'expliquent en grande partie par des différences d'approche méthodologique ou théorique, le sens donné au terme *trouble mental* n'étant pas le même pour tout le monde. Les études épidémiologiques indiquant les taux les plus élevés de pathologie mentale au sein de populations de jeunes suicidants, utilisent toutes un outil de codification diagnostique d'origine nord-américaine : le DSM[2]. Cet instrument présente un intérêt incontestable. Il permet de réaliser une évaluation standardisée des troubles, afin que cliniciens et chercheurs utilisent une

1. L'élément grec *pathos* s'applique à « ce qui arrive, ce que l'on subit, ce que l'on endure », en parlant d'une impression, d'une sensation, d'une émotion, d'un état douloureux ou pénible.

2. Sigle de l'anglo-américain *Diagnostic and Statistical Manual of Mental Disorders*. Proposé par l'Association américaine de psychiatrie sous des versions évolutives périodiquement révisées et enrichies, le *Manuel diagnostique et statistique des troubles mentaux* est actuellement disponible sous la forme du DSM IV. Cet outil permet d'établir des catégories diagnostiques, à partir de critères symptomatiques ou comportementaux. Dans la perspective d'une évaluation clinique, le sujet est examiné en fonction

terminologie commune et, de ce fait, puissent effectuer des comparaisons en sachant qu'ils parlent bien des mêmes signes ou syndromes. Cependant, sous couvert d'« objectivité[1] », la principale limite du DSM est de privilégier la clinique des comportements. Ainsi, si les axes I et III répondent à la nécessité d'une séméiologie précise des troubles (exemple : trouble phobique ou épisode dépressif majeur, sur l'axe I), définir des personnalités pathologiques sur l'axe II à partir des seuls éléments cliniques « visibles » observés, est souvent réducteur, notamment chez les adolescents. Avec le DSM, le terme trouble mental recouvre à la fois le symptôme, le comportement et le fonctionnement psychique pathologique correspondant. Le risque, en s'en tenant là, est de confondre ces trois aspects et de les assimiler à la maladie mentale.

Lorsque la pathologie est sévère, il y a bien recoupement de ces éléments, parce que la gravité de la souffrance psychique s'exprime sur plusieurs plans, dont celui du comportement visible. Ainsi, quelle que soit leur pratique, tous les cliniciens s'accordent à reconnaître la présence de troubles psychotiques chez un adolescent suicidant sur dix. De fait, l'acte suicidaire peut marquer le mode d'entrée dans la schizophrénie, cette affection psychiatrique grave à évolution chronique, dont le début des manifestations cliniques survient classiquement à partir de l'âge de 15 ans. Ce diagnostic formel n'est évidemment pas possible à établir d'emblée. La plupart des psychoses aiguës de l'adolescence, autrefois désignées sous le terme de bouffées délirantes aiguës, n'évoluent pas vers une schizophrénie. Mais la survenue d'une conduite suicidaire dans un contexte délirant ou dans celui d'un état dépressif atypique, impose une évaluation psychiatrique approfondie assortie ultérieurement d'un suivi spécialisé. Toute la question est, en effet, de distinguer l'épisode psychotique de l'évolution d'une affection chronique. L'appréciation pronostique s'appuiera notamment sur les

des trois axes d'un système multiaxial qui en comporte cinq : l'axe I est celui de la symptomatologie, permettant de définir des syndromes cliniques ; l'axe II est celui des troubles de la personnalité ; l'axe III se rapporte aux troubles et affections physiques. Les axes IV et V sont utilisés dans des protocoles spéciaux d'études cliniques et de recherche. L'axe IV concerne la sévérité des facteurs de stress psychosociaux ; l'axe V, le niveau d'adaptation et de fonctionnement le plus élevé dans l'année écoulée.

1. Selon ses concepteurs, le DSM serait dénué de toute référence étiopathogénique hypothétique.

antécédents personnels et familiaux, l'âge d'apparition des premiers troubles (plus ceux-ci s'expriment précocement, plus l'hypothèse d'un début de schizophrénie est à retenir), la séméiologie (la pauvreté des affects exprimés est défavorable) et l'évolution. Chez les jeunes schizophrènes, le risque suicidaire est considéré, selon les auteurs, comme vingt à quarante fois supérieur à celui de la population générale (C. Bryois et F. Ferrero, 1995). L'acte suicidaire peut apparaître à n'importe quel moment de l'évolution de la maladie. Il n'est pas rare qu'il succède à la survenue d'un épisode dépressif, en période de « stabilisation » des troubles. Il est enfin important de signaler la fréquence grandissante de tableaux cliniques rendus atypiques par la consommation de stupéfiants, par exemple sous la forme d'un épisode dysphorique majeur. L'usage de drogues est évidemment susceptible d'entraîner également une décompensation aiguë chez un sujet prédisposé.

Christophe M., 18 ans, vient de se jeter du haut d'un pont de chemin de fer. Sa chute sur le bas-côté de la voie, heureusement désaffectée, n'a pas de conséquences somatiques majeures. C'est en boitant (l'adolescent a une entorse de la cheville) qu'il va lui-même à la rencontre d'un passant « pour qu'on le mette à l'abri ». Christophe tient un discours incohérent et exalté, s'agite en tous sens, en proie par moment à une angoisse panique. Il est conduit au service d'accueil de l'hôpital psychiatrique dans un état d'agitation extrême. « Les faux russes de la CIA sont partout… Même mon nom, ils l'ont truqué en plaçant une lettre à retardement… Le "J" de l'antéchrist… Ils me suivent et me télécommandent… Il fallait que j'échappe au contrôle de l'Internet qu'ils m'ont fixé dans le cerveau… J'ai trouvé la voie de secours, parce que les trains vont droit, c'est comme la voie lactée du haut de laquelle Dieu veille, avec son œil qui voit tout… » Prévenus, grâce aux papiers d'identité que Christophe a sur lui, ses parents arrivent peu après. Depuis quelques semaines, leur fils « n'est plus le même ». M. et Mme M. ont voulu l'emmener chez le médecin, mais « Christophe a catégoriquement refusé, en faisant des menaces à leur encontre ». Ils pensent que le jeune homme « se drogue, tant il est devenu bizarre, parfois même très agressif ». Dans la chambre de Christophe, Mme M. a d'ailleurs « retrouvé de la drogue enveloppée dans du papier d'aluminium ». Les parents précisent que l'adolescent refuse depuis une semaine d'aller au lycée. « Il se méfie de tout, il a barricadé les fenêtres de sa chambre et passe des heures à tracer sur des feuilles des signes cabalistiques incompréhensibles… » Au psychiatre qui les reçoit, les parents montrent la pancarte en carton retrouvée sur la porte de la chambre de leur fils et sur laquelle figurent ces mots : « complot ⇒ +++mourir+++ ⇐ Dieu ».

Le diagnostic de dépression, établi à partir des critères du DSM, est de loin le plus fréquemment formulé. On estime généralement que 40 à 60 % des jeunes suicidants présentent les critères d'un épisode dépressif majeur. Au moment de l'évaluation, sept de ces sujets sur dix réunissent également les critères d'un trouble anxieux (François Ladame, 1995, Caroline Moutia *et al.*, 1995). Dans notre expérience, cette symptomatologie anxio-dépressive ne correspond à une maladie cyclique de l'humeur que dans 10 à 15 % des cas. Une telle proportion reste modérée. Il est cependant important de signaler que l'expression des troubles, au contraire de ce qui se voit chez l'adulte, possède des particularités propres à l'adolescence. Ainsi, les formes mélancoliques avec inhibitions psychomotrice et psychique sont très rares. En revanche, les formes mixtes[1], celles où prédominent les plaintes physiques, ainsi que celles se manifestant par des troubles du comportement d'allure antisociale (instabilité, déviances diverses...), se rencontrent beaucoup plus souvent.

Véronique, 19 ans, est une étudiante brillante en hypokhâgne. Il y a environ un an, elle a présenté un premier accès qui s'est traduit par la survenue d'une insomnie accompagnée d'un état de surexcitation intense. Jusque-là timide et réservée, Véronique « s'est mise à passer ses nuits dans les bars et à multiplier les aventures sexuelles sans aucune retenue ni protection ». Elle éprouvait ensuite une « honte monstrueuse et se mortifiait pour se punir d'avoir agie ainsi, en se brûlant la peau avec des cigarettes ». Hospitalisée pendant deux mois à la suite de cet épisode, Véronique a rapidement interrompu le suivi psychiatrique et le traitement médicamenteux proposés. La jeune fille présente un nouvel accès au cours duquel elle renouvelle ses troubles du comportement puis tente de se noyer. Elle est réhospitalisée. Malgré le traitement, son discours reste profondément morbide. L'adolescente s'auto-accuse et « demande à être achevée » ; elle « espère avoir attrapé le sida car elle le mérite ». Elle fait l'objet d'une surveillance particulière et reçoit un traitement chimiothérapique approprié. L'indication d'une sismothérapie est également retenue, compte tenu de la gravité de la symptomatologie. Un matin, l'infirmière trouve Véronique inanimée dans sa chambre. La jeune fille est immédiatement transférée aux urgences où les examens mettent en évidence qu'elle a ingéré une dizaine de piles (dont certaines ont été préalablement perforées) ainsi que les débris métalliques d'un tube de dentifrice.

La fréquence du diagnostic de trouble de l'adaptation[2] sur l'axe I du DSM n'a pas grande signification, puisque la plupart des sujets attribuent leur TS à des facteurs déclenchants particuliers et récents

---

1. Co-existence de symptômes maniaques et mélancoliques.
2. Selon le DSM, on entend par trouble de l'adaptation une réaction non adaptée, émotionnelle ou comportementale, en réponse à un facteur psychosocial identifiable, apparaissant au cours des trois mois suivant la survenue de celui-ci. Le trouble de l'adaptation a les formes cliniques suivantes : avec humeur dépressive, avec humeur anxieuse, avec caractéristiques émotionnelles mixtes, avec troubles des conduites, etc.

(rupture sentimentale, perte de l'emploi, etc.), et que cet ensemble d'événements répond précisément aux critères diagnostiques d'un tel trouble. Derrière les causes officielles avancées, se cachent, on le sait, d'autres éléments qui ont conduit les adolescents concernés à recourir à l'acte en lieu et place d'une prise de conscience douloureuse de leur situation affective. Quant aux diagnostics de personnalité pathologique établis sur l'axe II du DSM, ils apparaissent largement surestimés, du fait de l'importance que prennent les troubles des conduites chez les adolescents en difficulté. À l'impulsivité et aux manifestations auto et hétéroagressives, s'ajoutent en effet l'abus d'alcool ou de drogues, les antécédents d'absentéisme scolaire, de fugues, etc. Tous ces comportements sont des critères qui concourent à l'établissement fréquent du diagnostic de personnalité antisociale ou limite (border-line). Or, à la différence des adultes, les adolescents ont une personnalité en devenir. L'expérience indique que beaucoup de ceux pour lesquels ces diagnostics ont été posés, lorsqu'ils étaient en situation de crise, n'évoluent pas vers les structures pathologiques correspondantes. Quoi qu'il en soit, même en présence d'affections mentales définies, Philippe Jeammet et Élisabeth Birot (1994) soulignent que « [...] les tentatives de rattacher la conduite suicidaire aux entités psychiatriques connues conduisent à une impasse. Tous les diagnostics psychiatriques sont susceptibles de se retrouver associés à une tentative de suicide, certes avec une fréquence inégale, mais d'une façon telle que cette approche n'apporte aucun éclairage spécifique sur la nature du geste suicidaire. Comme tous les troubles du comportement, la conduite suicidaire est transnosographique. La recherche d'un diagnostic psychiatrique est indispensable car elle donne le contexte, conditionne pour une part le pronostic, indique les éléments sur lesquels le thérapeute peut ou ne peut pas s'appuyer, mais elle est en fait ce qu'il y a de moins spécifique à l'acte suicidaire [...] ».

Par ailleurs, nous avons vu que la détermination suicidaire du sujet est souvent remise en cause – à tort – lorsque l'indice de gravité physique de l'acte est faible. Le registre de la maladie mentale n'échappe pas à certaines idées reçues quant au potentiel autodestructeur de telle ou telle pathologie. On sait que les jeunes gens souffrant de troubles psychotiques effectuent des passages à l'acte généralement très impulsifs et violents (pendaison, arme à feu, arme blanche, précipitations...). De ce fait, l'idée d'imprévisibilité est souvent retenue, alors que nombre de ces patients ont exprimé auparavant des comportements ou des propos dont le caractère mortifère ne faisait pas de doute. Il en est de même chez les sujets présentant un état limite, lorsque la répétition de leurs conduites agies amène certains observateurs à les banaliser. Les sujets hystériques sont connus pour réaliser des tentatives de suicide jugées abusivement « non sincères », jusqu'à ce qu'ils surprennent tragiquement tout le monde en posant un acte létal. Quant aux jeunes patients atteints d'une dépression majeure (récurrente ou non), ils mobilisent l'attention de l'entourage à l'acmé des troubles. Or, c'est souvent en fin d'épisode que ces derniers peuvent tenter de se suicider. La TS des patients foncièrement déprimés allie en effet fréquemment préméditation et violence. La détermination autodestructrice des patients mélancoliques doit être redoutée. Elle reflète l'importance de l'agressivité mise en jeu et préside au choix d'un moyen suicidaire efficace, souvent dérisoirement usuel et d'une grande cruauté dans ses modalités (étouffement volontaire dans une poche en plastique, absorption de substances corrosives ou d'objets ménagers contondants...). Cet aspect rend d'ailleurs très difficile la mise en place de mesures préventives en milieu spécialisé, car à peu près tout peut être utilisé par ces patients pour se suicider, surtout ce à quoi on ne pense pas.

Dans notre pratique clinique, deux à trois adolescents suicidants sur dix sont considérés comme porteurs de troubles mentaux avérés. Ces derniers se répartissent pour l'essentiel en troubles psychotiques (8 à 10 %), troubles graves de l'humeur (10 à 15 %) et troubles de la personnalité de type borderline (3 à 5 %). Les névroses constituées sont très rares en dessous de 18 ans. Chez les autres sujets, l'existence éventuelle d'affects anxio-dépressifs ou de troubles du comportement associés, ne conduit pas à la formulation d'un diagnostic psychiatrique. On est ainsi amené à distinguer trouble mental et trouble du fonctionnement mental. Le premier syntagme s'applique, selon nous, à la maladie, lorsque la symptomatologie relevée correspond à une entité nosographique précise. Le second concerne le mode de fonctionnement pathologique qui caractérise des sujets indemnes de troubles psychiatriques. Une approche métapsychologique doit ainsi être couplée au recueil des signes cliniques caractéristiques. Celle-ci consiste en l'examen des processus mentaux que révèlent le contenu du discours du sujet, sa manière de « dire », ses modes de relation à autrui, etc.

Psychopathologie de l'acte suicidaire

Si un aspect du suicide n'est contesté par personne, c'est ce qu'il donne à voir : l'attaque du corps propre, pouvant conduire à la mort réelle. Le corps peut être visé en totalité ou, plus souvent, au niveau de l'une de ses parties. Il en est ainsi de la tête – représentant métonymique de la pensée – qui est détruite (arme à feu), asphyxiée (pendaison, strangulation, étouffement) ou « endormie » (intoxication). Cela est vrai à tout âge, mais constater que la tentation suicidaire est aussi prégnante à l'adolescence, renvoie précisément à ce qui fonde cette période de la vie : la métamorphose du corps propre et les réaménagements qu'elle impose à la psyché.

L'accès au corps génital est pour tout adolescent profondément perturbant. Il entraîne le vacillement d'au moins deux composantes psychiques humaines essentielles : le narcissisme et la relation d'objet[1]. Pour Raymond Cahn (1994), « [...] cet objet extérieur qui vient massivement remobiliser les traces du passé enfoui, de "tout ce qui aurait dû rester caché, secret, mais se manifeste", n'est-ce pas cet événement que constituent le surgissement du corps génital et ses désirs nouveaux, si impérieux, si indépendants de la volonté qu'ils apparaissent comme une force venue d'ailleurs, en même temps que mettant en branle des affects, des pensées, anciens et fondamentaux, mais refoulés ou exclus ? [...] »

Les interrogations s'entrechoquent, suscitent angoisse et sentiment d'étrangeté, attirances et rétractions à l'égard des proches, et convoquent certains mécanismes défensifs tels que le déni et le clivage. Le doute s'immisce dans tout ce que le sujet tenait jusque-là pour des certitudes et fait chanceler le sens et la cohérence qu'il donne à ses conflits psychiques et à ses relations au monde. Comment imaginer que tout un chacun est né pour mourir ? Comment aimer et s'approprier soi,

1. En psychanalyse, ces termes expriment des notions complexes qu'il est impossible de définir succinctement sans les dénaturer. Retenons donc de manière très sommaire et incomplète que le narcissisme – l'amour de soi-même – comporte : l'auto-érotisme, ou jouissance qu'une partie du corps prend à soi-même, le narcissisme primaire, où le corps propre est objet unique et le narcissisme secondaire, où l'objet est le moi, c'est-à-dire un système de liaison de représentations entre elles. Quant à la relation d'objet, elle désigne l'ensemble des interrelations mutuelles qu'un sujet entretient avec son entourage à un niveau essentiellement fantasmatique.

représenté par ce corps « étranger » qui est le reflet de l'union de ceux qui l'ont conçu et qui d'ailleurs leur ressemble ? Comment se séparer d'eux et ne pas s'enliser dans le regard de l'autre sur soi-même pour y rester prisonnier ? Comment accepter de mouvoir ce corps et d'en utiliser les potentialités sexuelles tout en assumant le genre avec lequel on est né ? Comment s'inscrire « avec lui » dans la différence des générations (qui suppose que la mort fasse partie de la vie) et n'être pas menacé du danger incestueux ?

L'acte suicidaire semble opposer à ces questions un « c'est au-dessus de mes forces d'y songer » ou un « je ne veux rien perdre de ce que j'ai et désire obtenir ce qui me manque ». Il est à la fois anti-narcissique par sa visée destructrice et tout-puissant dans sa revendication d'emprise totale sur l'objet. Si l'on admet que la pulsion de mort[1] existe et qu'elle est nécessairement à l'œuvre dans cette entreprise d'autodestruction du corps propre et d'anéantissement de la pensée, il faut toutefois s'empresser d'ajouter que l'idée de mort est absente de l'inconscient : elle est muette et irreprésentable. Fondamentalement intriquée à la pulsion de vie selon un principe de dualité qui ne permet pas de l'envisager sans son contraire, la pulsion de mort n'est pas repérable directement, sauf s'il y a désintrication des pulsions comme dans les formes gravissimes de psychose. C'est la raison pour laquelle, même s'il est mû au plus profond de lui-même par cette force, le suicidaire ne peut viser la mort psychique[2]. Jean Laplanche (1986*b*) précise à ce propos : « [...] Une des choses qui nous permet d'affronter la mort, c'est précisément qu'il n'y a pas d'idée de mort dans l'inconscient. D'autre part, nous construisons toujours une projection narcissique de ce qui se passerait aussi bien après la mort individuelle qu'après une destruction collective. Je crois que dans toute analyse de cas de suicide, il faut tenir compte de cette projection narcissique [...] »

1. Introduit par Sigmund Freud (1920) dans *Au-delà du principe de plaisir*, le concept de pulsion de mort (Totestrieb) est l'un des plus discuté de la théorie psychanalytique. À ce sujet, on lira avec profit l'ouvrage collectif intitulé *La pulsion de mort* (1986, PUF), où plusieurs auteurs examinent ce concept fondé « [...] sur l'hypothèse d'une tendance primaire de l'organisme à la réduction complète des tensions, [...] [rendant compte] du dualisme pulsionnel fondamental, de la tendance à la compulsion de répétition [...] » (Daniel Widlöcher in *op. cit.*).

2. Cela reste vrai dans les cas de psychose, car alors le sujet la subit.

Dès lors, que cherche à tuer le sujet suicidaire ? Des représentations intolérables qui l'envahissent et le submergent ? Quelque chose qu'il perçoit en lui comme un objet extérieur et hostile et qui est incarné par son corps propre ? Si, comme le rappelle André Green (1986), « [...] on n'agresse jamais que soi-même [...] [car] même quand on tue quelqu'un, c'est une partie de soi qu'on tue, ou qu'on se défend contre le désir de tuer une partie de soi [...] », il faut bien admettre que l'incapacité à se séparer de l'objet aimé et à en faire le deuil, conduisent certains sujets à s'identifier à lui pour ne pas le perdre, tout en lui attribuant le sadisme persécuteur de celui par qui arrivent déplaisir et frustration[1]. « [...] Je l'aime [proclameraient-ils], mais plus encore je le hais ; parce que je l'aime, pour ne pas le perdre, je l'installe en moi ; mais parce que je le hais, cet autre en moi est un mauvais moi, je suis mauvais, je suis nul, je me tue » (Julia Kristeva, 1987). Est-ce disparaître avec l'autre pour renaître, tel le phénix, de ses cendres ? « [...] L'attente de la mort, même sous-tendue par des fantasmes de renaissance, d'auto-engendrement, de retrouvailles incestueuses, est un désir de changement radical par rapport à l'état antérieur, une tentative de rupture [...] », nous signalent Philippe Jeammet et Élisabeth Birot (1994). À partir de l'étude psychopathologique standardisée qu'ils ont réalisée, ces auteurs identifient et argumentent ce qui distingue – sur le plan de leur fonctionnement mental – les jeunes suicidants d'autres adolescents. Ils repèrent notamment la fragilité de leurs assises narcissiques[2], le peu d'efficience de leurs mécanismes de contention des conflits intra-psychiques et les failles de leur organisation œdipienne qui maintiennent archaïques et actuelles de redoutables menaces castratrices et incestueuses. L'éprouvé de la vie fantasmatique – non pas pauvre comme on le croit souvent, mais au contraire riche et féconde – n'en est que plus angoissant et agresseur.

Ces divers achoppements aboutissent à ce que le corps propre soit vécu comme une sorte d'« objet à abattre ». François Ladame et Jérôme Ottino (1993) le définissent tel « [...] le lieu d'émergence d'un monde pulsionnel aussi incontrôlable qu'inquiétant [qui] fonctionne comme écran de projection des fantasmes et des affects insupportables

1. Concernant le deuil de l'objet aimé et perdu, nous renvoyons le lecteur au texte fondateur de Sigmund Freud (1917), *Deuil et mélancolie* (*Trauer und Melancholie*).

2. C'est-à-dire du narcissisme primaire.

comme des objets internes haïssables et persécuteurs [...] ». Le point de vue de ces auteurs fournit un autre angle d'approche des mécanismes mis en jeu dans l'acte suicidaire : « [...] c'est sur ce double paradoxe : détruire le corps réel tout en sauvant le corps idéalisé [impubère], attaquer le corps propre tout en visant sa seule représentation que s'articule l'éternelle question de savoir si les adolescents veulent ou non mourir quand ils font un geste suicidaire. Cette question n'a de pertinence que dans notre logique à nous. Dans la logique de la pensée double, la réponse est double : l'adolescent veut mourir *et* l'adolescent ne veut pas mourir ; les deux pensées sont concomitantes [...] ».

Une transgression qui peut en cacher une autre

Quelle sanction suprême autre que la mort, menace à jamais l'être humain – victime et/ou bourreau – de l'inceste, du suicide et du meurtre, ces trois transgressions absolues ? Faute d'accéder à la symbolisation des conflits et des attaques dont il se sent le siège, l'adolescent suicidaire résoudrait – par une métonymie qui lui échappe – l'infernale équation dans laquelle il est une variable emprisonnée. Fuir l'insupportable idée de l'inceste (et celle du parricide qui lui est liée) en lui opposant une autre menace transgressive : s'ôter la vie. Dans une telle hypothèse, le sujet se dégagerait du danger incestueux en même temps qu'il ferait « disparaître » ce qui le rend effectivement possible (le corps génital). Ce faisant, il n'aurait plus à renoncer aux liens de dépendance parentale devenus – du même coup – « désexualisés », quitte à en payer le prix de sa vie pour mieux proclamer sa permanence projetée dans l'univers de ses survivants. En quelque sorte débarrassé de son corps propre, il deviendrait un « pur esprit » capable de flotter sur le monde et de se dissoudre dans l'autre pour y trouver complétude et apaisement de toute tension[1]. Dans certains cas, cette nécessité s'impose d'autant plus au sujet que ce dernier – submergé par une excitation qu'il ne peut contenir – ne trouve d'autre issue que celle de la « déconnexion ».

---

1. S'agit-il de la réalisation d'une scène primitive auto-érotique ? François Ladame et Jérôme Ottino (1993, *op. cit.*) avancent, quant à eux, que « [...] l'acte suicidaire, s'il comporte toujours cette dimension de fuite [de l'inceste], comporte simultanément la réalisation, inconsciente, de ce même inceste : se tuer pourrait alors se définir comme un moyen d'échapper à l'inceste tout en l'accomplissant [...] ».

Il est sans doute nécessaire de préciser ici que la représentation de l'inceste dont nous parlons, ne s'arrête pas aux configurations généralement retenues, à savoir celles qui – dans le réel – affectent directement des proches consanguins ou alliés. L'usage que nous faisons ici de cette notion s'étend aussi à ce que l'anthropologue africaniste Françoise Héritier (1994) désigne sous le nom d'« inceste du deuxième type ». Ce dernier intéresse « [...] deux consanguins ou deux alliés par l'intermédiaire d'un partenaire sexuel commun. Dans le cas le plus pur, il n'y a aucun rapport de consanguinité ni d'alliance en jeu dans les rapports sexuels proprement dits : le partenaire commun n'est en rien lié à l'un des consanguins et aucun d'eux n'est marié, ce qui exclut tout soupçon d'adultère. Ce cas, c'est celui d'un homme avec deux sœurs ou avec une fille et sa mère dont il n'est ni parent ni allié [...]. L'inceste du deuxième type n'a rien à voir ni avec le mariage ni avec la reproduction [...] ». Bien plus, pour l'auteur, le critère fondamental de l'inceste, c'est la mise en contact de « substances identiques ». Françoise Héritier suggère que les deux types d'inceste fonctionnent toujours ensemble et « qu'il ne pourrait pas y avoir d'inceste du premier type sans inceste du deuxième ». À l'appui de ses dires, elle fait une relecture du cas mythique d'Œdipe qui en fournit une illustration évidente : en couchant avec sa mère, Œdipe couche aussi avec son père (Laïos est certes mort, mais il a laissé sa substance dans le ventre de Jocaste).

Sur un plan métapsychologique, on sait depuis ce que S. Freud en a dit, que le complexe d'Œdipe[1] comporte deux versants : d'une part, le désir sexuel pour le parent de sexe opposé ainsi que l'ambiguïté parricide et amoureuse vis-à-vis de l'autre parent ; d'autre part, sous une forme inversée, le désir passif pour le parent de même sexe et les sentiments ambivalents pour le parent de sexe opposé. La triangulation ainsi dessinée génère des interrelations entre tous ces personnages, alliant tour à tour attractions et répulsions. À la suite des travaux de F. Héritier, on peut penser que si le risque incestueux fantasmatique porte en lui un tel potentiel traumatique, c'est qu'il pose le problème crucial de la mise en rapport – au sein de ce triangle – de deux identiques. Le principe universel de dualité écarte en effet l'identique au profit de la séparation ou du partage de toute chose en une expression

---

1. Concept introduit par S. Freud en 1910, créé par ce dernier dès 1897 au cours de son auto-analyse, à partir de la tragédie de Sophocle, Œdipe-Roi.

et son contraire. Dans le psychisme humain, c'est le cas des couples pulsion de vie/pulsion de mort, plaisir/déplaisir et de la bisexualité psychique. Il est possible d'admettre que la représentation de l'inceste entre un père et sa fille ou une mère et son fils a ceci de fondamentalement transgressif et intolérable : il comporte en lui l'accouplement de l'identique. À travers le rapport père/fille, la substance de la fille rejoint celle de sa mère, par l'intermédiaire de son père ; dans le second type de rapport, celui d'Œdipe, la semence du fils touche celle de son père, via sa mère. Dans l'une ou l'autre de ces configurations, le sujet (garçon ou fille) connaît à la fois le rapprochement de l'identique mais aussi l'« impossible retour » – direct ou indirect – vers la matrice qui l'a contenu puis définitivement expulsé.

S. Freud[1] a fait de l'attitude incestueuse à l'égard des parents le « complexe central de la névrose » et le « point nodal » du désir infantile. En traversant le détroit œdipien, tout sujet connaît cette attirance qui fait écho aux désirs parentaux, l'ensemble fondant précisément la nécessité de l'interdiction de l'inceste[2]. Au-delà des hypothèses biologiques et anthropologiques tendant à rendre compte de cette prohibition fondamentale[3], il est possible d'imaginer que la répulsion de l'identique en constitue le noyau déterminant, à l'instar de l'électro-magnétisme de l'aimant : les forces de charge contraire s'attirent tandis que celles de même signe se repoussent.

Vers une clinique opaque ou transparente ?

Les perspectives théoriques qui précèdent, articulées avec la problématique de la perte et de l'abandon « indépassables », résistent à l'observation. Hormis les cas où la maladie mentale et les troubles de la personnalité qui la fondent peuvent être retenus, l'expérience indique que le passé infantile des jeunes suicidants et l'histoire de leur famille

1. *Trois Essais sur la théorie de la sexualité* (1905).
2. N'est interdit que ce qui est porté par un désir potentiel et inversement. Ce qui n'a pas lieu de l'être, c'est-à-dire ce que la nature défend ou punit d'emblée, n'a pas besoin de loi destinée à en renforcer l'interdiction (exemple : il n'est pas interdit de manger ses excréments, parce que nul individu en possession de toutes ses facultés mentales n'en éprouve le désir, du fait de la répugnance que lui inspirent les matières fécales).
3. Risque génétique lié à la consanguinité, élargissement vital de tout groupe humain.

semblent faire le lit de ces aménagements psychiques instables marqués par les troubles des identifications, l'insuffisance des étayages et des limites à différents niveaux, et le caractère « irreprésentable » des désirs propres. Catastrophes et violences familiales, configurations nucléaires éclatées et remaniées, non dits et secrets inter-générationnels, carences affectives précoces... mais aussi projections parentales toxiques, situations réelles ou symboliques de défaillance paternelle et d'omnipotence maternelle, confusion des générations etc., émaillent le parcours des adolescents suicidaires et, bien souvent, de celui de leurs parents.

Cliniquement, on est frappé – chez ces jeunes – par leur immaturité affective souvent flagrante (contrastant avec une efficience intellectuelle normale, voire fréquemment supérieure à la moyenne), une extrême sensibilité aux pertes et aux frustrations de tous ordres, la dépendance massive à l'un ou l'autre parent (excluant le tiers), la « dépressivité » de l'humeur (plus que la dépression stricto sensu), et une nette propension à l'agir sous toutes ses formes. Les sujets connaissent, par ailleurs, des troubles manifestes de la sexualité. Celle-ci est soit peu ou pas investie, soit au contraire totalement « débridée ». Dans le premier cas, elle s'inscrit au sein d'histoires sentimentales éphémères, où elle est prétexte à l'obtention avide de « tendresse, d'affection et de reconnaissance ». Dans le second cas, il arrive qu'elle soit agie comme équivalent suicidaire.

Depuis le début de l'année scolaire, Claire, 18 ans, est une élève connue pour ses passages à l'acte suicidaires. Scolarisée en terminale ES, elle se rend fréquemment à l'infirmerie du lycée pour « avoir un pansement », après s'être égratignée les avant-bras en cours, « avec la pointe d'un compas, une agrafe ou un trombone ». Les blessures sont habituellement très superficielles. Alertés à la suite du caractère « de plus en plus systématique » de ces conduites, les parents de Claire s'étonnent de l'inquiétude du corps scolaire, parlant de « griffures » dues, selon eux, « à l'angoisse du bac ». Pourtant, sur les conseils de leur médecin, « ils acceptent que Claire voit un psychiatre ». L'adolescente n'y est apparemment pas opposée mais n'a rien à dire, sinon « qu'elle a des impulsions ». Elle accepte de se rendre aux rendez-vous hebdomadaires proposés pour « raconter sa semaine », mais cache au thérapeute qu'en parallèle à cette prise en charge, sa mère « l'emmène régulièrement voir des rebouteux et des sorcières pour l'exorciser ». Dans un premier temps, le comportement de Claire reste inchangé : elle continue à se scarifier. Quatre mois après le début du suivi psychothérapique, la gravité de ces manifestations augmente brusquement. Claire se coupe à plusieurs reprises avec un couteau et se fait une plaie profonde au niveau de l'avant-bras gauche dans laquelle elle « dépose de la mort-aux-rats ». Hospitalisée en milieu psychiatrique, Claire multiplie les phlébotomies, en employant « tout ce qu'elle trouve de coupant ou pointu ». Elle ne passe pas son bac, quitte l'hôpital puis y retourne à nouveau – trois ou quatre fois – lors de nouveaux passages à l'acte. Après avoir été interrompue, reprise puis délaissée, la psychothérapie est, elle, réengagée six mois plus tard. Elle sera de courte durée. Au bout de quelques semaines, Claire cesse de « se taillader » mais « s'offre au premier venu » ; elle passe ses nuits dans les discothèques et « fait l'amour avec qui le lui demande », jusqu'à ce qu'elle rencontre un « organisateur de spectacles qui lui propose de travailler ». Elle s'appelle maintenant Dolly et est « hôtesse dans un peep-show ». À son psychiatre, elle déclare « qu'elle n'a plus le temps de faire une thérapie », d'autant que « son mec [et employeur] est contre ».

Certains sujets avouent « attendre » désespérément l'événement amoureux. D'autres disent « n'avoir aucun fantasme » ; d'autres encore vivent tout conflit relationnel comme une « incroyable prise de tête ». Beaucoup estiment « ne pas s'aimer » et tous éprouvent d'évidentes difficultés à mettre des mots sur leurs émotions et leurs sentiments. « J'en ai ras-le-bol de tout », résume Sarah, 17 ans, au lendemain de sa cinquième tentative de suicide par intoxication. Le vocabulaire utilisé par les suicidants fait régulièrement appel aux qualificatifs « insupportable », « intolérable », qui sont aussi ceux de la douleur et qui sous-tendent – faute du deuil de la dépendance – un désir de rupture : « il faut que ça cesse », « je voudrais que tout s'arrête », « oublier tout et le reste », etc.

Un point mérite d'être souligné : même dans les cas psychopathologiques les plus graves, l'acte suicidaire paraît toujours adressé à quelqu'un. C'est une réponse agressive que le sujet semble retourner – *via* lui-même – à l'« envoyeur », c'est-à-dire à celui ou à celle qu'il tient pour agresseur. Mais c'est aussi très souvent l'expression d'une quête, un cri déchirant qui signifie « ne m'abandonnez pas, je ne peux exister sans vous ! ». En ce sens, cet acte est bien un geste d'appel, une sommation par laquelle le sujet lie sa destinée à celle de la relation à l'autre. Ce dernier peut être consciemment identifié[1] ; dans certains cas, il ne l'est pas, parce que soi et l'autre se confondent ; ailleurs, c'est « la société » ou « la vie » qui est tenue pour « impossible ». Mais

---

1. Il est à cet égard troublant de constater, en service d'urgences hospitalier, que la première personne se manifestant auprès des soignants pour « avoir des nouvelles » du suicidant, est souvent la « personne-cible » à qui s'adresse le passage à l'acte. En cas d'intoxication volontaire, il est également courant d'observer que les médicaments absorbés par le sujet, sont ceux du parent avec lequel il estime être le plus « en conflit ».

le rôle que le sujet fait jouer à ces personnages ou à ces entités vagues, masque des agressions plus profondes et plus anciennes qui parfois ne les concernent pas – au moins directement – et qui n'apparaîtront que plus tard, lors de l'ébauche d'un travail d'élaboration psychique. Ces blessures-là restent en effet tapies derrière l'écran d'un traumatisme manifeste qui fonctionne à la fois comme détonateur et alibi de la crise suicidaire. Déclencheur, il l'est au titre de facteur précipitant, constamment lié à un sentiment réel ou supposé de perte. Alibi, il le devient lorsque l'intéressé s'en saisit pour (se) cacher la dépendance qui est la sienne à des liens d'une autre nature. Lorsqu'il brandit aussi cette « raison » devant ceux qui viennent s'entretenir avec lui au lendemain de sa T.S., pour leur indiquer qu'il est victime et non coupable, désespéré mais pas fou. Porteur d'une forte culpabilité qui rend compte de l'agressivité mise en jeu et du niveau de transgression atteint, le jeune suicidant en est alors réduit à minimiser la portée de son acte : « j'ai fait une bêtise », « je ne recommencerai plus »... Certains dénient purement et simplement la nature du passage à l'acte : « je voulais juste dormir », « je me suis trompé dans les doses »... Pour les autres, c'est le temps des formules du type : « j'ai voulu me suicider parce que je me déteste », « mon ami m'a quitté et je ne le supporte pas », « mes parents m'interdisent tout et préférent mon frère », « à quoi bon continuer à vivre dans cette société pourrie », etc.

Priscilla, 16 ans, est entrée la veille en service de réanimation à la suite de l'absorption d'une vingtaine de comprimés d'hypnotiques. Elle s'est également scarifiée le poignet gauche à l'aide d'un cutter. Ce matin-là, elle est assise dans son lit d'hôpital, s'est arrachée « le goutte-à-goutte qui la faisait trop souffrir » et attend « avec impatience » la visite du psychiatre... pour obtenir « le feu vert » concernant sa sortie. Souriante et aimable avec les soignants, elle souligne qu'« elle doit à tout prix aller à son cours de maths, à 14 heures... ». En préambule à l'entretien qu'elle a avec le médecin, Priscilla reconnaît « avoir un peu forcé la dose pour dormir, mais surtout ne pas avoir voulu mourir ». Quant aux scarifications, elle admet à leur sujet « qu'elle s'est énervée et qu'elle a besoin de se faire mal quand trop de choses lui prennent la tête ». Le psychiatre lui signifie explicitement que – pour lui – tout ce qui s'est passé s'appelle une tentative de suicide. Priscilla éclate alors en sanglots. Elle a « souvent pensé au suicide mais ne l'a pas fait pour ne pas faire souffrir ses parents ». Elle est maintenant désireuse « de tout oublier » et espère que sa mère – avec qui elle est « en conflit » – ne lui tiendra pas rigueur de son acte. Cette dernière rencontre le psychiatre en fin de matinée et se montre très prolixe au sujet « des difficultés qu'elle a avec sa fille ». Sur les conseils du spécialiste, toutes deux finissent par admettre qu'une séparation momentanée et une mise en observation de quelques jours permettraient à Priscilla « de faire le point sur la situation ».

À chaud, l'entourage s'empare lui aussi fréquemment du facteur déclenchant invoqué, pour s'y raccrocher ou, à l'inverse, l'écarter. Il n'est pas rare que les proches suggèrent aux soignants des « causes » possibles qui ne remettent pas en question la dynamique familiale. On parle de « fatigue », de « surmenage », de « drogue », d'« inquiétantes fréquentations », etc. Le déni, la banalisation ou, à l'inverse, la dramatisation extrême, expriment l'angoisse et les intenses sentiments de culpabilité qui agitent aussi l'entourage. Tantôt celui-ci banalise le passage à l'acte en le réduisant à une manoeuvre intimidatrice, voire à l'exercice d'un « chantage affectif », tantôt il accuse telle ou telle personne d'être responsable de la détresse de l'adolescent, ou bien encore évoque une « tare familiale » ou une « maladie nerveuse ». Dans les suites immédiates d'une TS, l'intéressé et son entourage sont en réalité mobilisés par la disculpation projective. Ce qui est dit alors est à la fois l'authentique témoignage de leurs difficultés relationnelles et l'« écran de fumée » destiné à les dissiper face aux témoins gênants que sont les tiers soignants.

Souvent mis en avant pour « expliquer » le passage à l'acte, les facteurs déclenchants ne sauraient être considérés comme les causes des conduites suicidaires. Quiconque connaît des moments difficiles ne songe pas pour autant à mettre fin à ses jours. L'aspect qui caractérise ces facteurs, le climat et la manière avec lesquels ils sont rapportés par les jeunes en détresse et leurs parents, en disent certes plus long qu'il n'y paraît de prime abord. Qu'ils aient une potentialité traumatique propre n'est pas discutable. Mais leur rôle ne peut se comprendre que dans la double perspective qui est la leur : révéler une souffrance qui puise ses racines au plus profond de l'histoire du sujet et de sa famille, et cacher la nature véritable de cette même souffrance. D'autre part, nous l'avons vu, la rupture qu'ils expriment au sens propre ou figuré, n'est souvent que le résultat d'un processus suicidaire qui s'est insidieusement installé au cours des jours, des semaines, voire des mois précédents. Lorsqu'il s'agit de prendre en charge l'adolescent dans les suites de son geste, en rester aux circonstances déclenchantes avancées ne peut permettre à l'intéressé et à ses proches de percevoir ce que l'acte signifie et de désamorcer le potentiel hautement répétitif et mortifère qui le caractérise.

On le voit, s'interroger sur le sens de l'acte suicidaire à l'adolescence, n'est pas une entreprise facile. Des mystères demeurent et la polysémie règne selon le niveau d'interprétation auquel on se réfère, entraînant l'observateur dans de multiples ramifications dont beaucoup se terminent par des rationalisations séduisantes ou rassurantes... pour soi-même. À son insu, le sujet suicidaire n'est évidemment pas étranger à la complexification de ce dédale, tant qu'il confond recherche d'un apaisement à sa souffrance et « détournement du regard » vis-à-vis de ce par quoi il souffre. « Voir les choses en face » lui semble potentiellement bien plus dangereux et douloureux que de fuir la réalité traumatique – interne ou externe – qui le ronge. L'acte qu'il pose, exprime un tragique et parfois ultime désir qui lui aussi est double : s'émanciper d'une dépendance qui rend sa vie impossible « sans l'autre » et s'assurer – à travers l'au-delà du coma ou de la mort – de la permanence de ses liens. En ce sens, c'est un acte d'aliénation qui s'« autodétruit » lui-même de par ses paradoxes. Le suicidé ne laisse finalement aux survivants que la lancinante question du « pourquoi a-t-il fait ça ? », tandis que le rescapé n'aura d'autres issues que de reproduire son geste tant qu'il n'en percevra pas les mobiles véritables. C'est précisément à la réalisation de ce travail que l'on se doit de l'inviter et de lui servir de guide.

4

L'adolescent suicidaire et la société

C'est au sociologue français Émile Durkheim – héritier du positivisme – que l'on doit l'énoncé de principes sociaux tels que l'anomie[1], la conscience collective ou la solidarité. Auteur d'une célèbre étude sur le suicide (1897), cet auteur y affirme le primat de la société sur l'individu. Pour Durkheim, ce ne sont pas les motivations personnelles du suicidant qui comptent dans l'acte suicidaire. C'est l'état de la société en général, et celui de ses parties, qui fournit ce qu'il appelle un « contingent déterminé de morts volontaires ». En quelque sorte, la société tout entière se suicide à travers certains de ses membres. Pour cet auteur, chaque groupe social est à la recherche d'un équilibre collectif entre égoïsme et altruisme, anomie et fatalisme ; lorsque l'équilibre se rompt, un courant « suicidogène » apparaît.

La thèse de Durkheim a fait l'objet de critiques, ne serait-ce qu'en raison du manque de fiabilité des statistiques sur lesquelles elle reposait[2]. Mais sa théorie – aussi lumineuse qu'elle soit dans certains de ses aspects – a surtout la faiblesse de s'ériger en loi sociologique. C'est à coup sûr cet excès qui en réduit la portée.

---

1. Mot emprunté au grec *anomia* « illégalité », avec le sens d'« absence de loi ou de norme ».
2. Jean Baechler (1975) en apporte une démonstration convaincante dans son ouvrage intitulé *Les suicides* (Calmann-Lévy).

Il n'en demeure pas moins que les travaux de Durkheim ont eu le grand mérite de poser le problème et de susciter des interrogations essentielles. Ses successeurs n'ont d'ailleurs pas manqué d'explorer ces questions, conférant à la sociologie une légitimité indiscutable dans l'étude du suicide. Nous verrons d'ailleurs que sociogenèse et psychogenèse sont loin de se heurter, lorsque les perspectives se montrent complémentaires, dynamiques et plurielles. Les conduites suicidaires forment un phénomène complexe, spécifiquement humain[1] et, par voie de conséquence, nécessairement multifactoriel. Que les bouleversements culturels et sociaux interviennent à différents niveaux, n'est évidemment pas contestable. Mais il serait erroné de croire qu'ils puissent s'avérer à eux seuls déterminants. D'évidentes composantes individuelles et inter-personnelles, pèsent de tout leur poids dans le déséquilibre fondamental pouvant conduire un individu à se donner la mort, sans compter la part de mystère que contient l'âme des êtres parlants, dont la secrète alchimie ne nous est pas connue.

À la recherche d'une cause logique

Dans la population générale, l'approche événementielle des conduites suicidaires, mène très souvent à deux types d'attitude : l'incompréhension totale ou la désignation immédiate d'un responsable. Plus l'individu concerné est jeune, plus ces positions contrastées sont actives. Ainsi, il n'est pas rare de voir certains « admettre » le suicide des personnes âgées au nom de tel ou tel prétendu principe philosophique, les mêmes jugeant inacceptable qu'un adolescent songe à mourir. Il est évidemment très difficile pour les proches d'un jeune suicidé d'assumer qu'un tel drame puisse s'inscrire dans l'histoire de leur famille et des relations qui les liaient au jeune défunt. Même la maladie mentale n'offre pas de réponse adéquate, car son hypothèse suscite une interrogation génétique qui implique de fait l'entourage. Les bonnes raisons ne manquent donc pas pour que l'acte suicidaire soit envisagé comme un fait social. La survenue tragique de deux ou trois suicides

1. On ne connaît pas de modèle de conduite suicidaire chez les animaux ; l'exemple si souvent pris de l'échouage des baleines n'en est pas un, puisque ce comportement est en réalité dû à un dysfonctionnement des systèmes d'orientation de ces mammifères (virus, micro-algues…).

d'adolescents dans la même semaine, conduit certains à parler d'« épidémie » et à incriminer tout à la fois la faillite de l'école, l'influence néfaste de la drogue, de la télévision ou de la musique rock, etc. On oublie que la recherche d'une cause « externe » à une série d'événements aussi inacceptables est loin d'être une nouveauté. À la fin du mois de mai 1909, la presse rapporte le cas d'un élève de 15 ans qui s'est suicidé par arme à feu devant ses camarades et son professeur. L'historien Michel Winock (1995) nous rappelle qu'en juin de la même année, le député Maurice Barrès intervient à la Chambre des députés pour questionner à ce sujet le ministre de l'Instruction publique, Gaston Doumergue. Pour Barrès, si des lycéens se suicident, c'est que l'Université française est coupée des traditions morales, incapable de donner aux enfants les repères indispensables à la formation de leur équilibre psychique. « [...] Les nouveaux maîtres issus de la Sorbonne nouvelle, dit le député, ne peuvent plus, à la différence des universitaires d'autrefois, parler aux enfants de leur demeure familiale, de la tombe des aïeux, de l'honneur du nom, de la religion, de toutes les générations françaises [...] » On le voit, le débat n'est pas nouveau et de tels propos apparaissent étrangement modernes : de l'« amoralisme » dont on affuble les maîtres à la perte de la religion, du chômage au sida, en passant par la violence télévisuelle ou musicale, beaucoup sont tentés de s'exonérer de toute remise en question trop personnelle et de souscrire à une certaine fatalité dans l'abord de drames de cette nature.

La confrontation des statistiques de décès par suicide avec certains paramètres sociaux mesurables est, quant à elle, à la base de l'approche sociologique du problème. Elle est indispensable, mais nécessite prudence et circonspection. Deux pièges sont en effet classiques : s'en tenir à une analyse fragmentée de couples de variables tels que suicide-chômage, suicide-divorce ou suicide-religion ; rapprocher des observations indépendantes en leur attribuant un rapport factice de cause à effet. L'établissement de corrélations statiques présente le risque d'aboutir à une succession de clichés, d'instantanés, censée restituer le mouvement d'ensemble du phénomène, alors qu'elle l'immobilise. Le choix des paramètres n'est pas non plus exempt de biais possibles. Ceux-ci sont généralement sélectionnés d'après le pré-supposé suivant : il y a des réponses logiques et objectivables à la question : « Qu'est-ce qui peut rendre des individus malheureux au point qu'ils aient envie de se tuer ? » Parmi les facteurs repérés, citons : l'absence d'emploi, l'isolement social ou géographique marqué, le contexte socio-économique sinistré, le climat défavorable, l'effondrement de certaines valeurs. On ajoute souvent des paramètres individuels tels que la maladie (du corps et de l'esprit) et les séparations ou les pertes objectives importantes. Il n'est donc pas surprenant d'observer que nombre d'études s'attellent à interpréter les chiffres du suicide en regard de ceux du chômage, de la géo-démographie, des conditions climatiques et des fluctuations hebdomadaires, mensuelles ou saisonnières, de la religion prédominante, du statut matrimonial, du niveau socio-culturel, etc.

Que constatent-elles pour l'essentiel ? L'existence d'un axe Nord-Sud (en Europe, on se suicide plus en Norvège qu'au Portugal) et, dans chaque pays, des taux de suicide plus élevés en régions rurales qu'en milieux urbains. Elles relèvent aussi une sur-représentation d'hommes, de personnes âgées, de chômeurs, de célibataires, veufs, divorcés ou séparés. Les conclusions tirées ne sont pas nécessairement fausses, mais elles ne permettent ni de distinguer les causes des conséquences, ni d'affirmer que l'importance donnée à l'un des facteurs ne masque pas l'influence que pourrait en exercer un autre. Ainsi, l'hypothèse économique ou climatique supposée rendre compte des chiffres nordiques, n'explique absolument pas pourquoi le Royaume-Uni et les Pays-Bas ont un taux de suicide trois fois plus faible que celui de leurs voisins, encore moins pourquoi la Suisse et l'Autriche ont l'un des plus forts taux mondiaux. De même, en France, la Bretagne et le Centre ont certes un taux supérieur à la moyenne nationale, mais il est bien difficile d'en tirer des conclusions probantes, y compris culturelles : partout, les taux de suicide sont élevés chez les plus de 60 ans et ces régions connaissent précisément un vieillissement accentué de la population. D'autre part, pourquoi les zones urbaines touchées de plein fouet par la crise économique ne sont-elles pas victimes de statistiques pires qu'ailleurs ? Quant à l'influence dite protectrice de la religion, elle se fonde sur l'observation selon laquelle une communauté à religion forte a un taux de suicide faible. Mais est-ce en raison de l'adhésion à la croyance et à son interdit religieux[1] ou tout simplement parce que la cohésion du groupe rend compte à la fois de la place qu'y occupe le culte et de l'aptitude de la collectivité à mieux s'entraider ? Enfin, le développement considérable de la précarité sous toutes ses formes

1. Le christianisme, le judaïsme et l'islamisme condamnent tous le suicide, prédisant peu ou prou une sinistre « carrière posthume » aux suicidés.

(emploi, cadre de vie...) ne coïncide pas, loin s'en faut, avec une augmentation proportionnelle des chiffres officiels du suicide qui – rappelons-le – même sous-évalués, semblent stabilisés depuis 1985.

Vers une approche dynamique et globale

L'approche sociologique ne se limite pas à ces observations. Plutôt que de chercher à repérer l'influence prépondérante de tel ou tel facteur social et de procéder à une analyse segmentaire dont on perçoit les limites et les travers, il apparaît en effet plus pertinent de s'employer à dégager certains dénominateurs communs exprimés par les statistiques. Cette perspective conduit à remarquer que tous les pays très industrialisés connaissent des taux de suicide élevés. Au sein de ces pays, les gradients enregistrés d'une nation à l'autre (exemple : Royaume-Uni, France) ne paraissent pas liés à la plus ou moins grande fiabilité des recueils de données[1]. Par contre, les facteurs reflétant le degré de cohésion et d'intégration sociales de la communauté considérée connaissent des variations sensibles. Parmi eux, évoquons notamment : le pourcentage de votants recueillis dans les suffrages électoraux, le nombre et l'importance des manifestations cultuelles, socio-économiques et/ou culturelles (kermesses, marchés, foires...), la quantité et la fréquentation des sites de convivialité publique (bars, restaurants...), le degré de mobilisation bénévole de citoyens au sein d'associations caritatives, la proportion de mendiants ou de SDF[2], l'intensité des courants migratoires du monde rural vers le monde citadin, les conditions d'assimilation des populations d'origine étrangère, etc. Les pays à fort taux de suicide se caractérisent par des problèmes socio-économiques importants et un taux de natalité faible, un vieillissement de la population générale, des taux de divorce ou de séparation élevés, un éclatement des familles nucléaires, des mouvements migratoires majeurs, des difficultés d'intégration ethnique ou culturelle, auxquels s'ajoutent l'altération du sens civique et la raréfaction des manifestations conviviales

1. La fiabilité de l'enregistrement des décès n'est pas contestable d'un pays occidental à l'autre. Même si l'on postule que les déclarations relatives au suicide puissent, elles, être sujettes à caution, les différences statistiques observées restent significatives en regard du nombre total de décès par mort violente (accidents, homicides, suicides).

2. Sans domicile fixe.

collectives. La France, qui occupe actuellement la triste sixième position mondiale (tous âges confondus) des taux de suicide, est très affectée dans ces différents domaines depuis l'après-guerre.

De telles observations n'expliquent pas pourquoi certains pays économiquement développés parviennent, mieux que d'autres, à préserver leurs liens sociaux. Elles n'apportent pas non plus de réponses quant aux variations individuelles. Certes, l'ampleur actuelle du phénomène suicidaire semble sans précédent connu dans l'histoire de nos sociétés. Certes encore, les personnes sans emploi, celles vivant seules ou les plus de 60 ans sont sur-représentées chez les suicidés et l'on peut facilement admettre que le cumul de facteurs défavorables ait une incidence néfaste sur le moral de chacun. Mais la majorité des chômeurs, des célibataires ou divorcés et des sujets âgés n'attentent pas – fort heureusement – à leurs jours. Qu'il appartienne à telle ou telle catégorie sociale ou démographique, c'est finalement l'individu et lui seul qui dispose d'une plus ou moins grande capacité d'adaptation souple aux situations de son existence et de tolérance aux changements et aux traumatismes qu'il subit. L'état de ses ressources affectives dépend de caractéristiques personnelles, familiales, relationnelles et environnementales. Celles-ci comportent certainement des aspects innés ou non modifiables, mais l'on a souvent tendance à exagérer l'importance de ces derniers. L'expérience clinique indique que les facultés humaines témoignent d'une grande plasticité adaptative qui permet des réaménagements conséquents en fonction des circonstances et des âges de la vie. Dans certains cas, il est vrai, cette adaptation ou réadaptation ne peut se faire qu'au prix d'une aide souscrite auprès d'un tiers ou d'un professionnel.

L'angoisse ou le mal-être existentiel qui infiltre insidieusement toutes les couches sociales de notre société nous semble soulever une hypothèse centrale : tout se passe comme si les avancées de la modernité et leurs conséquences sur les modes de vie et de pensée, créaient un terreau propice, sinon à l'éclosion, du moins à l'expression particulière de pathologies ou de déviances individuelles qui, en d'autres temps, seraient restées mieux compensées, plus discrètes ou différentes.

Depuis la révolution industrielle, les sciences et les techniques connaissent un développement exponentiel, entraînant dans leur sillage un cortège de mutations jusque-là inégalées, surtout en une si brève période. La réduction de la mortalité infantile, l'augmentation de l'espérance de vie, l'accession du plus grand nombre à un confort matériel sans précédent, l'essor des moyens électroniques de communication... représentent de toute évidence des progrès tangibles. Mais dans le même temps, la mécanisation diminue les emplois, l'équation (sur)production-(sur)consommation se pose en problème crucial non résolu, les liens sociaux et familiaux subissent de redoutables mises en tension et l'écart se creuse entre ceux dont l'avenir semble plein de promesses et ceux qui ont le sentiment d'être exclus. L'accélération sensible de ces phénomènes au cours des trois ou quatre dernières décennies coïncide avec l'émergence d'inquiétants indicateurs sociaux du type de ceux que nous avons rappelés plus haut. La seconde moitié du XXe siècle marquerait-elle l'irréversible aspiration de l'humanité vers diverses formes de suicide collectif ? Ce n'est pas notre opinion, du fait des extraordinaires capacités de régulation dont nous paraît doté l'être humain. Au crépuscule du siècle et du millénaire, convenons cependant que la période de transition que nous traversons demande à être négociée avec vigilance et prudence, car certains points de non-retour sont désormais parfaitement identifiés (énergie nucléaire, pollution, manipulations génétiques...).

Plus proches de nos préoccupations, des constatations telles que l'importance du phénomène suicidaire chez les personnes âgées et la considérable progression des troubles des conduites chez les adolescents imposent le repérage d'éléments clés susceptibles non seulement d'en rendre compte mais d'être accessibles à de possibles réajustements. Depuis la fin des années soixante, il est en particulier remarquable d'observer que l'évolution du monde moderne s'accompagne d'un étirement des deux pôles de la vie : la jeunesse et la vieillesse. À bien des égards, jeunes et vieux paient, en compagnie d'autres, le prix fort de la mise à l'écart et du manque de statut social véritable. Nous n'aborderons ici que les problèmes rencontrés par les premiers, sachant toutefois que certains aspects intéressent tout autant les seconds. L'allongement de l'adolescence[1] et l'accroissement des troubles des conduites chez les jeunes méritent en effet d'être rapprochées. Toxicomanies, troubles alimentaires, comportements suicidaires, fugues, violences

1. Du latin *adolescentia*, lui-même de *adolescens*, p. prés. de *adolescere* « croître, pousser ».

diverses se développent de plus en plus tôt, connaissent des taux jamais égalés auparavant[1] et ponctuent une période – l'adolescence – dont les limites semblent toujours plus floues et extensibles depuis trois décennies. Une conjonction aussi troublante ne peut qu'orienter la réflexion vers une approche qui tenterait de préciser les modifications sociales ou culturelles pouvant faire le lit d'une pareille évolution. Force est donc d'examiner en quoi l'étirement de ce temps de profonde métamorphose est potentiellement dangereux et quels rôles jouent ou ne jouent plus les balises qui en définissent habituellement le parcours.

L'adolescence moderne : un interminable « passage »

On sait que cet âge de la vie débute aujourd'hui vers 12–13 ans et qu'il se manifeste par les signes visibles de la puberté. En réalité, il est précédé d'une courte période, dite pré-pubertaire, qui inaugure ou préfigure, parfois dès 10 ans, les bouleversements à venir. La fin de l'adolescence, définie comme l'accession à l'âge adulte, est par contre devenue une nébuleuse si difficile à fixer qu'il est impossible de s'accorder sur un bornage supérieur précis : est-ce 18, 19, 20, voire 25 ans ? À propos de certains sujets, on ne sait d'ailleurs plus très bien s'il faut parler de vieux adolescents ou de jeunes adultes. Les raisons en sont connues : allongement global de la durée de la vie et donc de tous ses âges, études prolongées, difficultés à trouver un emploi ou un logement, âge du mariage et de la procréation plus tardif... Tout concourt à maintenir les jeunes en situation de dépendance à l'égard de leurs parents, tandis que dans le même temps leurs aspirations à l'autonomie se font plus vives et que certains critères de maturation, naturels ou culturels, se font plus précoces (sexualité, permis de conduire, majorité civile et responsabilité pénale, etc.).

Cette adolescence interminable, propre à notre culture, n'est pas le fait des sociétés traditionnelles. Chez ces dernières, la transition enfant-adulte s'effectue sous la forme d'un passage codifié culturellement,

1. Selon la règle historique qui veut que – même en l'absence de statistiques – le nombre d'écrits consacrés à un événement donné, soit un assez juste reflet de son importance. Contes, mythes, doctrines philosophiques, essais littéraires ou textes juridiques, indiquent bien entendu que le phénomène suicidaire a toujours existé ; mais leur contenu témoigne aussi du caractère modéré ou sporadique de sa survenue au cours des siècles.

ritualisé. Les « rites de passage » – appelés aussi « rites de puberté » – ont des modalités temporelles (quelques jours à quelques semaines), collectives (ce n'est pas un sujet isolé qui chemine mais l'ensemble d'une classe d'âge, sous la direction des anciens) et initiatiques (c'est la « mort de l'enfance » et la lutte du sujet contre la souffrance qui symbolisent son accession à l'âge adulte). Tous les rites de renaissance ou de résurrection et leur symbolisme indiquent que le novice accède à un autre mode d'existence, inaccessible à ceux qui n'ont pas affronté les épreuves initiatiques, c'est-à-dire à ceux qui « n'ont pas connu la mort ». Rappelons cette caractéristique de la mentalité archaïque : il est impossible de modifier un état sans l'abolir au préalable, en l'occurrence, sans que l'enfant meure à l'enfance pour devenir adulte. L'initiation est toujours une tentative de maîtrise collective de la mort, une mort de la mort, ritualisée, portée par le groupe[1]. Avec une constance qui semble se jouer des continents et des ethnies, les rites de passage comprennent trois temps forts[2] :

– une phase initiale de séparation brutale, au cours de laquelle l'enfant est « arraché » au monde des femmes et fait l'objet de diverses scarifications qui matérialisent cette « coupure » ;
– une étape de ségrégation[3], marquée par l'isolement des novices dans des sites spéciaux ; considérés comme « morts » ou en train de naître, ils se prêtent à des sévices destinés à témoigner de leur aptitude à supporter la souffrance ; ils bénéficient aussi d'enseignements dispensés par les hommes les plus âgés de la communauté ;
– une phase finale d'agrégation, au cours de laquelle les novices « réapprennent » les gestes de la vie quotidienne, puis sont accueillis par le groupe à l'occasion de manifestations festives. Celles-ci signent la reconnaissance de l'individu par la collectivité et renforcent son sentiment d'appartenance.

---

1. Pour une description précise de ces différents aspects, on lira avec intérêt l'ouvrage de Mircea Eliade (1959), *Initiation, rites, sociétés secrètes* (Paris, Gallimard).

2. Ils concernent surtout les garçons. Les initiations féminines sont beaucoup moins répandues sous une forme collective. Elles consistent le plus souvent en un rituel individuel qui débute lors de l'arrivée des premières menstrues. Ce signe physiologique commande l'arrachement de la jeune fille à son monde familier. Elle est alors isolée de la communauté pendant quelques jours, puis est accueillie par le groupe avec le statut de femme susceptible de se marier.

3. Du latin *segregatio*, lui-même de *segregare*, proprement « séparer du troupeau ».

De tels événements nous sont évidemment étrangers. L'étalement temporel de l'adolescence moderne ne correspond pas à une phase de transition nettement repérable. C'est un long cheminement plus ou moins chaotique et flou dont la durée semble augmenter de manière inversement proportionnelle à l'accélération et à la brutalité des changements des modes de vie. Bien plus, remarquons combien les mots séparation, ségrégation et agrégation constituent aujourd'hui de douloureuses épines irritatives : les jeunes se séparent difficilement de leurs parents, l'école endosse seule un rôle « ségrégatif » qui confine parfois aux dérives sélectives que l'on sait, tandis qu'au sein du corps social, la ségrégation se décline négativement en termes d'exclusions, voire d'apartheids. Quels rôles de tutelle et d'enseignement jouent encore les anciens, à l'heure où l'expérience et l'ancienneté sont en passe de devenir des valeurs caduques en termes de savoir et de sagesse ? Quant à l'agrégation de la génération montante, les files de l'ANPE en disent assez long sur les difficultés qu'éprouve la collectivité à accueillir les jeunes dans le monde du travail.

La dilution et l'amalgame des trois séquences de ce tryptique transitionnel aboutissent à rendre particulièrement informe l'articulation enfance/âge adulte. Ce phénomène est d'autant plus accentué que le corps social dans son ensemble se repaît d'illusions de toute-puissance qui, nées du progrès, effacent ou atténuent les repères existentiels fondamentaux. En prétendant accéder à la vérité, la science fait de l'être humain un individu transparent dont les inévitables opacités sont reléguées au rang d'incongruités ou d'artefacts. Le déni devient le maître-mot, qu'il soit celui du vieillissement, de la conflictualité, de la souffrance ou de la mort.

L'importance du signe et le déclin du symbole

L'adolescence ne s'inscrit plus dans un cadre défini culturellement, si ce n'est celui de la « tranche des consommateurs de moins de vingt-cinq ans ». D'ordinaire, on admet que les rituels sont d'autant plus structurants d'une identité sociale que l'institution qui les fonde est puissante. À cet égard, notre société et les institutions qui la composent – même les plus structurées (État, école, armée, famille, église) – n'offrent plus guère de rituels reconnus et cohérents. Conscription, mariage, diplômes et examens n'ont plus cette valeur. Quand on relève que de nos jours, le permis de conduire est, plus que le bac ou le droit de vote, l'un des derniers rites importants, on mesure le terrain perdu dans la force et le caractère sacré des institutions (Jean-Michel Delile et coll., 1987).

La perte du rite est intimement liée à l'effondrement des idéologies et des croyances qui caractérise la société de la seconde moitié du XXe siècle. Nous reviendrons plus loin sur cet aspect essentiel qui contribue à donner aux jeunes le sentiment que leurs aînés « ne croient plus en rien, surtout pas en un avenir prometteur ». En même temps, le symbole – qui constitue la substance de tout rituel – s'amenuise ou disparaît au profit du signe extérieur (de richesse, de jeunesse, d'appartenance...). Le paraître l'emporte sur l'être, le montré ou le caché sur l'intensité du ressenti. Écartées de l'existence, la mort et la souffrance sont privées de représentations actives, au profit de l'exhibition sanglante ou décharnée de leurs pires horreurs manifestes. La violence est devenue un spectacle qui répond à l'importance que notre société accorde au visible et à ce qui en assure la force et le support. Nous pensons bien sûr à la télévision et aux photographies de l'actualité qui donnent à voir mais trop rarement à intégrer et comprendre, ce qu'est le prix de la vie ou celui de la survie. Nous pensons aussi à ce récent produit de l'évolution des sciences et des techniques qu'est la « réalité virtuelle ». Rappelons que l'être humain doit constamment ajuster sa place en fonction de deux aspects fondamentaux : le réel et l'imaginaire. Le symbole et ses déclinaisons métaphoriques en représentent l'articulation essentielle permettant liaisons, déliaisons et compromis entre soi et soi d'une part, et soi et le monde, d'autre part. La réalité virtuelle qui s'appuie sur l'image de synthèse et sur celle de l'hologramme[1], s'immisce comme un entre-deux qui n'est ni le réel, ni l'imaginaire. On ne peut plus croire ce que l'on voit : il ne s'agit pas d'une réalité tangible ; il ne s'agit pas non plus d'une vision. Ce qui est perçu est une virtualité qui prétend que « tout est possible sans l'être vraiment ». Bien plus, sa représentation n'est pas suggérée ; elle est imposée et place l'observateur dans une position passive, même si on lui

1. Restitution d'une image en relief d'objet, à partir d'un cliché photographique réalisée dans des conditions particulières qui font appel de nos jours à la technologie du laser (diffraction de la lumière).

laisse croire qu'il peut communiquer avec elle, sous prétexte d'interactivité. Dans ces conditions, est-il curieux d'observer un tel retour en force de la pensée magique, à travers le recours grandissant aux sectes, à l'irrationnel, aux forces mystérieuses ?

Maxime B., 14 ans, est un jeune adolescent féru de « jeux électroniques ». Ses parents sont inquiets « de le voir passer ses soirées devant l'ordinateur », mais ses résultats scolaires demeurent excellents. « On lui a clairement dit : si tu continues à bien travailler, on te laisse faire de la console ; si les notes baissent, adieu l'ordinateur », explique son père. Ce mercredi-là, en l'absence de ses parents, le jeune homme livre – *via* l'écran de l'ordinateur – une « bataille inter-galactique » contre l'un de ses camarades. Le but de la partie est de « détruire le plus grand nombre possible de mutants ». En fin d'après-midi, les deux adolescents se rendent en vélo sur le pont de l'autoroute situé à trois kilomètres. « On s'est amusés à jeter des pierres sur les voitures... On n'a pas pensé faire du mal aux gens... C'était rigolo de voir les voitures faire des écarts, d'entendre les coups de frein... » La survenue d'un carambolage provoque leur fuite mais un témoin les poursuit au volant de son véhicule : « Ils zigzaguaient à vélo... Je voyais qu'ils paniquaient complètement... J'étais à deux cent mètres environ... Soudain, j'ai vu l'un d'entre eux s'arrêter, poser son vélo et me faire face... Et brusquement, il a sauté par dessus le parapet. » Maxime s'en tirera avec une fracture du fémur.

Existe-t-il un lien entre l'inconscience dont ont fait preuve ces adolescents et leur appétence pour les jeux informatiques ? Il est impossible de l'affirmer. De tout temps, certains jeunes ont commis des exactions « pour jouer », c'est-à-dire en faisant brutalement se télescoper le réel avec l'imaginaire. Mais la virtualité a ceci d'inquiétant, qu'elle atténue la portée du réel et brouille la distance qui sépare ce dernier de l'imaginaire. Que représentent les morts que les écrans « exposent » à longueur de journaux télévisés ? En quoi ceux-ci se distinguent-ils vraiment des « humanoïdes à abattre » dont nous abreuvent les films et les jeux qui inondent le marché ? Comment la souffrance des « vraies » victimes peut-elle être perceptible pour celui ou celle qui voit « défiler » des cortèges de malheur, sans clé pour les comprendre ou les interpréter ? Pour autant, diaboliser la télévision ou l'informatique n'est certainement pas opportun. Leurs productions ne sont, après tout, que le reflet de l'évolution de nos modes de vie et ce n'est pas en les censurant davantage que l'on réduirait leur impact. Chez beaucoup de jeunes, ce ne sont pas ces exhibitions qui ont, en soi, une influence néfaste. C'est la carence des échanges familiaux vis-à-vis de ce qui est montré, qui prive ces adolescents d'une approche critique et dialectique de l'image.

Rites et ordalies à réinventer

En contrepartie de ce qu'il a perdu en termes de conformité sociale, de soutien collectif structuré et donc de sécurité, l'adolescent contemporain a gagné des espaces potentiels de liberté. Contrairement à ce qui se produit dans les sociétés traditionnelles où la vie du sujet est dans une large mesure réglée depuis sa naissance (sexe, classe d'âge, clan, caste, idéologie dominante, etc.), le jeune occidental est aujourd'hui confronté à un avenir de « possibles » où tout peut sembler ouvert et permis, sinon réalisable. Fruit d'une individualisation radicale, il apparaît plus comme un soi privé que comme le membre d'un groupe. Lui proposant d'être artisan de sa propre destinée, on le laisse libre, mais seul et fragile, directement responsable de ses difficultés ou de ses échecs dans un monde où ils ne font que se multiplier. Sans être anomique, la société actuelle est suffisamment en crise et contradictoire pour favoriser l'émergence d'« astructurations individuelles », selon l'expression de J.-C. Chamboredon (1985). C'est aussi ce contexte général de désinstitutionnalisation qui pousse sans doute des adolescents toujours plus nombreux à avoir amplement recours à des rituels substitutifs.

Laure, 15 ans, a créé le Club des Sataniques avec deux camarades de classe, Estelle et Aurore. Pour en être membre – garçon ou fille – il faut réunir certains critères. Avoir déjà fait au moins une tentative de suicide conduisant aux urgences (!), accepter de s'habiller en noir et de porter en toutes occasions un cutter et un crucifix retourné en pendentif, « fumer du shit » et participer à certaines soirées au cours desquelles tous les participants « se font le baiser de la mort ». Cette cérémonie consiste à se faire saigner les gencives au moyen d'un morceau de sucre puis à s'embrasser longuement « en prenant le risque, disent ses adeptes, d'attraper le sida ». Des « mariages sataniques » sont possibles entre filles ou entre une fille et un garçon, leur scellement reposant sur l'« union indienne », c'est-à-dire sur la mise en contact des scarifications au poignet que les partenaires se sont infligés. Au cours d'autres soirées, chacun doit briser une vitre avec son poing sans aucune protection ou encore « rester le plus longtemps possible » au milieu de la chaussée dans un virage dangereux et « éviter les voitures au dernier moment ».

Même si le plus grand nombre s'accorde pour s'inquiéter de telles pratiques et pour dénoncer également le dangereux attrait que peuvent exercer les sectes auprès des jeunes en dérive, d'aucuns considèrent encore certaines de ces manifestations comme d'authentiques rites de passage. On évoque le modèle ancien des ordalies ou épreuves requérant le jugement divin[1]. À la différence de ces dernières, les conduites de risques se manifestent par des passages à l'acte répétitifs où le sujet met sa vie en jeu, dans un geste à la fois de défi au destin et de soumission à ses arrêts souverains : « Ça passe ou ça casse ». La survie est en quelque sorte une légitimation externe de sa valeur personnelle, de la vie et notamment de sa propre vie intérieure avec souvent une illusion de toute-puissance et de garantie contre la mort. Comme nous l'avons ailleurs souligné avec Jean-Michel Delile (1987), une autre différence fondamentale avec les ordalies est que « [...] ces conduites sont privées. Elles ne sont pas imposées socialement mais au contraire réprouvées. Il ne s'agit plus de rites codifiés par la collectivité mais d'ersatz élaborés par des individus ou tout au plus par de petits groupes de jeunes. Ce n'est plus l'obéissance qui les fonde mais la transgression. Leur efficacité en est d'autant plus réduite, la légitimation attendue de sa vie n'étant plus validée par la société sinon par le [triste] intermédiaire des services de réanimation et, éventuellement, par quelques tentatives de compréhension de la part de l'entourage. De même, si survie il y a, l'absence d'une réelle institutionnalisation de ces comportements les empêche de déboucher sur une renaissance véritable qui permettrait d'accéder à un statut social nouveau. Cette impuissance fondamentale est aussi une des sources de leur nécessaire répétition [...] ». Enfin, la privatisation de ces conduites accroît leur dangerosité. Une institution, si elle veut survivre, n'a pas *a priori* pour vocation de « massacrer » les personnes qu'elle veut admettre en son sein. Son expérience lui permet donc de sélectionner des épreuves présentant assez de dangers pour avoir un caractère initiatique mais aussi suffisamment maîtrisées pour ne pas décimer les impétrants. Il en va bien entendu tout autrement de pratiques individuelles incontrôlées.

Deux tendances semblent aujourd'hui s'affronter : d'une part, l'attirance des jeunes gens vers les mises à l'épreuve de toutes sortes (renouveau du bizutage dans les écoles, conduites de défis organisées en fin de semaine...) ; d'autre part, le refus de la communauté adulte d'en admettre le principe, de réguler ces manifestations et de tolérer la part normale d'hétérodoxie du comportement adolescent. Au « débrouillez-

1. Le mot désigne à l'origine le « jugement de Dieu », pratique médiévale consistant à mettre à l'épreuve l'innocence ou la culpabilité d'un sujet en fonction de sa survie ou non à divers supplices (notamment par l'eau, le feu).

vous, on ne veut pas vous entendre », beaucoup de jeunes répondent « OK, on va faire n'importe quoi ». Les débordements et les drames ne manquent pas de se produire, conduisant la société des adultes à interdire ou réprimer davantage ces conduites, ce qui a pour effet d'en susciter de nouvelles. L'adolescence ne peut se concevoir sans prises de risques et la traverser est en soi une épreuve difficile. À l'instar des parents qui ont à proposer et adapter des limites sans cesse renouvelées, le corps social ne peut se soustraire à des remises en question périodiques quant à la validité de ses interdits et de ses autorisations. Une certaine tolérance, une contenance souple et adaptée évitant le laxisme et le dirigisme, sont les vrais garants de prises de risques mesurées, compatibles avec la vie en collectivité. L'absence de repères ou, à tout le moins, leurs insuffisances, favorisent au contraire les actes de rupture privés, plus ou moins fédérés par clans autour d'un *look*[1] particulier et d'une déviance comportementale donnée. Le sentiment d'appartenance naît anormalement du partage de ces rites simulacres qui, faute d'être intégratifs, deviennent « désintégratifs ». Ces conduites sont d'ailleurs d'autant plus dangereuses qu'elles sont investies d'une puissance magique propre à substituer la réflexion et l'expression des affects, par le passage à l'acte.

Pourquoi les jeunes ont-ils une telle quête de limites ? Nous avons vu et nous reverrons que la révolution pubertaire entraîne le corps et la psyché de l'adolescent dans des affrontements qui tendent douloureusement les diverses interfaces en soi et vis-à-vis du monde environnant. Qu'il croit ou non les maîtriser, tout adolescent est continuellement amené à tester la résistance de ces frontières entre le dedans et le dehors, l'intérieur et l'extérieur, l'autorisé et l'interdit, etc. Moins la réalité externe lui offre des représentations symboliques stables et solides de limites contenantes et supportables, moins le sujet se sent en sécurité dans l'espace qu'il a à explorer et plus il doit les « bricoler » lui-même. C'est ainsi qu'il faut comprendre l'attrait qu'exercent aujourd'hui les conduites de risques : elles répondent à un besoin impérieux de marquage existentiel qui, s'il est collectivement défaillant, est « reconstitué » individuellement, au risque de toutes les déviances possibles. « On doit tracer », disent d'ailleurs de nombreux jeunes pour traduire le besoin qui est le leur d'aller de l'avant en imprimant leur propre sillon,

---

1. Anglicisme populaire très répandu, signifiant « aspect, allure ».

à défaut de pouvoir suivre des chemins déjà balisés. Réintroduire dans la vie la souffrance et la mort, est pour eux un impératif que la société des adultes s'efforcent malheureusement de gommer. Privés de repères et d'étayages, de symboles et d'échanges, certains adolescents sont dans l'obligation de chercher toujours plus loin leurs limites et celles de leur entourage, quitte à prendre le risque de mourir pour se sentir exister. « Quand je me suis réveillée à l'hôpital, dit Sarah, jeune suicidante de 16 ans, j'ai vu que la vieille dame qui était dans le lit à côté du mien, avait l'air presque morte... J'ai réalisé ce que j'avais fait à ce moment-là, que les cachets que j'avais pris auraient pu me tuer pour de bon... C'est incroyable, j'ai réalisé que j'étais bien vivante. »

Le mythe de la communication et du consensus

Il est frappant de constater combien la société moderne calque ses modèles sur ceux que lui inspire le progrès des sciences et des techniques dans la lutte contre les maladies. Cet hygiénisme ambiant, empreint de darwinisme social[1], vise la transparence et l'asepsie : les foyers de conflits sont en quelque sorte « radiographiés » avant d'être neutralisés, refoulés, circonscrits ou éradiqués comme autant de tumeurs malignes ou d'infections susceptibles de s'étendre à l'ensemble du corps social. La violence généralisée et publique a certes (momentanément ?) disparu de la société actuelle, même si cette dernière la voit réapparaître avec effroi sur ses écrans et à ses portes. Dans le même temps, divers traitements sont appliqués aux « îlots » de violences fragmentées qui surgissent ici ou là au sein d'un milieu resté dans l'ensemble civilisé et organisé. D'une transposition à l'autre, la guerre économique tient lieu d'hostilité acceptable, le choc des images « cadre » visuellement plus qu'il ne cherche à limiter les exactions et les abominations, et la morale humanitaire et sécuritaire prend le pas sur la morale elle-même. Le corps social nie la violence qu'il sécrète et recherche le consensus[2] qui confine à l'illusion de l'accord parfait. Cette tentative

1. Transposition de la théorie exposée par le savant anglais Charles Darwin (1809–1882), concernant le rôle de la sélection naturelle sur l'origine des espèces. Pour les adeptes de cette thèse, la société serait – à l'instar de la nature – elle aussi le lieu de « sélection » des individus les plus adaptés (les « forts » l'emportant sur les « faibles »).

2. Emprunt tardif au latin *consensus* « accord ».

d'homogénéisation s'appuie sur la diffusion et le partage de l'information qu'autorise l'extraordinaire essor des moyens techniques de communication. Curieusement, le développement de ces derniers s'accompagne d'un appauvrissement des relations inter-individuelles autres que commerciales ou professionnelles, tandis que se renforcent l'individualisme et l'égocentrisme. Pour le sociologue Philippe Breton (1992), l'utopie de notre société est celle de la recherche d'un état fusionnel : « [...] l'*Homo communicans* est un être sans intériorité et sans corps, qui vit dans une société sans secret, un être tout entier tourné vers le social, qui n'existe qu'à travers l'information et l'échange, dans une société transparente grâce aux nouvelles “machines à communiquer” [...] ». Une fois informé, l'*Homo communicans* est tenté de fermer les yeux et de boucher ses oreilles sur ce qui se joue à l'intérieur et en dehors de ses démocraties. N'est-ce pas là l'une des formes de la « barbarie civilisée » du monde occidental d'aujourd'hui ? L'illusion de la transparence et du consensus gomme les différences, élude les affrontements et clôt les débats d'opinion ou les échanges d'idée au profit du triomphe des sondages qui compilent autant d'états d'esprit instantanés et isolés qu'il y a de sondés. Les silences et les non-dits qui en résultent représentent des formes de violence larvée dont on ne soupçonne pas toujours l'importance. Tout un chacun en est victime, mais l'adolescent plus encore. Ce dernier est lui-même le siège de tensions et de conflits qui l'envahissent et qui ne peuvent être apaisés ni dans l'exposition impudique (« dis-nous tout ce qui ne va pas »), ni dans le postulat d'une harmonie factice avec ses proches (« on est ensemble, c'est l'essentiel »). L'adolescence est par essence violente et conflictuelle. Éviter et dénoncer les affrontements relationnels qu'elle peut entraîner, faire taire leurs manifestations les plus socialisées (confrontation aux principes établis, attitudes provocatrices, musique, sport...), les font ressurgir là où on ne les attend pas, ou dans des domaines qui les rendent dangereuses, voire déviantes.

La peur du lendemain

L'adolescence aime le risque, mais plus que tout les convictions et les projets. L'idéalisme qui les caractérise parfois peut prêter à sourire et l'on sait bien que la vie se chargera d'en tempérer les excès. Ce n'est pas une raison pour l'anéantir d'emblée, au nom du réalisme le plus prosaïque. On voit mal comment les jeunes pourraient s'extraire de leur passé sans investir de nobles causes (l'amour, la générosité, l'égalité...), valeurs qui non seulement donnent un sens à la vie, mais qui permettent aussi d'apprivoiser la crainte de l'isolement et de l'inconnu. De nos jours, trop d'adultes oublient les utopies qui les animaient au même âge, opposant à l'enthousiasme adolescent une fin de non recevoir. « À quoi ça sert de se battre, puisque tout est perdu d'avance », disent ces adultes fatalistes et usés aux jeunes générations. En présence de tel ou tel projet, ce n'est plus son élaboration qui prime, ni l'histoire de sa construction, mais seul le résultat qui compte. En anticipant son échec, l'expérience est tuée dans l'œuf avant que d'être entreprise, alors que l'analyse des erreurs commises est à la base de toute réalisation. Dans ces conditions, quelle valeur a encore le proverbe « c'est en forgeant qu'on devient forgeron » ? Face à ce catastrophisme ambiant, où « rien ne va jamais et sera pire demain », les jeunes sont privés de projections sereines dans l'avenir, d'espérances futures, au prorata des atermoiements et des recommandations dont les submergent les adultes. Certes, face au sida ou au chômage par exemple, l'inquiétude est légitime et prétendre « voir la vie en rose » est tout aussi déplacé que d'attendre sans bouger le cataclysme que certains nous promettent. Pour ces derniers cependant, l'avenir n'est plus incertain, il est devenu sordide. Or, ne plus croire en rien, c'est prétendre se défaire de tout désir. De fait, véritables « miroirs » de nous-mêmes, beaucoup d'adolescents vont mal. L'âge des grandes interrogations philosophiques (« d'où viens-je ? », « qui suis-je ? », « où vais-je ? ») ne s'accorde pas à l'absence de perspectives que prédisent les aînés. Laissés d'une certaine manière livrés à eux-mêmes pour se reconnaître et être reconnus, nombre de jeunes souffrent et certains d'entre eux refusent ce monde qui n'a rien à leur proposer. En ce sens, si « maladie de la crise » il y a, c'est aussi celle de la croyance et de l'espoir.

Familles en crise et crises familiales

Dans un monde perçu comme hostile, jeunes et adultes rêvent d'un repli sur une cellule familiale idéalisée, d'où seraient exclus dangers et conflits au profit d'une sorte d'homéostasie[1] relationnelle. Il n'est

1. Du latin *homoeo* – lui-même du grec *homoios* « semblable » – et de *stasis* « position ». Le terme s'emploie en biologie à propos de la stabilisation des constantes physiologiques au sein d'un organisme vivant.

certes pas étonnant que les adolescents soient à la recherche d'un milieu contenant, capable de juguler la violence des pulsions qui les envahit. Mais la conflictualité psychique que génèrent la résurgence et la mise en tension du passé infantile doit pouvoir trouver dans la réalité externe les représentations et les surfaces d'une dialectique de l'échange. Celle-ci n'est envisageable que sous certaines conditions : admettre l'existence de forces contraires, accepter de les opposer et essayer de les contenir sans les étouffer ou les nier. Le problème est, qu'à l'instar de ce que l'ensemble de la société revendique, on confond aussi dans les familles violence et conflit, communication et débat, inquiétude et angoisse paralysante. « Ils ne nous parlent pas ou bien c'est pour nous dire ne fais pas ci, ne fais pas ça », se plaignent beaucoup d'adolescents à propos de l'attitude de leurs parents, avant d'ajouter : « En plus, ils ne nous disent jamais qu'ils nous aiment. » Contrairement aux aspirations rêvées de ses acteurs, la famille d'aujourd'hui est souvent éclatée ou morcelée, faite de la juxtaposition d'individus qui ne savent pas très bien quoi se dire et ce qu'ils ont à faire ensemble. Au « tous pour un » postulé, correspond un « chacun pour soi » qui mine le quotidien. L'expérience clinique indique que les adolescents suicidaires évoluent dans deux grands types de milieux familiaux : celui où prédominent la violence agie et les déchirements de tous ordres et celui où règnent l'évitement apparent de toute tension et l'asepsie relationnelle. Ou tout se joue dans l'acte, ou tout se noie dans le non-dit. Ce dernier point fait de la famille consensuelle l'un des artefacts majeurs de la modernité.

Florence, 19 ans, s'est de nouveau établie chez ses parents, après avoir été hospitalisée à la suite d'une TS médicamenteuse. Un an auparavant, « elle avait interrompu sa scolarité pour partir vendre des vêtements dégriffés sur les marchés avec son compagnon, 38 ans, divorcé, ayant la garde alternée de son fils âgé de cinq ans ». Elle a tenté de se suicider « parce qu'il la trompait tout le temps ». Les parents de Florence sont tous deux médecins généralistes. Ils ont convaincu leur fille d'être suivie par un psychiatre. Florence accepte « pour leur faire plaisir ». Elle n'a pas « grand-chose à dire », précise-t-elle au spécialiste qu'elle rencontre, sinon que réintégrer le domicile parental est pour elle « à la fois un soulagement et une énorme prise de tête ». Florence pense « être tordue : mes parents sont très occupés et c'est normal vu leur métier… Quand je leur demande un truc, c'est oui tout de suite, ils ne sont vraiment pas chiants… Moi, je voudrais toujours discuter, je m'énerve et ça fait des crises… » Après bien des précautions verbales, Florence finit par dire spontanément : « À la maison, c'est quand même "démerde toi, le ciel ne t'aidera pas" ; chacun se débrouille de son côté… Avec ma sœur, on n'a jamais apprécié que le frigo soit vide quand on rentrait… Il fallait aller s'acheter un sandwich, commander une pizza… Je me demande si le cœur de mes parents n'est pas vide, lui aussi… Ils donnent leur affection aux autres, rien à nous. C'est leurs preuves d'amour qui me manquent le plus. »

Les contraintes matérielles, les problèmes économiques, mais plus encore l'illusoire consécration de l'avoir au détriment de l'être, grèvent le capital relationnel de la famille moderne. La place et le rôle de chacun sont instables, souvent mal définis. Le chômage et les difficultés d'assimilation culturelle (transplantation urbaine d'ex-ruraux, migration ethnique...) contribuent au vacillement de l'autorité morale des pères, eux qui sont en outre de plus en plus dépossédés de la concrétisation de leur travail, devenu abstrait à l'heure de l'électronique. Leur « absence » n'est pas tant physique que symbolique. Ils sont en crise d'identité et semblent en panne de substitution d'un faire qui ne trouve plus sa dimension. Cela entretient leurs doutes et leurs interrogations quant à leur position dans la famille. Censés incarner la loi, trop souvent ils n'incarnent plus rien ; ils oscillent alors entre des velléités autoritaires qui confinent à la violence et des attitudes de démission qui confortent leur absence. Rares sont d'ailleurs ceux qui répondent aux sollicitations des soignants, lorsqu'un adolescent est hospitalisé à la suite d'une TS.

Les mères, elles, disent fréquemment être dans l'obligation d'assurer une multifonction destinée à colmater les brèches : être femme, épouse, avoir un travail, s'occuper des enfants et du mari qui est lui-même en souffrance. Ce qu'elles ont légitimement gagné au cours des décennies précédentes, en termes de statut et d'égalité civique ou sociale, semble s'accompagner aujourd'hui d'un lourd tribut à payer, à savoir être « présentes sur tous les fronts ». Il serait toutefois insuffisant d'en rester à un tel constat. En effet, quelle place réelle ou symbolique la femme laisse-t-elle au père de ses enfants, lorsqu'elle prétend pouvoir exercer seule tous les rôles ? De nos jours, certaines femmes vont jusqu'à revendiquer un désir d'enfant sans père. Mais même en dehors de tels excès, est-il toujours évident de préserver la place du père, pour toutes celles qui – veuves, divorcées ou séparées – ont à gérer une famille monoparentale ? Si tel n'est pas le cas, la situation risque d'être préjudiciable à l'enfant. À défaut de pouvoir investir des règles éducatives justement réparties entre ses deux parents, celui-ci doit se concentrer sur les activités d'éveil que lui propose quasiment seule sa maman. Devenu « grand », l'enfant sera pris entre le besoin impérieux de se différencier de ses parents et la tentation de former ou de reformer, avec une mère omnipotente, un couple confirmant l'éviction paternelle.

Les autres acteurs de la scène familiale sont fréquemment réduits à l'état de « figurants » ou de « fantômes », non de personnages susceptibles de participer à l'aération et à la décrispation des relations œdipiennes. L'obligation d'aller chercher un emploi là où il se trouve, contribue à l'éclatement des fratries, tandis que l'absence des grands-parents aggrave l'immatérialité de la différence des générations. Cette dernière est d'ailleurs menacée de toutes parts. À l'impossibilité de bénéficier de l'expérience et de la sagesse des anciens, se conjugue – pour les adolescents – la difficulté d'affirmer leurs différences vis-à-vis des parents. Aujourd'hui, la valorisation de la jeunesse est telle, que toutes les classes d'âge tentent de se l'approprier ou de la conserver. Ceux qui refusent l'avancée en âge, campent sur l'établissement de relations s'apparentant au copinage et souscrivent aux injonctions commerciales prônant l'indistinction (tenues vestimentaires, soins cosmétiques, langage « jeune », etc.).

Quant aux désunions parentales, elles ont d'autant plus d'impact sur les jeunes que leurs parents se déchirent à propos de leur garde et n'assument pas de demeurer, l'un et l'autre, le père et la mère qu'ils ne cesseront jamais d'être, par delà leur séparation. La réduction de la natalité amplifie ces aspects : avec sa raréfaction, l'enfant voit son « prix affectif » augmenter. Le caractère précieux qui lui est ainsi conféré, participe à sa chosification. « Objet d'amour » sur lequel on veille jalousement, l'enfant devient l'objet tout court que l'on s'« arrache » en cas de rupture parentale.

Adrien, 14 ans, ouvre la porte à ses parents qui rentrent du travail (ils sont gérants d'un petit commerce d'alimentation). Ceux-ci découvrent avec stupeur que leur fils arbore une lettre épinglée sur son pyjama, tandis qu'une corde est attachée au lustre du salon. « Je pensais que vous arriveriez plus tard, je m'excuse », dit Adrien à des parents effondrés et sans voix. La lettre d'adieu contient le message suivant : « Chers Parents, je ne peux pas me couper en deux. Vous voulez divorcer, d'accord. Vous n'arrêtez pas de le dire, alors faites-le. Maman, tu dis tout le temps à Papa : "T'es pas prêt de voir ton fils, salaud". Papa, tu dis à Maman : "Sale garce, je le prendrai quand je voudrai". Alors adieu, je ne suis pas votre chose. Adrien. »

Combler chez l'enfant toute carence réelle ou supposée par le bien-être matériel répond en écho à cette propension chosifiante. L'épargner de la souffrance et des vicissitudes de l'existence semble vouloir apposer sur lui l'étiquette « attention, fragile ». À l'extrême, l'adolescent idéal serait « empaillé » dans sa chambre, fixé à sa table de travail, ses parents pouvant le visiter à loisir, chaque fois qu'ils auraient besoin d'être rassurés. Condamné à faire ses devoirs, « il n'attraperait ni le chômage, ni le sida ». L'importance accordée à l'enfant s'accompagne en effet d'une exhortation : on prétend qu'il doit « faire ses preuves », mais ce que l'on attend de lui c'est, en réalité, qu'il témoigne de sa gratitude en réveillant le moins possible l'angoisse parentale, en se montrant digne des sacrifices familiaux consentis et en parvenant socialement là où les parents n'ont pu accéder. De telles attentes, qui placent la réussite sociale très au dessus de tout le reste, expliquent l'intérêt que les parents portent à la scolarité de leur enfant. Cela n'est pas surprenant dans une période de crise de l'emploi, sachant que l'acquisition de diplômes demeure encore une protection relative contre le chômage. Mais cet investissement « matériel » s'accompagne fréquemment d'un enjeu affectif extrêmement anxiogène : « Si tu veux nous faire plaisir et nous montrer que tu nous aimes, il faut que tu aies de bons résultats à l'école. » Si l'on ne peut se faire aimer et reconnaître qu'à travers la réussite scolaire, deux conséquences sont prévisibles : essuyer un échec risque de provoquer un effondrement narcissique à la mesure de la déception parentale qu'il suscite ; lors de conflits familiaux majeurs, échouer délibérément peut être perçu par l'adolescent comme le moyen le plus efficace de pression sur les parents ou de questionnement de leur apparente indifférence.

Si les échanges intra-familiaux se limitent à vérifier que « tout est en ordre », alors même que la confusion règne à différents niveaux, l'incompréhension et les malentendus ne peuvent que se multiplier. De telles situations conduisent un grand nombre d'individus à éprouver, au sein même de leur famille, d'intenses sentiments d'isolement affectif et moral.

Au total, cette énumération non exhaustive de faits ou de tendances propres à notre société moderne, ne suffit évidemment pas à rendre compte du phénomène suicidaire chez les jeunes. Même si l'on admet que ces facteurs favorisent l'émergence de troubles comportementaux, il est impossible d'expliquer – en s'en tenant là – pourquoi tel adolescent plutôt qu'un autre développe de graves passages à l'acte ; on ne peut pas comprendre non plus pourquoi le sujet concerné opte préférentiellement pour telle ou telle conduite pathologique. C'est là, nous l'avons dit, une affaire de clinique individuelle qui nécessite l'intégration de données personnelles, familiales et environnementales, l'épidémiologie nous indiquant que les garçons ont plutôt recours aux violences agies et les filles aux conduites d'évitement.

Reconnaître que l'évolution de la société moderne se fait vers l'agir, au détriment du dire et de certaines valeurs morales ou spirituelles, amène une interrogation : faut-il revenir au passé et à ses traditions pour régler les problèmes actuels et à venir ? La tentation est souvent grande d'opposer au spectre angoissant du futur, la pseudo-quiétude d'un passé qui n'a en réalité de rassurant que le fait d'être connu. Or, qu'il le veuille ou non, l'être humain est inexorablement tourné vers l'avenir. Il doit explorer, inventer, créer, parce que la vie est exploration, invention, création. La régression n'est jamais un progrès ; c'est un repli défensif. L'adaptation est en revanche indispensable aux changements ou aux mutations que la société génère. C'est en composant avec la nouvelle donne sociale et culturelle que des réponses peuvent être trouvées, c'est-à-dire en réajustant certains modes de vie aux besoins existentiels fondamentaux. Une telle réflexion n'engage pas que les éducateurs et les soignants. Elle suppose que l'ensemble de la communauté accepte de s'interroger sur ses travers et ses penchants et qu'elle fasse preuve d'imagination et de créativité pour restituer à chacun de ses membres une place légitime et un rôle reconnu au sein de toutes les institutions qui la composent.

5

L'adolescent suicidaire et sa famille

Dans la majorité des cas, rien ne permet d'affirmer que telle ou telle situation familiale pathogène conduira spécifiquement à l'acte suicidaire plutôt qu'à d'autres troubles comportementaux. Nous avons d'ailleurs vu que des conduites apparemment aussi dissemblables qu'une fugue et une tentative de suicide pouvaient avoir une signification identique. Il n'en demeure pas moins que la gravité de certains traumatismes, leur conjonction ou le moment où ces derniers (res)surgissent, peuvent aboutir à une impasse n'autorisant d'autre issue que celle du suicide.

Il est même des familles marquées par la répétition de drames de cette nature, que ce soit à travers une ou plusieurs générations. Cette transmission inter-générationnelle n'est pas toujours connue des personnes qui composent l'environnement familial. Dans certains cas, ce « marquage » échappe à leur connaissance consciente ; dans d'autres, il est sciemment caché parce que honteux. Mais l'on peut imaginer le poids de ce que certains appellent leur « malédiction familiale ». Il arrive que celle-ci soit d'ailleurs subitement révélée à l'occasion de l'acte suicidaire de l'un des membres de la famille. « Ton grand-père avait essayé de faire la même chose », avoue Mme V. à son fils Thomas, 20 ans, rescapé d'une tentative de suicide par strangulation, avant de préciser : « J'avais trop peur qu'en te le disant tu aies envie un jour de faire pareil… C'est réussi ! » Nous verrons que les mécanismes d'identification jouent à plein dans la genèse de ces événements tragiques qui ponctuent certaines histoires familiales. Quant aux aspects génétiques si souvent mis en avant pour expliquer le phénomène, il faut bien reconnaître qu'ils appartiennent au domaine de la science-fiction. Si l'on excepte le cas très particulier de la psychose maniaco-dépressive[1], maladie rare pour laquelle la recherche scientifique actuelle admet un fort caractère génétique, le gène du suicide reste encore à découvrir.

Les enquêtes épidémiologiques, quant à elles, permettent de dégager un certain nombre de facteurs de risque socio-familiaux. Chez les suicidants de moins de 25 ans, Françoise Davidson et Alain Philippe de l'Inserm (1986) observent une sur-représentation de sujets issus de couples parentaux dissociés par la mort ou la mésentente. Leur proportion est d'un tiers, contre respectivement 14 et 18 % chez les lycéens et jeunes travailleurs de groupes témoins. Les auteurs notent aussi que dans l'entourage proche (parents, fratrie), 16 % des jeunes suicidants disent connaître un malade mental, 14 à 26 % un suicidé ou un suicidant, 12 à 32 % un alcoolique. L'existence d'un handicap physique, l'invalidité ou le chômage sont également retrouvées avec une fréquence non négligeable, de même que l'usage régulier de médicaments psychotropes chez les parents. Plus que la prééminence d'un facteur sur les autres, c'est leur cumul qui apparaît corrélé à un risque suicidaire accru. Dans leur enquête en milieu scolaire, Marie Choquet et Sylvie Ledoux (1994) aboutissent à des observations identiques quant à la situation des parents de jeunes suicidants. Elles concluent surtout que « [...] la prise en compte simultanée des variables socio-démographiques, scolaires et relationnelles confirme le poids prépondérant des variables "subjectives" (vécu de la vie avec l'entourage proche, famille, pairs) par rapport aux variables plus "objectives" (situation scolaire et familiale) ». Les auteurs identifient deux groupes extrêmes qui s'opposent : les jeunes « à haut risque », qui ont une perception négative de la famille et se sentent souvent seuls ; parmi eux, 38 % ont fait une tentative de suicide. Les jeunes « à faible risque », qui expriment un vécu inverse et qui ne sont que 2 % à être passés à l'acte. De telles observations ont le mérite d'atténuer l'importance des paramètres visibles par rapport à ceux qui le sont moins, voire qui échappent totalement à une mesure instrumentale. En même temps, les

1. Il s'agit d'une maladie grave de l'humeur dont les périodes dépressives profondes (accès mélancoliques) font peser un risque majeur de passage à l'acte suicidaire.

données objectives sont indispensables à prendre en compte, car elles soutiennent, tempèrent ou relativisent les impressions émanant de la pratique clinique.

D'une déchirure à l'autre

Qu'il soit en présence d'un jeune suicidant évoluant dans un milieu manifestement pathogène ou que rien, à première vue, ne lui permette de faire une telle constatation, tout clinicien est amené à se poser la question suivante : en quoi les relations que le sujet entretient avec son entourage, peuvent-elles rendre compte de la survenue d'un acte suicidaire ? Il est des cas où la réponse semble aller de soi, parce que l'adolescent lui-même met l'accent sur le caractère « invivable » de ces relations, ou que leur toxicité est évidente d'emblée. Mais il en est beaucoup d'autres où les facteurs déclenchants invoqués ne paraissent pas liés, a priori, à la qualité des échanges familiaux : déception sentimentale, échec scolaire, désinsertion socio-professionnelle, etc. D'autres encore, où l'angoisse et la dépression sont considérées comme seules responsables du mal-être. « C'est parce que je ne m'aime pas, que j'ai voulu me suicider », dit Coralie, 16 ans. Or, et c'est sans doute l'un des aspects qui rend ce comportement aussi complexe à appréhender, l'acte suicidaire est à la fois éminemment individuel et, la plupart du temps, profondément inscrit dans des dysfonctionnements familiaux majeurs dont il contribue à révéler ou à dénoncer les modalités. La violence manifeste, bien entendu, mais aussi toutes les situations relationnelles – implicites ou explicites – qui induisent des sentiments de perte, d'abandon ou d'indifférenciation insupportables. Ainsi, ce que Coralie signifie à sa manière, à défaut d'en avoir pleinement conscience, est sans doute : « Il m'est insupportable de ne pas trouver assez d'amour dans le regard que les autres portent sur moi. » Ce que le sujet éprouve comme une brisure intérieure, une rupture de soi avec soi, est intimement lié aux déchirures et aux accrocs de sa vie relationnelle et, à travers elle, aux avatars de ses relations objectales. Certes, dans certains cas, l'existence d'une maladie mentale ne permet pas d'attribuer à la dynamique familiale une influence formelle sur les troubles observés. Mais l'effondrement de l'estime de soi qui caractérise nombre de jeunes suicidants est, le plus souvent, à la mesure d'un contexte ou d'un vécu intra-familial perturbé à un niveau réel ou symbolique. Si maladie il y a, c'est beaucoup plus souvent celle des relations que des individus eux-mêmes. La trace, la permanence ou la reviviscence d'un traumatisme affectif inscrit dans l'histoire du sujet et de ses proches en constituent les germes. La plupart des adolescents suicidaires sont en effet prisonniers de liens de dépendance à leur parents qui mettent en tension les ressorts incestueux de la période œdipienne. Qui ravivent aussi les questions de filiation, de désir parental ayant présidé à la conception, etc. L'irruption dans le réel d'événements traumatiques et mortifères, leur répétition et leur ampleur sont autant de déchirements qui se conjuguent à l'absence de limites et d'étayages, à l'indistinction des générations, à la confusion de la place et du rôle de chacun. Les climats familiaux délétères, où la violence est moins « criante » mais tout aussi présente, sont tout aussi pathogènes, lorsque le discours et le symbolique sont écartés au profit de l'agir. Par son passage à l'acte, l'adolescent suicidant paraît vouloir échapper à tout cela ou se défaire des liens qui le rattachent aux autres parce que ceux-ci l'étouffent ou l'aliènent. Ainsi, l'attaque du corps propre a très souvent pour finalité de se soustraire à l'intolérable réalité ou fantasme de l'inceste. En même temps, l'acte de rupture contient simultanément l'espoir ou la volonté toute-puissante de modifier la nature des attaches ou d'en assurer la perpétuation. L'attente de remaniements affectifs familiaux après un geste d'appel en est un des aspects. Le reniement apparent de l'intéressé pour ceux qui l'ont conçu et le déni de dépendance vis-à-vis d'eux (« Je n'ai pas demandé à vivre, je peux choisir de mourir ») en constituent d'autres formes. Derrière tout cela, se cache souvent le désir inconscient d'un retour fusionnel aux origines comportant lui-même deux voies fantasmatiques différentes : celle de la renaissance et celle de la perpétuation jubilatoire de sa présence dans l'univers des survivants.

L'histoire d'une tentative ou d'un suicide abouti ne peut donc être extraite de celle des relations intra-familiales. Par conséquent, pour les intervenants tiers, l'enjeu de la prise en charge ne consiste pas à débusquer tel ou tel personnage pour en faire le coupable de la souffrance du sujet ; pas plus qu'il ne s'agit d'aider ce dernier à renier les liens établis avec lui. Il convient au contraire de proposer au sujet et à son entourage de se mobiliser autour de leur histoire afin d'en repérer les cassures ou les meurtrissures, pour que chacun trouve, si possible, matière à restauration des relations intra-familiales et, au-delà, des relations sociales.

La réalité de l'inceste et des traumatismes sexuels

Parmi les événements traumatiques qu'évoquent les jeunes suicidants dans leurs antécédents, les abus sexuels occupent une place de premier plan. Fréquemment méconnu ou mésestimé, l'inceste en représente l'une des expressions majeures. Il est impossible d'affirmer que la transgression de cet interdit fondamental propre à toutes les civilisations, est – de nos jours – plus répandue qu'auparavant. La connaissance précise du phénomène fait l'objet d'un tabou social tenace. La justice ne distingue d'ailleurs pas l'inceste des autres violences appartenant au domaine des agressions sexuelles, dont le nombre déclaré chez les enfants est, en France, d'environ 3 000 par an. Curieusement, la définition même de l'inceste[1] se réduit, dans l'esprit de beaucoup de gens, aux relations sexuelles qu'un homme aurait avec de proches parentes, entraînant la prohibition du mariage (exemples : père-fille, mère-fils, frère-sœur, oncle-nièce). Elle élude ainsi les rapports entre grand-père et petit-fils, père et fils, mère et fille, sœurs entre elles, etc. Elle ne prend pas en compte non plus d'autres situations pathogènes dont les répercussions psychologiques sont pourtant incontestables : celles qui affectent deux consanguins ou deux alliés par l'intermédiaire d'un partenaire sexuel commun et que Françoise Héritier (1994) nomme « inceste du deuxième type ». Bien plus, nous l'avons vu, un inceste peut en cacher un autre, tant sur le plan réel que symbolique.

Alexandra est une jeune suicidante âgée de 18 ans. Elle multiplie les passages à l'acte depuis deux ans (intoxications, phlébotomies), les attribuant à « la mauvaise ambiance familiale ». La jeune fille arbore en pendentif une balle d'arme de guerre « qui est celle qu'elle aurait aimée avoir le courage de se tirer dans le cœur ». Le « secret » que l'adolescente finit par aborder au cours de sa prise en charge psychologique est le suivant : Alexandra a été régulièrement attouchée sexuellement par son grand-père maternel, entre 12 et 14 ans ; ce dernier s'en est également pris à sa sœur Nathalie, qui a aujourd'hui 15 ans ; jusqu'à ce qu'elle entre au lycée, Alexandra dormait avec Nathalie, dans le même lit ; un soir, celle-ci a eu des gestes très équivoques à son égard. « C'est comme si le ciel venait de me tomber sur la tête... Ce que mon grand-père m'a fait, c'est dégueulasse, mais au moins c'est un homme... Que ma sœur me touche, alors ça, je ne l'ai pas supporté... Ça, c'est le comble de la saloperie, je ne peux plus la voir en peinture depuis... »

---

1. Du latin *incestum*, proprement « sacrilège », lui-même de *incestus* « souillé ».

En regard de la clinique de l'adolescence, il est permis de penser que la fréquence des événements incestueux est fortement sous-estimée, même si, dans leur enquête, Marie Choquet et Sylvie Ledoux (1994) observent que 3,8 % des 11–19 ans déclarent avoir subi des violences sexuelles.

Les professionnels qui travaillent auprès d'adolescents en difficulté mesurent quotidiennement les graves conséquences qu'a l'inceste sur le fonctionnement psychologique. Patrick Ayoun (1995) rappelle que « [...] psychose, dépression grave, troubles identitaires, vies affective et sexuelle gravement perturbées, tous ces symptômes se voient dans les suites traumatiques de ces transgressions [...] ». L'adolescence, cet âge de la vie marqué par la résurgence des conflits œdipiens, sera de toute évidence d'autant plus intolérable et chaotique que de tels événements se seront produits dans le passé. L'idéation suicidaire est l'un de ces chaos qui vise à se soustraire à la trace traumatique ou à éliminer ce que l'intéressé perçoit comme une effroyable menace incestueuse. Les exemples foisonnent et notre pratique nous fournit des témoignages tous plus consternants les uns que les autres.

Christelle Z., 16 ans, effectue sa première tentative de suicide la veille de la rentrée scolaire. Elle a absorbé deux boîtes de tranquillisants, « à l'idée de reprendre l'école et parce qu'elle mélange tout entre ce qui se passe à la maison et au collège... » Elle accepte d'être hospitalisée quelques jours « pour prendre un peu d'air et espère que ça durera le plus longtemps possible ». Sa mère rencontre l'assistante sociale dès le lendemain et « décide de tout déballer ». Agée de 40 ans, Mme Z. est une personne obèse et diabétique, à la présentation assez fruste. Elle est femme au foyer tandis que son mari, 43 ans, exerce la profession de chauffeur-livreur. Mme Z. est issue d'une famille socialement défavorisée. Elle a été placée à la DDASS à l'âge de 12 ans, après le décès de son père, parce que sa mère la rejetait : « Je lui en ai pas voulu, la pauvre femme, elle aussi a été malheureuse : mon grand-père l'avait violée. » Mme Z. connaît alors un parcours institutionnel « classique » : pension, foyer de l'enfance, familles d'accueil, où elle ne rencontre, dit-elle, « ni amour ni chaleur... ». À 16 ans, lors d'un nouveau placement, elle effectue une première TS par ingestion de médicaments, parce qu'elle est « déterminée à en finir ». Repartie à nouveau dans le circuit DDASS auquel elle tente d'échapper, elle décide « de faire un enfant avec le premier venu... ». Quelques mois plus tard, enceinte et désemparée, elle décide de mourir « en se jetant sous une voiture... ». Ce sera la camionnette conduite par son futur mari. Celui-ci évite de justesse « cette désespérée », s'arrête et décide de « la prendre avec son ventre ». Elle accouchera de Mélanie que M. Z. reconnaîtra. Émue par ce geste, Mme Z. accepte de l'épouser. Le couple a quatre enfants : trois fils, Jean, Gilles et Nicolas, et une fille, Christelle. Hormis Jean, l'aîné, l'ensemble de la fratrie connaît « de gros problèmes » : Mélanie et Christelle ont été régulièrement victimes d'attouchements sexuels de la part d'un frère de M. Z. ; Gilles, le fils cadet a été violé à deux reprises « par des garçons plus âgés » ; Nicolas, le benjamin, est placé dans un foyer thérapeutique en raison de ses troubles du comportement.

Dans notre unité de soins[1] qui accueille annuellement quatre cents jeunes ayant tenté de se suicider, une patiente sur trois[2] dit avoir été l'objet d'attouchements ou d'actes sexuels de nature incestueuse. Il est très rare que les jeunes filles concernées attribuent d'emblée leur geste suicidaire à ces événements, même si ces derniers sont actuels. Tout autre facteur déclenchant peut être invoqué : rupture sentimentale, conflit, échec scolaire, etc. C'est habituellement au bout de plusieurs entretiens que sont révélés de tels faits. Ceux-ci datent d'ailleurs généralement de plus de trois ans, perpétrés alors que la victime était en phase de latence (7–11 ans) ou au début de sa puberté[3]. Dans plus de la moitié des cas, le secret est resté gardé par l'entourage proche, échappant ainsi à toute procédure… comme à toute statistique sanitaire. Tandis que de tels « aveux » restent exceptionnels chez les garçons, les jeunes filles désignent comme agresseur, par ordre de fréquence, le père ou le beau-père, le grand-père (plus souvent maternel), un oncle ou un frère.

Véronique, 20 ans, est hospitalisée à la suite d'une tentative de suicide médicamenteuse. À son « réveil » en réanimation, lors du premier entretien qu'elle a avec le psychiatre, elle attribue son geste à une déception sentimentale : « Patrick m'a quittée pour une autre fille… J'espérais tant de lui et il m'a tellement déçue… » Il s'agit d'une récidive suicidaire, le précédent passage à l'acte – du même type – remontant à huit mois : « J'avais pris des cachets lorsque mon premier vrai petit ami m'avait lui aussi quittée… » Véronique accepte ce que le psychiatre lui propose, à savoir une mise en observation de quelques jours dans une unité spécialisée pour « faire le point ». Le bilan qui y est réalisé met en évidence que la jeune fille présente une personnalité névrotique banale. Il n'existe aucun signe dépressif majeur. On est en revanche frappé par son immaturité affective, contrastant avec des aptitudes intellectuelles certaines. Véronique entretient avec sa mère des rapports de dépendance excessive. Elle refuse de voir son père depuis que le couple parental s'est séparé, il y a trois ans. « C'est un coureur de jupons », dit-elle de lui. Elle est à l'évidence dans l'incapacité d'établir

1. Unité médico-psychologique de l'adolescent et du jeune adulte, Centre Abadie (Bordeaux).
2. Soit environ cent patientes par an.
3. Concernant l'âge de l'enfant au moment de l'abus sexuel, A. Crivillé et coll. (1994) fournissent – dans une étude portant sur 72 cas – les chiffres suivants : 19,3 % de moins de 5 ans, 44,7 % de 6 à 11 ans, 33,3 % de 12 à 14 ans et 2,7 % de 15 à 17 ans.

une relation sentimentale mature, ce qu'atteste la dizaine d'échecs amoureux qu'elle évoque dans son passé récent. Elle en convient d'ailleurs : « Ce que je cherche, je ne le trouve pas... J'ai besoin d'affection, de tendresse... Qu'on s'occupe de moi... Je ne trouve que des garçons qui ne pensent qu'à coucher... » En développant, à la demande des soignants, l'histoire de sa famille, Véronique finit par parler « pour la première fois » du « secret » qu'elle partage avec sa mère : « Vers 8–9 ans, mon grand-père me prenait souvent sur ses genoux... Il me tripotait... Je n'osais rien dire, j'avais trop honte ; ça s'est produit souvent, jusqu'à 10 ans... Un jour, j'ai eu le courage d'en parler à ma mère... Elle s'est mise à pleurer et m'a dit qu'elle aussi elle se faisait tripoter par lui quand elle était petite... À nous deux, on a trouvé la force de le traiter de salopard, de lui dire qu'il n'avait pas intérêt à recommencer ou à toucher Sandra, ma petite sœur... Depuis, on ne le voit plus... » Véronique fait état du dégoût que lui inspirent les relations sexuelles : « Je ne peux pas m'empêcher de penser que tous les hommes sont pareils... » Le lendemain de ces révélations, elle sollicite une sortie contre avis médical, « estimant en avoir trop dit ». Elle reviendra finalement sur sa décision et quittera le service quelques jours plus tard pour poursuivre ce qu'elle appelle « son travail de délivrance ».

La sous-estimation de la fréquence de tels événements traumatiques n'est pas seulement liée à la honte qu'éprouvent les victimes pour en parler. Il est de nombreux cas où ceux qui en sont les confidents n'accordent pas suffisamment de crédit à ce qui est révélé. Sous prétexte que les adolescents « mélangent facilement fantasmes et réalité », certains font porter leurs efforts plus sur la recherche de preuves que sur l'aide à apporter, confondant ainsi leur tâche avec celle de la police et de la justice.

C'est en particulier classique en présence de jeunes filles dont le comportement est considéré comme « hystérique » : tenues provocantes, attitudes de séduction multiples, inauthenticité apparente du vécu relaté, etc. Sans penser – comme peut le faire tel ou tel membre de l'entourage – « qu'elles l'ont bien cherché si ce qu'elles disent est vrai », certains intervenants hésitent à prendre en compte la révélation incestueuse lorsqu'elle leur semble contradictoire ou dénuée de « réels » fondements. Tout se passe comme si leur rôle devait se borner à entériner ou réfuter la véracité des propos tenus, afin de déterminer s'il y a lieu ou non de faire un signalement. Rappelons que depuis la loi du 10 juillet 1989, les professionnels sont tenus de signaler tout abus sexuel, même présumé, au procureur de la République et au juge des enfants. D'autre part, pour quelqu'un qui n'est pas magistrat, le problème n'est pas tant de savoir si ce qui est dit correspond ou non à des faits réels. Il est souvent difficile en la matière de se forger des certitudes. Mais une chose est sûre : le fait qu'une adolescente soit amenée à évoquer à des tiers des événements d'une telle gravité, voire à désigner un éventuel agresseur au sein de son entourage, doit suffire à considérer que l'intéressée est en souffrance et que la dynamique familiale est sérieusement perturbée dans son fonctionnement manifeste ou symbolique. Dans certains cas, l'adolescente tente de panser sa blessure narcissique, en adoptant des attitudes séductrices allant jusqu'à la caricature. Imputées de manière abusive à l'hystérie constituée, celles-ci correspondent généralement à une recherche effrénée de reconnaissance et d'amour bafoués, l'intéressée n'ayant pas conscience, ce faisant, que sa conduite provocante s'inscrit dans ce qu'elle suppose être le désir de l'autre.

Face à des révélations incestueuses, la conduite à tenir de tout professionnel tiers doit conjuguer, sans les confondre, aide psycho-sociale et prise en compte de la loi ; sans confondre non plus urgence et précipitation. Lorsqu'un adolescent majeur révèle des faits anciens, il est important de lui laisser l'initiative de toute démarche éventuelle, quitte à l'accompagner dans son déroulement sans ne jamais rien induire. Pour un adolescent mineur, il est obligatoire de signaler les propos rapportés aux autorités administratives et/ou judiciaires, en expliquant pourquoi à l'intéressé et à ses proches, après les avoir reçus et écoutés. Que les faits se soient ou non produits, cette attitude a le mérite d'énoncer la loi, de témoigner de la gravité de ce qui est révélé et d'éviter toute interprétation en termes de complicité ou de parti pris. Si le signalement est adressé à l'autorité judiciaire, c'est au juge des enfants qu'il appartient d'établir ce qu'il y a lieu de faire, après audition des personnes concernées et en diligentant au besoin l'enquête appropriée. Le magistrat peut prendre toutes les mesures de protection nécessaires, dont l'AEMO[1] ; celle-ci est souvent exercée par un service spécialisé capable « [...] d'apporter aide et conseil à la famille afin de surmonter les difficultés matérielles et morales qu'elle rencontre. Ce service est chargé de suivre le développement de l'enfant et d'en faire un rapport au juge des enfants périodiquement [...][2] ». Ce dernier a en outre la possibilité de prendre une mesure de placement de l'enfant en dépit de l'opposition de la famille. Trop souvent, il est vécu à tort comme celui dont on doit craindre, d'un côté, les foudres et de l'autre, le placement extra-familial

1. Action éducative en milieu ouvert.
2. Article 375–2 du Code civil.

systématique de la victime. Les juges savent bien que les éventuelles poursuites ou sanctions prises à l'égard de l'abuseur – pour légitimes et nécessaires[1] qu'elles soient lorsqu'elles sont fondées – n'apportent aucune résolution au « problème » de l'adolescent. Ils savent aussi par expérience que la mesure visant à séparer l'intéressé d'avec son milieu familial demande à être soigneusement pesée. Certains jeunes se rétractent à cette annonce, niant les propos qu'ils ont tenus pour « ne pas aller en foyer ». D'autres, pourtant placés à juste titre hors d'une famille pathogène, multiplient les passages à l'acte suicidaires ou les fugues dans les jours qui précèdent le procès de leur agresseur « pour rentrer à la maison ». Nous verrons plus loin les difficultés que rencontrent foyers et familles d'accueil dans la prise en charge de jeunes gens très carencés sur le plan affectif, exprimant leur souffrance par des passages à l'acte de toutes natures. Un aspect mérite cependant d'être souligné : en pratique, le passage du médico-social au judiciaire (ou vice versa) est beaucoup plus délicat qu'il n'y paraît de prime abord. Pas seulement en raison de l'attitude des personnes concernées mais faute de coordinations suffisantes entre les professionnels des champs sanitaires, socio-éducatifs et judiciaires. Toutes catégories confondues, ceux-ci optent parfois pour des actions divergentes, peu favorables ni au respect de la loi, ni à la restauration des faillites psychologiques et sociales. L'ignorance du rôle et des attributions de chacun introduit des brèches dans ce qui devrait être un projet concerté, rendant plus opérants les clivages défensifs que mettent en place l'adolescent en difficulté et son entourage. C'est pourquoi, à l'échelon local, le développement de réseaux transdisciplinaires nous semble devoir être enrichi et soutenu.

L'évocation d'un viol sous-tend et implique très souvent des phénomènes du même ordre, de même que les attouchements sexuels forcés. Quel que soit l'âge, ces violences intrusives ont un impact psychologique considérable. Quel que soit le sexe aussi : si huit incestes sur dix concernent des filles, les autres formes d'abus sexuel touchent un nombre non négligeable de garçons en général pré-pubères. L'adolescent qui en est victime connaît un traumatisme à la mesure de l'irruption brutale de cette sexualité subie au moment où l'enjeu est pour lui d'investir ce corps nouvellement sexué. Les sentiments de désappropriation

1. En regard du respect de la loi et, bien entendu, dans le but de protéger les autres enfants ou adolescents exposés.

de soi et le vécu de « souillures » (physique et mentale) sont responsables d'atteintes narcissiques graves renforcées par la honte et la culpabilité. Outre que ces mécanismes menacent l'investissement du sujet dans sa sexualité future, ils sont susceptibles d'entraîner une idéation suicidaire majeure. Là encore, l'attitude des proches ou des tiers s'avère déterminante.

Jonathan, 17 ans, « a vidé l'armoire à pharmacie parce que son père l'a traité de pédé ». Il a absorbé plus d'une centaine de comprimés et gélules « pour disparaître » (antibiotiques, laxatifs, anti-inflammatoires...). Ce passage à l'acte intervient deux ans après que Jonathan ait été sodomisé de force par un inconnu d'une cinquantaine d'années, dans un terrain vague proche du domicile parental. Le jeune homme n'en a parlé à personne. Timide et effacé, Jonathan se présente comme un adolescent longiligne aux traits fins et harmonieux lui donnant une allure un peu efféminée. Cet aspect physique est pour lui « un vrai calvaire » : « On s'est souvent moqué de moi en me traitant de fille ; ça me fait d'autant plus mal que je me demande moi-même si je ne suis pas attiré par les garçons... Et comme par hasard, je me suis fait violé par un homme... Je me dégoûte vraiment. » Le soir où Jonathan a effectué sa tentative de suicide, il « regardait la télé » avec ses parents. « C'était une émission sur le sida... D'un seul coup, ça m'a pris la tête en me disant que, si ça se trouvait, le type qui m'a fait ça, il me l'avait refilé... J'ai dit à mes parents que je m'étais fait violer... Ma mère est partie dans la cuisine en criant : "C'est pas possible !" Mon père a replié son journal et a dit un truc terrible : "J'ai toujours su que tu n'étais qu'un sale petit pédé... Il n'y a qu'à voir comment tu es avec tes cousins, à faire tes manières de gonzesse... Qu'est-ce que j'ai fait au bon Dieu pour mériter un fils pédé ?" »

D'autres traumatismes liés à la sexualité datent de la petite enfance. Inaccessibles à la conscience du sujet, ils ressurgissent à l'adolescence de différentes manières. C'est le cas de Marion, 15 ans, qui ne sait pas pourquoi elle éprouve depuis quelques mois « une très forte angoisse » le soir, en se couchant dans son lit. « Je me calme en me faisant mal », dit-elle en reconnaissant « que ce n'est pas très normal » de se taper violemment la tête et les poings contre le mur ou de se scarifier les bras. En psychothérapie, Marion « se souviendra » avoir dormi dans la chambre de ses parents jusqu'à l'âge de huit ans et avoir assisté à leurs ébats amoureux.

D'autres violences familiales manifestes

Les violences physiques peuvent ou non accompagner les précédentes. Lorsque les événements concernent le passé infantile précoce (maltraitance, sévices divers), il est courant d'observer que les comportements pathologiques traversent les générations : les parents violents sont fréquemment d'anciens enfants battus. Il est sans doute superflu d'insister sur le fait que l'alcoolisme aggrave ces phénomènes et alimente les conflits intra-familiaux (altercations, rixes...). Aux violences et aux ruptures, qui s'enchaînent d'une génération à l'autre, s'ajoutent des séquences transversales faites de cycles de séparations et de retrouvailles d'une grande instabilité. Dès la conception ou la naissance, certaines trajectoires de vie sont placées sous le signe de la brutalité et de la rupture : grossesse non désirée ayant fait l'objet d'une tentative d'avortement et finalement menée à terme, mère enceinte battue et abandonnée par son conjoint, abandon de l'enfant, etc. Dans certaines familles, la prédominance anormale de l'agir se traduit par des biographies émaillées de morts violentes ou de disparitions subites (suicides, homicides, accidents divers, fugues ou voyages prolongés).

La plupart du temps, l'adolescent en souffrance évoluant dans un tel environnement n'est lui-même pas en reste pour manifester des comportements hétéro-agressifs qui alimentent les conflits intra-familiaux et pour retourner l'agressivité contre lui lorsque sa culpabilité devient trop forte. Les situations de grande précarité (affective, relationnelle, matérielle) sont parfois d'une telle intensité dramatique qu'elles rappellent celle des romans d'Émile Zola.

Stéphane, 22 ans, est « multirécidiviste » : en deux ans, il a effectué une dizaine de tentatives de suicide (intoxications médicamenteuses, phlébotomies). Il vit chez sa mère avec son frère aîné Alain, 24 ans. Ils ont eu une sœur décédée quelques mois après sa naissance d'une malformation cardiaque. Leur père est lui-même mort d'une cirrhose alcoolique à l'âge de 52 ans, il y a tout juste trois ans. « Il nous frappait à toute occasion, moi et mon frère... Ma mère a ramassé aussi », précise Stéphane. Les deux frères sont sans emploi. Leur mère « fait des ménages » chez des particuliers. « Elle est alcoolique depuis la mort du père... C'est souvent qu'on doit la coucher. » Alain et Stéphane travaillent « un peu au noir », le premier dans un garage, le second « à la plonge dans un fast-food ». Alain « a fait de la prison » (délinquance, puis délits graves : cambriolages, attaques à main armée...). Il est réputé « violent », y compris en famille : « un jour, dit Stéphane, il m'a planté un tournevis dans le bras parce que je n'étais pas d'accord avec ce qu'il racontait... » Stéphane, lui, dit « avoir continuellement besoin de planer » ; il fume du haschisch, boit et absorbe quotidiennement des médicaments tranquillisants. Ses tentatives de suicide, il les attribue « au ras-le-bol de vivre comme un rat ». À l'occasion de sa dernière tentative de suicide, Stéphane accepte pour la première fois d'être hospitalisé : « Jusque-là, j'étais contre.... Je n'en voyais vraiment pas l'utilité... Maintenant j'aimerais comprendre pour m'en sortir. » L'équipe soignante qui le prend en charge découvre, derrière une présentation « psychopathique », un jeune homme fin, sensible, respectant scrupuleusement le cadre thérapeutique. Des affects dépressifs auparavant masqués, émergent et sont verbalisés. Stéphane est sorti depuis six mois environ et, pour l'instant, il se conforme au suivi proposé.

Les adolescents évoluant dans des milieux gravement carencés et pathogènes sont en recherche éperdue de repères et d'étayages. Toutes les identifications deviennent « bonnes à prendre », y compris les plus déviantes, à partir du moment où elles donnent aux sujets le sentiment d'exister. Parfois livrés à eux-mêmes depuis l'enfance, dans certains cas « parentifiés » très tôt pour combler l'absence d'une figure paternelle ou maternelle, nombre de ces jeunes trouvent dans le passage à l'acte un semblant de maîtrise à leur dérive, et dans les conduites addictives, un apaisement à leurs carences affectives. Certains d'entre eux ont, à la puberté, une histoire déjà « lourde » propice à des développements comportementaux pathologiques : fugues, évitement scolaire, tentatives de suicide, toxicophilies diverses, délinquance, etc.

Contrairement à ce que beaucoup croient, les contextes familiaux où s'exprime une violence manifeste ne sont pas spécifiques des milieux dits « défavorisés » sur le plan matériel. La violence n'a, si l'on peut dire, pas de frontière en termes de catégories sociales, au même titre que les troubles mentaux et l'alcoolisme.

Amandine, 18 ans, est la fille unique d'un père vétérinaire et d'une mère enseignante. Elle a été une enfant battue par ses parents sans que quiconque, semble-t-il, ne l'ait su à l'école ou dans son entourage. « Quand j'avais des bleus sur la figure, je disais que j'étais tombée de cheval... Tout le monde savait que l'équitation était ma passion... En fait, c'était mon refuge. » Le père d'Amandine développe un alcoolisme qu'il dénie totalement. C'est une personne rigide, manifestant très peu ses sentiments ; l'adolescente dira des relations qu'elle a avec lui : « Je l'ai toujours déçu, il voulait un garçon... » La mère est une femme « dépressive de longue date » ; elle reconnaîtra plus tard penser que « la naissance de sa fille est à l'origine de son échec professionnel : elle n'a jamais pu préparer le CAPES ». Amandine « se sent à la fois proche d'elle et très différente ». Depuis l'âge de 16 ans, l'adolescente alterne les fugues et les gestes suicidaires ; ceux-ci consistent en scarifications multiples effectuées au moyen d'un rasoir, généralement sur les bras et le cou. Ces passages à l'acte ne donnent pas lieu à hospitalisation, parce que son père s'y oppose : « Il me recoud et, en général, me donne une trempe... Quand ce n'est pas lui, c'est ma mère qui me traîne par les cheveux... Elle crie : — Mais qu'est-ce qu'on t'a fait pour que tu sois aussi méchante ?... » Amandine vient d'échouer à son baccalauréat, après avoir redoublé sa classe de terminale ES. Dès qu'elle en connaît le résultat, elle s'inflige une terrible blessure : « C'était insupportable pour moi d'avouer à mes parents que j'étais recalée... J'ai été dans la salle de bains, je me suis regardée en face dans la glace pour bien me détester et, avec un cutter, j'ai voulu me couper l'œil... Ça me faisait mal, mais je regardais le sang couler... J'avais l'air de ce que je suis : un clown triste. » C'est à cette occasion qu'Amandine est hospitalisée en urgence. La cornée est atteinte ; l'état de son œil nécessite deux interventions chirurgicales. Bien qu'elle soutienne aux ophtalmologistes que « c'est une branche d'arbre qui l'a blessée alors qu'elle galopait à cheval », personne n'est dupe. Elle tiendra le même discours au cours du premier entretien qu'elle aura avec le psychiatre hospitalier. De leurs côtés, les parents se disent convaincus « que leur fille est folle » ; le père d'Amandine avance même le diagnostic de « psychose » car « il sait que ces malades se font des automutilations et pense qu'un cousin de sa femme présente la même maladie ». Les parents acceptent toutefois avec beaucoup de difficultés que leur fille bénéficie d'un séjour en milieu spécialisé. « Une fois que le diagnostic est fait, il suffit de donner un traitement, non ? », avance le père au psychiatre qui les rencontre la première fois. Amandine restera hospitalisée deux mois en psychiatrie ; elle effectuera de nouveaux passages à l'acte suicidaires au cours de son séjour et présentera d'amples mouvements thymiques (périodes d'euphorie et de dépression) faisant évoquer une maladie cyclique de l'humeur. Le caractère pathogène de la dynamique familiale, bien que mis à jour, ne suffit pas à expliquer les troubles présentés. Amandine est aujourd'hui suivie en hôpital de jour. Son état n'est pas considéré comme stabilisé et la question diagnostique demeure posée. Sa mère s'est elle-même investie dans une psychothérapie.

L'adolescent suicidaire n'est pas obligatoirement lui-même objet de violences physiques de la part de ses parents : sa souffrance peut être due au fait qu'il en est le témoin et parfois l'enjeu. La fréquence des séparations conjugales effectuées dans un climat de crise clastique[1], conduit à s'interroger sur le retentissement affectif de tels événements. Un grand nombre de jeunes suicidants sont issus de parents désunis. Doit-on, dans ces conditions, considérer le divorce ou son équivalent comme un facteur pathogène, voire « suicidogène » ? Il est évident que répondre positivement à cette question serait absurde. Si des parents ne s'entendent plus, encore vaut-il mieux qu'ils se séparent, quand bien même la désunion obligera toujours les intéressés et leurs proches à effectuer un travail de deuil pénible et douloureux. La situation est malheureusement critique lorsque les protagonistes se montrent incapables de gérer leur séparation de manière mature. Certaines mésententes parentales confinent à de véritables rixes qui se déroulent en présence de l'enfant, chaque parent intimant ce dernier de prendre partie contre l'autre, voire sollicitant son témoignage en justice.

---

1. Le terme, issu du grec *klastos* « brisé », s'applique en psychiatrie à une altercation violente marquée par le bris d'objets.

Dans leur pratique, les intervenants sociaux ou judiciaires constatent quotidiennement combien l'enfant peut devenir l'otage de parents qui se quittent, lorsque ceux-ci continuent à s'entre-déchirer à propos de sa garde. Sommé de faire un choix impossible, culpabilisé de ce qu'il pense être une altercation parentale dont il serait responsable[1], l'adolescent est alors susceptible d'envisager sa propre disparition pour faire taire le conflit.

Elsa D., 14 ans, rentre de l'école et perçoit en bas de chez elle « des cris et des bruits » venant des fenêtres de l'appartement où elle vit avec ses parents. Elle est d'autant plus inquiète que le week-end précédent, la police est intervenue : son père – qui a quitté le domicile trois mois auparavant et qui harcèle sa mère depuis par téléphone – était revenu « comme un fou furieux » ; « il avait tamponné la voiture de Maman sur le parking, dira Elsa, et il était monté pour tout fouiller à la recherche d'un soi-disant amant... Ils se sont envoyés de tout à la figure... Je m'étais cachée sous la table du salon ». Le couple est marié depuis quinze ans. Depuis quelques mois, M. D. est convaincu que son épouse entretient une liaison avec un de ses collègues de bureau. L'adolescente se sent d'autant plus coupable que c'est elle qui « a mis les pieds dans le plat » : elle a croisé à deux ou trois reprises sa mère qui conduisait avec, à ses côtés, un homme qu'elle, Elsa, ne connaissait pas. Elle en a parlé un soir à table « pour demander qui c'était ». À la suite de cette « révélation », M. D. a organisé la filature de sa femme et a exhorté sa fille à écrire certaines choses « pour témoigner ». « Moi, je n'avais rien vu de spécial... Papa m'a demandé de dire que j'avais vu Maman et le bonhomme en train de s'embrasser alors que ce n'était même pas vrai... J'ai fini par le faire parce qu'il m'a menacé de me mettre en pension. » Ce jour-là, en revenant de l'école, Elsa découvre « l'apocalypse » : sa mère tient son père en respect dans le salon avec un couteau de cuisine ; tout est sens dessus-dessous ; « la table est sciée en deux » ; M. D. « veut faire le partage des affaires tout de suite ». Elsa s'enfuit. Elle ne sait pas où aller, « elle est paniquée ». Elle descend un étage, se penche sur le palier et « se sent aspirée par le vide ». Victime de plusieurs fractures, elle est aujourd'hui en rééducation : « je fais, dit-elle, tous les efforts qu'il faut pour me raccommoder les pattes et j'espère que les parents vont aussi se raccommoder. »

Au sein d'autres familles, la violence n'est pas physique ; elle est morale et, de ce fait, souvent sous-estimée elle aussi. Nous ne faisons pas référence ici aux insultes ou critiques qui peuvent être épisodiquement proférées par l'un ou l'autre des membres de la famille, lorsqu'il

---

1. Comme lorsqu'il était en bas âge, l'adolescent développe un égocentrisme défensif qui lui donne fréquemment la conviction « d'y être pour quelque chose » dans la mésentente parentale. Il en éprouve une forte culpabilité l'amenant à souhaiter réparer ce qu'il croit être de son fait et qui possède une dimension œdipienne dont il n'a généralement pas conscience.

y a des conflits. Nous voulons parler de dynamiques familiales profondément marquées par l'incapacité des sujets à gérer les crises relationnelles, autrement qu'en exprimant – à toute occasion – des propos blessants, voire franchement toxiques. Le propre de telles attaques est de se situer sur le terrain du narcissisme et d'en faire vaciller les étais, à un moment où l'adolescent connaît à ce niveau de réelles turbulences : « Si tu crois qu'on t'a voulu, tu te trompes », « Je regrette de t'avoir fait, il aurait mieux valu que je me casse une jambe », « Des nuls comme toi, je n'en connais pas d'autres », « Tu es un incapable total », etc.

Chargés de haines, de ressentiments, de frustrations accumulées et non élaborées, de tels mots atteignent l'adolescent là où ses défenses sont les plus fragiles : ses origines et le désir parental ayant présidé à sa conception, l'image de lui qu'ont ses parents et la croyance dont ils font preuve quant à ses potentialités, la place qui lui est faite au sein de la famille. La souffrance ressentie est d'autant plus forte que sont entretenus par les parents des sentiments de jalousie dans la fratrie (« Tu ne seras jamais aussi fort que ton frère », « Ta sœur, au moins elle, elle réussit ce qu'elle entreprend ») ou des comparaisons lapidaires avec tel ou tel personnage familial déchu : « Tu ressembles tellement à ce pauvre Jean-Paul », « Comme ton oncle, tu seras un raté », etc.

L'idéation suicidaire, lorsqu'elle est exprimée en retour, peut être l'objet de véritables incitations à passer à l'acte : « Fais-le mais surtout, ne te rate pas ! », « Tu n'es capable de rien, même pas de te pendre », « La prochaine fois, évite les témoins, ça sera plus propre ! », etc. Certains parents se défendent de le penser, prétendant chercher au contraire à dissuader leur enfant de commettre cet acte, en accordant ouvertement peu de crédit à la capacité qu'aurait le sujet de mettre sa menace suicidaire à exécution. Quels qu'en soient les fondements obscurs, le fait est que l'idée reçue selon laquelle « ceux qui parlent de leur suicide ne le font jamais » – assertion quotidiennement démentie en pratique – reste fortement ancrée dans les croyances populaires. Nous reviendrons plus loin sur le cas des familles apparemment sans problème où circulent, à l'insu de la conscience des personnes concernées, de violents courants mortifères : identification morbide à un personnage familial « fantôme », projections parentales meurtrières, injonctions et attitudes paradoxales.

Lorsqu'un professionnel rencontre un jeune suicidant en présence de ses parents, ces aspects émergent souvent au cours de l'entretien. Ainsi, il n'est pas rare que les propos parentaux témoignent d'une violence inouïe à l'égard du sujet, sans qu'ils semblent en soupçonner la portée. Certaines phrases qui – extraites de leur contexte – paraîtraient insignifiantes, prennent à ce moment là un relief particulier. « Enfin, tu es un homme neuf, maintenant, que tu passes en troisième ! » dit Mme F. à son fils Hervé, en présence de son mari et devant le psychiatre qui les reçoit à la suite de la TS que vient de faire le jeune homme. Que fixe Hervé qui baisse instantanément la tête à cet instant précis ? Cette attitude resterait mystérieuse si l'on n'avait pas accès aux éléments suivants : Hervé a été adopté à l'âge de treize jours par ce couple dont l'homme est stérile ; l'adolescent a subi, à l'âge de 10 ans, des attouchements sexuels de la part d'un professeur de tennis ; un camarade de classe l'a récemment blessé au niveau des parties génitales « en glissant sa main entre les jambes pour le surprendre par derrière », et l'ablation chirurgicale d'un testicule a dû être pratiquée.

D'autres violences morales sont provoquées par la révélation brutale de non-dits ou de secrets familiaux jusque-là non abordés. La forme compte autant que le moment choisis pour exprimer ce qui était tu. Au traumatisme dû à la révélation en elle-même, s'ajoute l'impact qu'ont les circonstances dans lesquelles celle-ci est dévoilée. « Ton père n'est pas ton père », lance Mme P. à sa fille le jour de ses 16 ans. « Je t'ai adoptée après que ta mère ait été internée », dit Mme S. à Sonia, qui revendique son émancipation, avant d'ajouter à son encontre : « Ne crois pas pouvoir t'en sortir seule, ses chromosomes tu les as dans le corps ! »

Quant à l'acte suicidaire lui-même, il représente parfois le mode comportemental privilégié de pseudo-régulation des tensions. « Quand ça déconne à pleins tubes à la maison, dit Joceline, on sait qu'il y en a un qui va faire une connerie... Ma mère avale des cachets, ma sœur fait pareil, moi, je me coupe... » Dans certaines familles, les passages à l'acte des uns répondent à ceux des autres, sur fond d'identifications pathogènes où la violence partagée semble être le seul vrai mode de communication commun à l'ensemble des acteurs impliqués. La reproduction tragique de décès, d'une similitude troublante, dépasse parfois de très loin en horreur celle des fictions les plus noires.

Il y a six mois, le frère d'Emmanuelle V., 19 ans, a fait une chute mortelle en montagne, dans des conditions suspectes : il était en fugue depuis trois jours et portait des vêtements de ville. Deux ans auparavant, l'oncle maternel s'était suicidé en se jetant du haut de l'immeuble où il résidait. Le père d'Emmanuelle est reparti vivre au Maroc dans sa famille, après le décès de son fils. Ce vendredi de Toussaint, l'adolescente, âgée de 17 ans, a une vive altercation avec sa mère ; l'adolescente ouvre la fenêtre de sa chambre et menace de sauter si celle-ci s'approche. Mme V. avale une poignée de comprimés devant sa fille ; Emmanuelle saute dans le vide du quatrième étage. Trois jours plus tard, tandis que la jeune fille est à l'hôpital, victime d'une paraplégie incomplète, sa mère téléphone aux infirmières et leur dit : « Faites pour le mieux, moi, je ne supporterai pas plus longtemps ce calvaire... » Le jour même, Mme V. se précipite de la fenêtre d'où sa fille a sauté et trouve la mort.

En dehors de ces situations dramatiques, la perte soudaine d'un être cher représente un déchirement affectif capable de précipiter le sujet dans une faillite narcissique telle, que l'idéation suicidaire bloque alors le processus normal du deuil. Le décès d'un des deux parents, d'un frère ou d'une sœur, ou celui d'un grand-parent très investi, peut en être la cause. Lorsqu'il s'agit d'une mort violente, *a fortiori* d'un suicide, les mécanismes d'identification au défunt font peser le risque d'un passage à l'acte suicidaire. Celui-ci peut correspondre, pour l'adolescent, à une volonté de punition d'avoir secrètement désiré la mort du parent. Les fantasmes de parricide sont en effet à l'œuvre dans la réactivation œdipienne pubertaire. Ils sont donc susceptibles d'entraîner une culpabilité intolérable quand le réel se télescope avec l'imaginaire. C'est une des approches possibles de l'enchaînement suicidaire transgénérationnel. Mais ce n'est pas la seule. L'identification morbide à un personnage idéalisé est un mécanisme qui doit être craint à l'adolescence, âge où l'on se cherche éperdument dans l'autre pour se trouver. C'est le cas dans les familles où l'idéalisation d'un ou plusieurs ascendants repose sur la nature héroïque de leur suicide (grand-père résistant pendant la guerre s'étant soustrait de la sorte à l'interrogatoire de la Gestapo pour ne pas révéler l'identité de ses camarades, « courage » d'une personne ruinée voulant échapper à l'infamie, acte d'amour désespéré, etc.).

Laetitia M., 17 ans, est l'aînée d'une fratrie de trois enfants ; ses deux frères ont 12 et 9 ans. Il y a un mois, leur père – 38 ans – s'est suicidé en se jetant sous un train. Responsable d'une PME (blanchisserie industrielle), il a effectué son geste lors du dépôt de bilan de son entreprise. Le couple parental s'était séparé deux ans auparavant et le divorce venait d'être récemment prononcé. Mme M. avait la garde de ses trois enfants. Laetitia « aurait souhaité vivre avec son père » dont elle s'estimait « très proche ». Elle n'en avait finalement rien fait « pour ne pas en rajouter vis-à-vis de sa mère déjà assez malheureuse comme ça ». Bien que la séparation ait été due aux infidélités de son père, l'adolescente « ne lui en voulait pas ». Un matin où elle était censée être au lycée, sa mère reçoit un coup de téléphone de la gendarmerie pour « qu'elle vienne chercher sa fille » : Laetitia errait sur la voie de chemin de fer là où son père avait trouvé la mort ; un train avait dû être stoppé. « Je voulais aller le rejoindre », dit-elle à sa mère qui découvre en la voyant « qu'elle porte sur elle la veste de son père ».

L'adolescent est d'autant plus tenté de s'identifier au personnage devenu tout-puissant par son suicide, qu'il s'empare – à travers son propre geste – d'une force qui lui manquait et qu'il trouve, ce faisant, une place qu'il n'avait pas. Dans d'autres familles, le sujet peut s'identifier à un frère ou à une sœur décédé et idéalisé par les parents. Ce peut être par conviction de n'obtenir l'amour parental qu'en « occupant la place du mort » ou pour réparer – dans la toute-puissance – la perte supposée indépassable par les proches. De telles situations sont évidemment critiques lorsqu'un même désir mortifère inconscient émane des parents. En tout état de cause, si l'on ne peut exister que confondu avec l'objet idéalisé, c'est que les interrelations se sont figées sur des positions statiques destinées – à l'image du cadavre – à ce que plus rien ne bouge sur la scène familiale.

Ailleurs, l'identification à l'objet perdu, le désir de se fondre en lui « pour ne plus le quitter », manifestent l'achoppement auquel est confronté tel ou tel sujet dans l'accès à la différenciation et à l'altérité. C'est le propre des relations de grande dépendance affective où une même tentation fusionnelle morbide est souvent alimentée par l'une et l'autre des personnes impliquées. En dehors de la famille, certains adolescents s'identifient à un pair idéalisé depuis son suicide, ce qui doit faire craindre la survenue de phénomènes d'« imitation », notamment à l'école lorsqu'un élève se donne la mort. Un risque identique est non négligeable après le suicide d'un personnage illustre ou consacré (politicien, artiste…). Il l'est d'autant plus que les adolescents en souffrance, en quête d'absolu, sont fascinés par le destin tragique de ceux dont la vie leur paraît avoir été « entière » et sans compromission (poète « maudit », acteur célèbre…).

Biographies et généalogies « à histoires »

L'énoncé biographique concernant certaines familles de jeunes suicidants apparaît d'emblée éloquent. Parfois, l'écart est tel, entre la présentation clinique somme toute assez banale du jeune concerné et la monstruosité de son histoire familiale, que la première réaction de certains soignants ou travailleurs sociaux est de se dire que décidément, « l'être humain est d'une résistance à (presque) toute épreuve ». Pour les observateurs concernés, l'acte suicidaire peut même représenter une sorte de point d'orgue qui ne surprend personne ; bien plus, il ne s'agit plus d'en rechercher le sens, tant l'amoncellement de déboires semble conduire presque « naturellement » à une telle extrémité. Au pire, lors des réunions de synthèse de l'équipe prenant en charge l'adolescent, on oublie de parler de ce dernier pour se perdre dans l'imbroglio des méandres de l'histoire familiale. Ce n'est plus du sujet dont il est question, mais de l'invraisemblable biographie de ses proches. Il est vrai que l'on rencontre quotidiennement des familles au sein desquelles les développements et les rebondissements événementiels laissent pantois. Aux carences et aux abandons des uns répondent les ruptures et les catastrophes dont sont victimes les autres, et force est de constater que les chances d'épanouissement futur de certains semblent bien minces dès la naissance ou la prime enfance. En rester sur ce constat est cependant beaucoup moins fécond que l'énumération des diverses péripéties familiales ne le laisse à penser. Surtout, une telle position ne permet plus aux intervenants d'envisager d'autres perspectives thérapeutiques que de séparer le jeune de sa famille « pour le faire repartir à zéro ». L'illusion qu'ont certains de pouvoir amener le sujet à faire table rase de son passé et la conviction qui est la leur que son comportement suicidaire n'est qu'une conséquence logique de « tout ce qui s'est produit », constituent de dangereux obstacles à la prise en charge. Les adolescents issus de familles « à problèmes » ont certainement beaucoup de mal à s'arracher à leur passé pour investir leur avenir ; mais ils sont en grande difficulté ou en crise lorsqu'ils tentent de renier leurs origines et qu'ils ne peuvent accéder au sens de leur souffrance : c'est l'impossibilité de lier leur vécu à ce qui s'est enchaîné ou reproduit au sein de leur environnement qui fait de tout nouvel événement défavorable l'épine irritative de leur mal-être.

À y regarder de près, toute famille est plus ou moins « à problèmes ». Certaines le sont certes beaucoup plus que d'autres, mais l'important est la manière dont on le vit, ce qu'on en fait et comment on s'y situe. L'histoire familiale appartient à la mémoire – consciente et inconsciente – de chacun de ses membres. Il est illusoire de prétendre faire fi de son passé, comme il est impossible de modifier ses origines, quelle que soit la douleur que provoque leur souvenir ou leur évocation.

L'histoire familiale est faite de la somme d'histoires connues, inconnues, remaniées ou imaginées, permettant à tous ses acteurs d'y avoir une place et un rôle. L'entretien de cet arbre de vie repose sur la richesse des échanges et des identifications d'une génération à l'autre et à l'intérieur d'une même génération. L'évolution moderne de la cellule nucléaire familiale semble peu propice à en garantir le cadre, sinon la teneur. Si la famille monoparentale n'est pas en cause lorsqu'elle préserve la présence ou le souvenir pour l'enfant du parent manquant (séparation, décès), que penser des conséquences qu'aura, par exemple, le désir exprimé d'une femme « d'avoir un enfant, seule » ? Un adolescent qui « ne connaît pas » ses grands-parents – non parce que ceux-ci sont morts, mais parce qu'ils lui sont inaccessibles – est un sujet amputé d'une partie de sa mémoire. Quant à celui « né de père ou de mère inconnu », il n'aura de cesse – à l'adolescence et à l'âge adulte – de les retrouver. Plus l'arbre de vie est dépouillé, plus ses branches sont brisées ou irrémédiablement coupées, plus l'adolescent est en difficulté pour établir ses repères. Pour lui, la famille « à problèmes » est, en ce sens, celle qui suscite des interrogations angoissantes demeurant sans réponse. Le fait est que de nombreux jeunes suicidants semblent en panne du côté de l'accès à leur généalogie.

Salim, 16 ans, est rescapé d'une tentative de suicide par ingestion d'eau de Javel diluée. Quatrième d'une fratrie de cinq enfants (sa plus jeune sœur a 12 ans), il a deux frères et une sœur respectivement âgés de 22, 20 et 18 ans. Leur père est Algérien ; « il a coupé tous les ponts avec sa famille, à cause de la politique au moment des "événements"[1], et refuse d'en parler ». Il a quinze ans de plus que sa femme. Celle-ci a 40 ans et est originaire du Sud de la France ; l'histoire de la mère de Salim est « compliquée » et le jeune homme n'en connaît – comme ses frères et sœurs – que quelques bribes : « Elle n'aurait pas connu son père, se serait enfuie d'Italie où sa famille vivait parce que sa mère et ses sœurs étaient méchantes avec elle... Elle aussi refuse d'en parler. » Toutes ces inconnues préoccupent beaucoup Salim ; « il ne sait pas pourquoi, mais il a décidé de retrouver sa famille paternelle en Algérie ». À l'insu de ses parents, il prépare « son voyage » depuis six mois : en classe, il fait des exposés sur l'Indépendance et « connaît par cœur ce qui s'est passé » ; tous les soirs, « il potasse une carte géographique pour faire son itinéraire » ; il a l'intention « d'y aller en stop pour passer la frontière ». Salim fugue un matin, « en emportant les huit cent francs cachés dans la table de nuit de ses parents ». Deux jours plus tard, il est retrouvé dans une ville pyrénéenne frontalière. Son père vient le récupérer. Le retour est « terrible » : Salim n'a plus droit à aucune sortie ; il est privé de son vélomoteur ;

1. La guerre d'Algérie.

« surtout, il a l'impression que son père lui en veut d'avoir voulu percer ses secrets ». L'adolescent pense « qu'il doit sauver la face en se tuant » et effectue son geste suicidaire dans ce contexte.

Il est d'autres arborescences familiales qui paraissent à première vue très riches mais qui tiennent en réalité du buisson épineux. C'est notamment le cas lorsque l'apparition de nouveaux personnages occulte les anciens et que l'abondance des intrications forme un écheveau si complexe, que l'adolescent se perd dans des ramifications sans issue. L'histoire familiale devient alors une succession de séquences apparemment indépendantes les unes des autres, dont les recoupements forment autant de noeuds inextricables. Ainsi, Sonia, jeune suicidante de 15 ans, éprouve de grandes difficultés à nommer ses « différents pères » et « se trompe souvent » lorsqu'elle évoque l'un d'entre eux. Son père biologique, est « celui qui l'a abandonné » ou « celui qu'elle n'a pas connu ». « Mon père » est l'appellation réservée à son premier beau-père, l'homme avec lequel sa mère a vécu dix ans. « Alain » ou « l'autre », s'applique à son deuxième beau-père, « qu'elle a détesté », tandis que « mon demi-père », « le mec à ma mère » ou « Alain, le nouveau », désignent l'actuel concubin de sa mère « qui porte le même prénom » que le précédent.

Les fratries issues de parents différents s'enchevêtrent, pouvant même aboutir à des unions entre demi-frères et sœurs, ce qui complique un peu plus l'idée que le sujet se fait de sa généalogie. Aux carences identificatoires ou aux identifications pathologiques peut s'ajouter la répétition ou la reproduction d'événements traumatiques d'une génération à l'autre (inceste, suicide...), sans que le sujet n'en ait toujours conscience. Que l'on soit ou non en présence de biographies aussi confuses ou pathogènes, l'expérience indique que les adolescents suicidaires évoluent souvent dans des environnements familiaux où ils ont le plus grand mal à situer la place réelle et symbolique de chaque personnage et tout particulièrement la leur.

Clémence, 17 ans, a tenté de se noyer en se jetant dans le fleuve qui traverse la ville où réside sa famille d'accueil. Cet acte fait suite à une fugue de quelques jours au cours de laquelle elle a vécue avec des marginaux : « des Punks squattant un bâtiment désaffecté près de la gare ». Selon la jeune fille, cette fugue était due à la rupture que venait de lui signifier son petit ami Alex, âgé de 22 ans, ferrailleur de son état. Elle fréquentait ce dernier depuis trois mois et avait même vécue avec lui – dans sa famille – pendant deux semaines, lors d'une première fugue : « J'étais enfin heureuse... Je me sentais acceptée par eux... Ils sont Gitans et vivent avec des principes bien établis ; chacun se respecte, les vieux comme les jeunes ; personne n'irait piquer la femme d'un autre... » Clémence dit ne pas comprendre pourquoi Alex l'a quittée. Elle pense « qu'il a peut-être pris peur de trop s'engager ». Elle reconnaît que « se trouver une vraie famille » avait compté pour elle, indépendamment de l'amour qu'elle voue à Alex. Elle a connu « trois foyers et deux familles d'accueil » depuis l'âge de 6 ans. Au cours du séjour hospitalier dont elle bénéficie après sa tentative de suicide, la reconstitution – avec l'aide des soignants – de ce qu'elle nomme « le merdier familial » occupe une grande place. Clémence fait des schémas, les complète ou les corrige avant de les commenter. Elle réalise « qu'on retrouve les mêmes trucs chez ses parents et ses grands-parents », notamment « beaucoup de violence » et ce qu'elle appelle « des filières pas nettes » ; elle admet que de nombreuses inconnues persistent (âges, situations maritales et socio-professionnelles exactes, devenir de tel ou tel personnage, etc.). Sans entrer en détails dans une biographie riche en rebondissements de tous ordres, on observe qu'elle est la dernière d'une fratrie comprenant deux filles et deux garçons, tous nés de pères différents, auxquels se sont ajoutés (avant leur placement), un demi-frère et une demi-sœur que le second mari de leur mère a eu en charge après le décès accidentel de son ex-épouse. Le père de Clémence est incarcéré depuis trois ans pour trafic de drogue. Du côté de la mère – elle-même issue d'une « famille nombreuse et compliquée » – un frère s'est suicidé à l'armée. La sœur de Clémence, Virginie, 21 ans, a déjà fait trois tentatives de suicide.

On conviendra que de telles péripéties biographiques rendent difficile, pour l'adolescent, l'obtention de repères et d'étayages familiaux sur lesquels il lui est possible de s'appuyer pour trouver ses propres marques. Lorsqu'il est indispensable de séparer l'intéressé de ses proches, c'est tout l'enjeu du placement institutionnel et familial que d'en fournir le cadre et de pouvoir concilier les énormes besoins affectifs de l'enfant ou de l'adolescent placé et les intenses velléités d'opposition qui l'animent. Ce rôle est ingrat : foyers et familles d'accueil sont amenés à prendre en charge des sujets qui n'ont souvent pu exprimer jusque-là leurs manques autrement que dans l'agir et la mobilisation violente. Dans leurs milieux d'origine, la parole n'était ni le vecteur principal des échanges, ni le mode privilégié de transmission de l'histoire familiale. Tantôt privés de reconnaissance et d'amour au point de n'attendre des adultes que des témoignages d'attachement sans cesse déçus, tantôt trahis et malmenés par leurs proches jusqu'à ce qu'ils s'interdisent d'investir toute nouvelle relation, beaucoup de ces jeunes manifestent – une fois placés – des comportements oscillants de la régression la plus passive à la revendication la plus agressive. On parle à juste titre de carences affectives précoces, d'abandonnisme et de troubles du caractère, sans toujours mesurer ce à quoi sont confrontées les institutions chargées de leur procurer un lieu de vie et un étayage appropriés. Il ne s'agit pas de remplacer la famille défaillante ni d'effacer son souvenir, mais d'offrir aux jeunes concernés un cadre éducatif contenant et protecteur suffisamment stable et souple pour permettre de nouveaux investissements. Parfois, l'attaque du cadre est, pour l'adolescent en difficulté, le passage obligé vers l'intégration de limites que son entourage a été dans l'incapacité de lui fournir. La tolérance de l'institution, c'est-à-dire son aptitude à encaisser ces coups de boutoir sans se rétracter ou se déformer, est à la mesure de ses moyens et des propres limites qu'elle s'accorde ou que les autres institutions lui reconnaissent. Il peut lui arriver d'être ou de se sentir « dépassée » par le comportement d'un adolescent dont elle s'occupe. Elle doit alors pouvoir l'admettre, ce qui ne va pas de soi et nécessite une analyse institutionnelle rigoureuse ; mais elle doit aussi pouvoir compter sur un véritable partenariat avec l'école, l'hôpital ou la justice afin, si besoin est momentanément, de «passer la main» à une structure plus adaptée au cas considéré. En pratique, une telle opportunité repose sur un partage bien compris des tâches de chacun et sur l'existence de réseaux transdisciplinaires, toutes choses – ici ou là – encore loin d'être effectives.

Quant au découragement institutionnel, il est moins rare qu'on ne le croit. Face à des adolescents qui cumulent les facteurs de risque, ce sentiment peut l'emporter, au sein des équipes, sur l'investissement et la croyance en un projet. Il est vrai que certains jeunes développent, au moins au début de leur prise en charge, une pratique de surenchère comportementale qui semble s'opposer à toute entreprise d'aide ou de soins. Lorsque l'environnement familial est hostile à ce qui est mis en œuvre, tel sujet utilise les tensions contre l'institution pour trouver une place dans ce qu'il pense être une resolidarisation de sa famille. Tel autre « n'a rien à dire » et « rien à attendre », parce qu'il projette massivement sur l'institution ce qu'il est amené à vivre dans son entourage. Certes, la mise en échec fait partie intégrante de l'univers des professionnels qui ont aussi à travailler sur les fantasmes de toute-puissance guidant parfois leurs conduites. Il n'est pas possible de faire un projet à la place de celui qu'il concerne et aucune équipe ne peut aider un jeune qui a décidé de la réduire à l'impuissance. Mais la démobilisation institutionnelle est la pire forme de renoncement qui puisse être. Non qu'il faille « à tout prix » proposer quelque chose à quelqu'un qui dit n'en pas vouloir. On peut déclarer à un sujet rebelle à toute prise en charge : « Nous sommes actuellement dans l'incapacité de t'aider car tu ne sollicites pas notre aide ; nous restons cependant à ta disposition si tu décides d'essayer de comprendre pourquoi et comment tu en es là. » Entériner sans y souscrire sa mise en échec momentanée, savoir attendre et surtout signifier à l'adolescent en difficulté « qu'on l'attend s'il veut bien venir », sont autant de principes qui transmettent à l'intéressé deux messages de première importance : on ne l'abandonne pas à son triste sort, on ne peut rien mettre en place sans lui.

Ne soyons pas dupes : l'opposition active initiale dans laquelle s'enferment certains adolescents, représente – sans qu'ils en aient d'ailleurs toujours conscience – une sorte de mise à l'épreuve des désirs et des capacités de l'institution à les contenir et les aider. La métaphore qui siérait le mieux à cette volonté affichée serait celle du hérisson : « Je me mets en boule en redressant mes piquants pour me protéger à l'avance de toute agression. » Formulées autrement, de telles attitudes signifient : « Moi qui suis maltraité, renié ou abandonné par ma famille, que puis-je attendre de vous qui prétendez m'aider ? Qu'est-ce qui vous anime exactement ? Quel indice ai-je que vous n'allez pas m'abandonner à la première occasion, comme j'ai déjà eu tant à en souffrir ? »

L'attitude de l'institution à l'égard des parents et de l'entourage est également capitale. Il ne s'agit ni de banaliser la gravité de leurs dysfonctionnements, ni de diaboliser tel ou tel membre de la famille. Aucun adolescent ne peut être durablement aidé si l'on ne fait que le « prélever » de son environnement. L'obtention d'une alliance thérapeutique avec les familles ou, à tout le moins, l'acceptation de leur part de ce qui est proposé à leur enfant, participe de l'investissement de ce dernier dans un projet psycho-social.

Les familles « sans histoire »

Dans bien des cas, aucun événement saillant n'est *a priori* repérable. La survenue d'un passage à l'acte suicidaire au sein d'une famille « sans histoire et bien sous tous rapports » apparaît alors comme une sorte d'incongruité. L'acte était « imprévisible », ses mobiles ne peuvent être qu'« extérieurs » à l'entourage proche, à moins qu'il ne s'agisse d'une « banale crise d'adolescence », entend-t-on souvent. On parle de geste réactionnel à une rupture sentimentale, à une dispute familiale, au stress, à la fatigue ou au surmenage, à un zéro en maths, etc.

Est-ce à sous-entendre que de tels facteurs déclenchants ne doivent pas être pris en compte, même si le principal intéressé leur attribue la cause de son acte ? Non, bien sûr, mais ils doivent être tenus pour ce qu'ils sont, c'est-à-dire des événements précipitants qui ne suffisent pas, par eux-mêmes, à comprendre pourquoi le sujet s'est trouvé dans une impasse telle qu'il ait dû mettre sa vie en jeu. Très souvent, ce dernier n'est pas consciemment en mesure d'établir un lien entre cet événement et le traumatisme qu'il réactive ou matérialise. Pour le sujet aussi bien que pour l'observateur, tout facteur déclenchant – surtout s'il semble minime ou dérisoire – peut être illisible parce qu'il constitue « le texte sans le contexte », pour reprendre l'expression de Tobie Nathan (1991). Quel que soit son sens caché, l'événement considéré a aussi valeur d'écran signifiant « circulez, il n'y a rien à voir ! » Que le sujet se saisisse *a posteriori* d'un alibi et que son entourage s'y raccroche pour en faire la « vraie raison » de l'acte suicidaire, ne doit pas surprendre : la culpabilité est partagée par tous et le regard inquisiteur de l'observateur tiers provoque une coalition aussi éphémère qu'illusoire entre le suicidant et ses proches, entente factice qui a pour objectif de se débarrasser du témoin gênant.

Le concept de geste réactionnel est précisément celui qui permet d'éviter toute remise en cause trop radicale ou trop profonde de l'état du sujet ou de la dynamique familiale, voire d'en limiter les effets et les conséquences attendus ou supposés. En réalité, toute tentative de suicide est, en soi, la partie visible d'interactions qui le sont moins. Il peut être commode de le nier ou difficile de le mettre en évidence ; c'est même parfois strictement impossible et l'acte restera à jamais une énigme non résolue. Mais l'expérience clinique indique clairement que lorsqu'on dispose à la fois du discours du suicidant et de celui de son entourage, le passage à l'acte apparaît bien consécutif à au moins un trouble majeur qui affecte, soit le sujet, soit les relations que celui-ci entretient avec ses proches, quand ces deux registres ne sont pas tous deux intriqués.

Demeure la question suivante : en quoi la nature des relations intéressant les différents protagonistes de la scène familiale, a-t-elle pu générer l'acte suicidaire ou participer à son expression ? La famille « sans histoire » mérite à cet égard une analyse plus approfondie que ne le rend en superficie le simple recueil de facteurs précipitants.

Pauline, 19 ans, a avalé deux boîtes de somnifères « pour dormir ». Comme lors de son précédent passage à l'acte datant de quelques mois, elle évoque à son réveil « la solitude » et « les problèmes de fac » qui lui pèsent : « Elle n'a pas d'amie ; sa vie sentimentale se borne à de simples flirts fugaces ; elle est convaincue de s'être fourvoyée en Lettres modernes et vient de rater l'examen passé en vue de se réorienter vers des études de journalisme. » Pauline vit chez ses parents ; ceux-ci ont aménagé un studio dans le petit immeuble qu'ils possèdent. Il s'agit d'une pièce de 25 mètres carré avec un espace cuisine, située à l'étage au-dessus de leur propre appartement, lui-même communiquant avec la librairie qu'ils tiennent au rez-de-chaussée. « Cet appartement était, à l'origine, destiné à nos deux enfants », diront-ils plus tard. Le frère de Pauline, Fabrice – âgé de 23 ans – vit depuis trois ans dans une autre région ; il est élève d'une école d'ingénieurs et revient une fois par trimestre, lors des congés. Les parents ne s'expliquent pas « pourquoi le frère et la sœur se détestent à un point pas croyable ». Pour « éviter les conflits », ils ont instauré une « convention » qui stipule que « Pauline doit laisser le studio à son frère quand celui-ci rentre ». Pauline doit alors réintégrer « son ancienne chambre ». L'adolescente « n'accepte pas ce dictat imposé par le chouchou à sa maman » ; elle est convaincue d'être « la dernière roue de la charrette ». Selon Pauline, « sa mère est en extase devant son frère, tandis que son père n'a jamais un regard pour elle ». Elle ne supporte pas non plus « les innombrables incursions » de son père dans le studio lorsqu'elle l'occupe : « Il lui arrive de fouiller mes affaires quand je ne suis pas là... Mon père veut sans arrêt y refaire des trucs que je n'ai pas demandé, comme par exemple le coin toilettes, la tapisserie... On dirait que c'est l'appartement de ses rêves à lui... En réalité, ils me font sentir que je ne suis pas chez moi ; en même temps, ils refusent que j'aille ailleurs. » Pauline « a envisagé » de prendre une chambre d'étudiante et de rencontrer l'assistante sociale du campus pour lui en parler. Elle n'en a rien fait « parce que, financièrement, ce n'est pas possible : ses parents ne sont pas d'accord » ; elle reconnaît aussi « qu'elle n'y est pas encore prête : j'ai beau me dire que ce serait la bonne solution, que ça éviterait les esclandres, je sais que je suis trop attachée à ma mère ».

Le problème que le cas de cette adolescente soulève est que la gravité de son geste coïncide mal, tant avec les allégations qu'elle avance qu'avec les violations territoriales dont elle est l'objet. En admettant que Pauline soit indemne de troubles psychiatriques (dépression, psychose...), l'analyse très superficielle des circonstances de son passage à l'acte pourrait conduire à un constat sommaire : cette jeune fille a des problèmes scolaires ; elle se sent seule ; ses parents ne sont pas très compréhensifs et ils semblent entretenir la jalousie qu'elle éprouve vis-à-vis de son frère. En s'en tenant là, une question essentielle disparaît, faute de correspondances logiques : « Pourquoi est-ce par une tentative de suicide que Pauline a manifesté son mal-être ? » En d'autres termes, l'absence apparente de pathologie mentale ou familiale ôte à la tentative de suicide tout caractère pathologique, risquant de réduire l'acte à un simple « coup de tête » qui aurait tout aussi bien pu s'exprimer autrement.

Pour tenter d'appréhender le sens d'un acte suicidaire, il importe au contraire de lui reconnaître sa valeur profondément critique et de se demander dans quel univers il constituerait une réponse à des sentiments d'emprise ou d'agression invivables. Si l'on ne décèle pas d'événements familiaux manifestement pathogènes, force est donc de rechercher en quoi le passage à l'acte pourrait être le produit émergé, la matérialisation, d'interactions fantasmatiques échappant, par définition, à la conscience du jeune suicidant et de ses proches. Ainsi, dans le cas de Pauline, au moins trois aspects méritent d'être examinés plus en profondeur, y compris dans leur entremêlement : la dépendance excessive qui lie la jeune fille et ses parents, la situation de compétition fraternelle vis-à-vis de l'amour parental, le climat incestueux qui imprègne la dynamique familiale à différents niveaux (relations mère-frère, frère-sœur, père-fille). De tels mécanismes mettent en tension extrême le tissu des échanges intra-familiaux, au risque de provoquer sa déchirure. Et la tentative de suicide en est l'une des formes les plus profondes.

L'enjeu pour tout adolescent est, on le sait, de s'extraire de son passé infantile fait de dépendance aux images parentales, sans pour autant briser les liens établis ou rejeter en bloc ce qui a nourri son estime de soi. Il doit désinvestir ses objets infantiles au profit de nouvelles identifications, ce qui réactive chez lui de redoutables angoisses de perte et d'abandon. Il s'agit d'un véritable travail de deuil : deuil d'un statut révolu, de rôles devenus caduques et dans lesquels il était possible de se sentir en sécurité, deuil – plus en profondeur – de l'investissement de certaines images de soi et des représentations parentales. Ce difficile renoncement entraîne inévitablement une certaine quantité de souffrance. Mais il est clair que ce travail est d'autant plus laborieux et douloureux que les parents de l'adolescent surmontent mal leurs propres difficultés à renoncer à l'enfant qu'il était. Il s'agit bel et bien d'un deuil partagé ; ce que Peter Blos (1967) qualifie de seconde phase de séparation-individuation[1] impliquant tant l'enfant que ses parents. Bien entendu, ce processus n'est pas strictement superposable à ce qui était à l'œuvre dans la relation mère-enfant initiale ; il correspond, à l'adolescence, à des remaniements structuraux nécessaires à l'achèvement d'une individualité porteuse d'investissements et de projets

1. Défini par M. Malher, le processus de séparation-individuation se met en place à partir du deuxième semestre de vie du nourrisson ; il comporte lui-même plusieurs étapes et permet de dégager la mère et son enfant de la symbiose originelle.

propres qui ne renie pas le poids du passé et qui idéalement doit tendre à « faire avec ».

S'agit-il, pour tout un chacun, d'un aboutissement aussi fini que le laisserait supposer l'énoncé d'un tel principe ? Il est évident que non, car on ne tourne jamais vraiment les pages de son histoire. En tout adulte, persistent – à des degrés divers et à certains moments plus qu'à d'autres – l'enfant et l'adolescent que nul n'a complètement cessé d'être. Pour autant, entreprendre et tenter de mener à bien ce travail partagé est une nécessité absolue. Sans elle, la « folie relationnelle » se repaîtrait de l'effacement des limites internes et externes propres à chaque individu. À l'adolescence, cette nécessaire prise de distance – qui n'est ni rupture ni reniement – est contrecarrée par ce que Philippe Jeammet (1992) appelle opportunément l'« effet de rapproché » dû à l'accession au corps adolescent sexué dont les nouvelles potentialités sexualisent les liens familiaux, activant de ce fait la menace incestueuse. Oscillant de l'attraction au retrait vis-à-vis des personnes les plus investies de son entourage, l'adolescent témoigne, dit cet auteur, d'une « [...] appétence objectale [qui] est aussi bien le fait de la sexualisation des liens et de leur surinvestissement pulsionnel, que des exigences narcissiques de combler les manques internes et de renforcer les intériorisations. L'intensité de chaque courant contribue à conflictualiser l'autre : les failles narcissiques sexualisent les liens, tandis que l'accroissement des investissements pulsionnels objective le poids des objets d'investissement et augmente le sentiment de dépendance à leur égard [...] ».

Lorsque ces tensions ne sont ni tempérées, ni surtout psychiquement contenues et symbolisées, l'adolescent est en grande détresse. Il se sent affaibli dans l'amour qu'il a de lui-même (« je me déteste »), dans celui que ses parents lui vouent (« ils s'en fichent de moi », « ils m'aiment moins que mon frère ou ma sœur »). En même temps, il éprouve d'intenses bouffées pulsionnelles dont il ne peut maîtriser la violence et qui le renvoient à l'insupportable idée de l'inceste. Dans l'incapacité de faire le deuil de l'omnipotence infantile et faute d'élaboration psychique suffisante de ces conflits, l'adolescent agit sa souffrance en se saisissant d'une cible qui lui est accessible : son corps propre, preuve matérielle de la dépendance dont il souhaiterait s'affranchir, objet sexué par lequel l'inceste serait réalisable et qu'il convient de faire disparaître pour en supprimer la menace. Comme le souligne François Ladame (1993), « [...] ce mouvement projectif, indissociable de la tentative de suicide à l'adolescence, confère au corps réel un statut paradoxal, à la fois dedans et dehors, d'objet à la fois étranger et propre au sujet. La tentative de suicide reflète ce statut particulier : geste dirigé contre un ennemi vécu comme "extérieur" au sujet qui pourtant s'attaque lui-même [...] ».

À l'arrière-plan : souffrances et crises parentales

Il va de soi que si le vacillement narcissique et la réactivation œdipienne sont aussi douloureux pour l'adolescent, c'est qu'ils interagissent avec ce que ses parents ressentent et lui donnent à voir. La souffrance du jeune suicidant est le plus souvent à la mesure d'une détresse parentale qui ne dit pas son nom et qui fait elle-même l'objet de diverses tentatives de maîtrise et d'apaisement. Aussi paradoxal que cela puisse paraître, il est classique de rencontrer des parents qui semblent encore plus en difficulté et démunis que le jeune suicidant lui-même. Être père ou mère d'un adolescent, c'est être réactivé sur son adolescence personnelle et, dans certains cas, se sentir à nouveau assailli par de vieux démons que l'on croyait définitivement enfouis au plus profond de son histoire. C'est aussi se trouver au moment critique du milieu de la vie, en ayant à assumer que l'on a irrémédiablement tourné le dos à sa jeunesse. En renonçant à l'enfant que n'est plus l'adolescent, les parents sont, du même coup, confrontés à leur propre vieillissement[1]. Ce deuil-là est sans doute aussi difficile que celui que l'adolescent doit faire pour quitter le monde de l'enfance. Il est même parfois d'autant plus douloureux que les parents ne s'étaient pas faits à cette idée : certains vivaient harmonieusement la relation avec leur enfant quand ce dernier était « petit » ; ils se retrouvent brutalement dépossédés de leur propre jeunesse face au « grand » qu'il est entre-temps devenu.

Si elles ne sont ni élaborées, ni contenues psychiquement, de telles mises en tension ne manquent pas de retentir sur le réel et les actions qui s'y rapportent. Le déni de l'avancée en âge et de tout ce qu'elle-même suppose de maturité et d'assomption, peut subitement occuper le devant de la scène familiale. Lorsque le couple n'est plus en mesure – quelle qu'en soit la raison – d'envisager son avenir ou son devenir, « rester jeune » pour l'un ou l'autre parent, ce peut être fuir la famille

1. Les enseignants – qui représentent des figures parentales de substitution – connaissent bien l'impact de cette attaque narcissique : chaque année, tandis qu'eux vieillissent, leurs élèves ont toujours le même âge.

au travers de liaisons adultères, sans pour autant se résoudre à une séparation conjugale. Ailleurs, le déni du vieillissement se déclinera par des entreprises de séduction de l'adolescent ou divers types de collusion ou d'intrusion risquant de tendre encore un peu plus l'arc incestueux des relations intra-familiales.

Caroline, 20 ans, vit aujourd'hui avec son ami qui – comme elle – se destine à être instituteur. Pour en arriver là, elle estime avoir fait « un véritable parcours du combattant » entrepris avec l'aide d'un psychothérapeute depuis « sa TS » survenue à l'âge de 17 ans. Caroline avait effectué ce geste à la suite d'une « énième déception sentimentale ». Fille unique, elle vivait à l'époque chez ses parents. Sa mère, 40 ans, « secrétaire de son père » – lui-même quadragénaire, gérant d'une station-service – entretenait avec elle des « rapports de copine » : « On se disait tout... je savais qu'avec mon père leurs relations n'étaient plus très brillantes... Parfois, j'avais le sentiment d'étouffer sous son amour, mais comme elle me poussait vers mon père, je trouvais qu'il n'y avait rien à lui reprocher... Pour Papa, j'étais la fille rêvée... Il m'emmenait souvent sur sa moto, il m'offrait des cadeaux... Cette fameuse bague de grand bijoutier dont j'ai eu par la suite tant de mal à me séparer lorsque j'ai compris le symbole qu'elle représentait... Ça convenait à ma mère, comme les petits voyages que je faisais seule avec mon père... J'étais gênée qu'on dorme dans la même chambre d'hôtel... Bien sûr, rien n'était équivoque dans les attitudes et c'était pour des raisons d'économie ; mais le regard des gens sur nous m'était insupportable : on nous prenait vraiment pour un couple. »

Ce qui caractérise le fonctionnement de nombreux parents d'adolescents suicidants, c'est à la fois la difficulté de se sentir reconnus à leur place et dans leur rôle pour « ce qu'ils sont », non pour « ce qu'ils rêveraient d'être », l'impossibilité d'intégrer pour eux-mêmes et d'incarner pour leurs enfants la différence des générations et, par là même, de proposer des limites et des repères supportables. Il n'y a certes pas de « bons parents », pas plus qu'il n'y a de modèle familial idéal. Chaque individu a ses travers et ses faiblesses et tout couple parental en reflète la conjonction ou la juxtaposition. Non seulement personne n'est parfait, mais nul ne peut prétendre négliger le droit à l'erreur dont tout humain dispose – par nature et par nécessité – dans le domaine des relations inter-personnelles dignes de ce nom.

Ce qui prime dans celles qui concernent la famille, c'est la possibilité ou non de maintenir l'échange verbal : moins la mise en mots des émotions et des sentiments ressentis est recherchée et acceptée par tous, plus le risque est grand de voir se développer les malentendus, les dissensions durables et les passages à l'acte itératifs. Mais il ne suffit pas de vouloir parler ; encore faut-il le faire en cherchant à être le plus authentique possible. L'objectif n'est pas de convaincre l'autre, mais d'échanger avec lui à propos des doutes, des interrogations et des désaccords que suscite telle ou telle situation, sans que chacun ne se sente menacé dans sa position lorsqu'il a tort, qu'il change d'avis ou que sa pudeur l'oblige à une certaine réserve. Le dialogue négocié exclut toute velléité de chantage ou de recherche d'une victoire sur celui avec qui on tente d'établir un compromis acceptable pour toutes les parties. Le « dis-nous tout » que revendiquent certains parents est violemment intrusif, d'autant que ceux-ci refusent généralement de remettre en question leur propre discours ou leurs attitudes. Tentant de se rassurer à travers une fouille inquisitrice revêtant diverses formes (interrogatoires, intrusions dans la chambre de l'intéressé à son insu...), ces personnes confondent « être informés » et « examiner où en sont leurs relations avec l'adolescent ». Se remettre en question, accepter d'être ce qu'on est, privilégier l'authenticité et la confiance, sont autant d'ingrédients nécessaires à la vie relationnelle familiale. En fait, les parents qui s'en sortent le mieux sont ceux qui arrivent à ménager un champ de parole tolérable et à mettre en place une distance relationnelle supportable entre eux et l'adolescent, en sachant que cette dernière doit être l'objet de réajustements continuels. Un éloignement trop grand sera synonyme d'indifférence, de rejet ou de perte du lien ; une proximité trop importante sera rapidement assimilée à des velléités fusionnelles ou intrusives. Il est impossible d'éviter les oscillations entre ces deux extrêmes ; c'est en réalité l'amplitude du mouvement ou sa fixité anormalement longue dans l'un des deux pôles qui peut devenir menaçante. En somme, l'enjeu relationnel consiste à s'efforcer d'être attentif sans être intrusif, vigilant sans être encombrant, présent sans être permanent, etc.

On comprend combien la stabilité des repères proposés par les adultes joue, de ce point de vue, un rôle capital d'étayage et de balisage. Toute la difficulté consiste à assurer une stabilité suffisamment souple et adaptative pour que l'adolescent puisse s'y appuyer ou s'y référer sans en devenir l'esclave ou le prisonnier. L'enjeu est bien celui d'une tutelle qui, du côté de la famille ou de l'école, doit s'efforcer de conjuguer respect, écoute, confiance, compréhension et communication, mais aussi limites, repères et contenance.

La relation avec l'adolescent n'est jamais stable ni constante ; c'est une relation dynamique qui connaît ses moments de crispation et de détente, d'entente et de mésentente, de discorde flagrante et de réconciliation. Un tel principe suppose que l'existence de conflits soit considérée comme la respiration normale des échanges intra-familiaux. Il n'y a pas de relations humaines sans conflits et encore moins d'adolescence sans visites et revisites incessantes des repères proposés par les parents. Ce flux et reflux continuel sur la crête des limites est parfois épuisant. Des pauses peuvent être nécessaires, la séparation momentanée des protagonistes de la scène familiale en constituant l'une des formes. Mais l'évitement des conflits conduit certaines familles à évoluer dans une atmosphère relationnelle proprement irrespirable. Fondées sur le non-dit et la réduction des échanges affectifs à leur plus simple expression, les relations expriment une faillite de communication qui emprisonne chaque membre dans l'enclos du « chacun pour soi » au sein d'un « tous pour un » aussi théorique qu'illusoire. Dans la famille « aconflictuelle », les parents craignent de s'exposer, c'est-à-dire de montrer leurs sentiments, de mettre des mots sur ce qu'ils ressentent, parce que ces derniers ravivent les souvenirs pénibles des relations à leurs propres parents. « Ils ne m'ont jamais dit "je t'aime" et ça c'est dur », reconnaît Marjorie. « Il ne faut quand même pas se disputer devant les enfants », dit Mme I. qui reconnaît que son couple « va couci-couça » et qu'elle « aurait envisagé de se séparer de son mari » si Alexandre et Violaine, leurs enfants, « n'avaient pas été là ». Ceux-ci ne sont évidemment pas dupes de la mésentente parentale ; ils se sentent en outre responsables de cette dernière puisqu'on leur renvoie implicitement : « À cause de vous, votre père et moi, on est obligé de rester ensemble. » Faute de pouvoir livrer leurs sentiments parce que se sentant par trop menaçés, culpabilisés de ne pouvoir les livrer, voulant épargner leurs enfants de ce qu'ils pensent être source de souffrance, les parents qui évitent les conflits cherchent à pallier l'absence d'échanges par l'instauration d'un commerce relationnel à la dimension beaucoup plus restrictive : il s'agit généralement de troquer l'expression d'un affect contre l'obtention d'un résultat concret ou, inversement, de combler toute carence réelle ou supposée par le biais de la chose, de l'objet. Pour certains parents, témoigner de l'amour à leurs enfants, c'est acheter les jouets les plus coûteux, offrir les cadeaux les plus somptueux ; c'est aussi mettre à leur disposition le plus grand nombre de moyens, d'activités, quitte « à se saigner aux quatre veines », ce qui, on l'admettra, prend ici une tonalité toute particulière.

M. et Mme J. souhaitent se séparer, mais « tiennent à ce que leur fille de 18 ans ne souffre pas de cette décision ». Ils sont convaincus que Stéphanie ne s'est pas encore rendu compte de ce qui se passe entre eux depuis près de deux ans. Le couple fait officiellement chambre à part « à cause des ronflements nocturnes de M. J. » ; pour des « raisons professionnelles », il ne dort plus à la maison trois nuits par semaine et loue un studio en centre-ville. « De peur de traumatiser Stéphanie », les parents ont imaginé « attendre qu'elle passe son bac » pour se quitter « dans les règles ». Stéphanie est reçue à cet examen, mais M. et Mme J. ne peuvent se résoudre à « le faire en sa présence ». Ils lui offrent donc un séjour dans un club de vacances réputé pour « fêter son succès » et décident de se séparer définitivement dans l'intervalle : Mme J. occupera le domicile familial ; M. J. s'établira provisoirement dans son studio. Placée à son retour devant le fait accompli, l'adolescente se dispute violemment avec sa mère ; « elle était comme folle », dira cette dernière, ajoutant : « Je n'ai jamais vu Stéphanie se mettre dans un état pareil. Elle m'a même dit qu'elle était convaincue que nous n'étions pas ses vrais parents, qu'elle allait faire des recherches... » La jeune fille monte précipitamment dans sa chambre et découvre sur son lit une gerbe de fleurs assortie d'une magnétocassette que son père a enregistrée. Il s'agit d'un message assez court dans lequel M. J. exprime, en substance, « qu'il est un homme faible et lâche et qu'il ne peut pas lui dire en face que son épouse et lui sont certainement des mauvais parents ». Stéphanie n'écoute pas l'enregistrement ; lire ce qui inscrit sur l'étiquette « lui suffit » : « À ma Stéphanie chérie que je ne reverrai peut-être jamais. » Stéphanie se sent reniée, effacée : « J'ai pensé : mon père quitte ma mère et moi, il me raye de sa mémoire... Et puis, j'ai imaginé qu'il était parti se suicider... L'étiquette m'est apparue soudain très claire. » L'adolescente s'enferme dans sa salle de bains et absorbe « tous les comprimés qu'elle trouve dans des boîtes portant l'avertissement sur fond rouge : "ne pas dépasser la dose prescrite"... Cette phrase, je m'entendais la hurler : mes parents avaient dépassé la dose avec moi ».

Très souvent, sans que ce soit clairement pensé ou dit, l'adolescent est dépositaire de l'espérance des parents qu'il puisse concrétiser ce qu'eux n'ont pu vivre ou réaliser (être une famille harmonieuse, avoir une relation parent-enfant privilégiée, réussir professionnellement...). Le sujet est porteur du désir de l'autre, ce qui ne l'aide évidemment pas à identifier la nature de son propre désir. Ses interrogations se bornent à évaluer s'il répond ou non aux attentes parentales ; s'il a le sentiment de faillir ou que ses parents témoignent d'exigences lui paraissant au dessus de ses forces, ou encore que ses efforts n'obtiennent en retour qu'une reconnaissance modérée, l'adolescent ne peut avoir qu'une image dévaluée de lui-même et de la place qu'il occupe dans sa famille. Pour peu qu'il en soit de même dans ses relations avec ses pairs ou d'autres adultes référents, toutes les conditions seront réunies pour qu'il tente de retrouver puissance et maîtrise dans le passage à l'acte.

Ailleurs, le repli parental sur des valeurs morales ou éducatives fige toute dialectique de l'échange. « Si tu veux qu'on t'aime, il faut que tu sois comme ceci ou cela », exprime implicitement ce mode de fonctionnement qui nie l'autre dans sa dimension de sujet et entretient chez lui une forte culpabilité lorsqu'il ne parvient pas à être à l'image de ce qu'attendent ses parents. Que réclame Bérangère, 14 ans, sinon une reconnaissance parentale éperdue, dans le message suivant qu'elle lance comme une bouteille à la mer ? :

« Si je vous écris aujourd'hui, c'est pour vous faire part de mes malheurs. J'ai tout d'abord fait une fugue pour que mes parents ouvrent enfin les yeux et se rendent compte à quel point je suis malheureuse, mais ils n'ont absolument rien compris. Je dirais même que c'est pire encore. Pour eux, je suis une adolescente vulgaire, une mauvaise fille, un bourricot paresseux, me dit mon père chaque jour. En effet, il est vrai qu'à l'école, mes résultats sont catastrophiques, sauf en français car je suis la meilleure. Pour exprimer mes peines, j'écris des romans où j'exprime mes souffrances. Je ne sais pourquoi, j'ai du mal à m'intégrer dans la société, j'ai l'impression qu'il n'y a pas de place pour moi sur terre. À quoi bon rester ? Je me sens mal à l'aise avec les autres, et j'ai peur du regard qu'ils portent sur moi. Il y a peu, pendant les vacances de Pâques, je suis sortie avec Franck. Je nageais dans le bonheur, et mourir pour moi, c'était impossible. Je n'y pensais plus. Deux jours après, il m'a laissé tombé sans aucune justification. Je l'aimais tant, jamais je n'aurais pu imaginer un tel bonheur. Là dessus, je démoralise complètement. Je collectionne les échecs, et c'est si humiliant. J'ai voulu avaler des cachets. J'ai été très malade, mais sans plus. J'ai réessayé, mais au moment où je tenais les cachets dans ma main, prête à en avaler une bonne poignée, mes parents sont arrivés et j'ai dû les ranger. Depuis plusieurs nuits, je ne dors plus et je fais de l'anorexie. Je suis désagréable avec mes parents, j'en suis consciente, mais c'est plus fort que moi. Je me trouve moche. Je suis grosse. Mon père n'est jamais là. Et de plus, il a été renvoyé de son boulot abusivement. Il fait un procès à son patron et, comme toujours, il passe ces journées à nous crier dessus. J'aimerai prendre de la drogue afin de connaître le véritable bonheur. Mourir grâce à cela, d'une mort lente, pour que mes parents reconnaissent enfin leurs fautes, mais il sera trop tard. J'ai l'intention d'économiser pour m'en fournir. Et puis je me tirerais certainement une balle dans la tête. En deux semaines, j'ai perdu deux kilos. Mes parents le savent, mais ne bougent pas le petit doigt, et lorsque je leur dit que je vais me tuer pour qu'ils soient en paix, ils rient. Ils pensent que je ne suis pas capable de le faire. J'ai peur, c'est vrai, mais j'ai tellement envie que l'on s'occupe de moi, que l'on m'aime. Que l'on me serre dans ses bras pour me dire je t'aime, phrase que mes parents n'ont jamais prononcé en ma faveur. J'ai les yeux tout rouges d'avoir pleuré pendant des heures et ça, tous les jours. Cela fait depuis un an que je suis malheureuse, et je suis sûre, même certaine, que je vais me suicider. Je suis en train de me détruire, j'en suis consciente, mais c'est plus fort que moi. La mort me nargue, elle me guette et m'isole dans tous les coins de rue. J'ai une curieuse envie de me jeter dans sa gueule pour apaiser sa faim. La mort n'a aucune importance à mes yeux. La mort ne peut pas être pire que ma vie.

Sincèrement,

Bérangère

PS : Inutile de me demander d'en parler avec mes parents, j'ai déjà essayé, mais je ne parviens pas à en placer une. Ils s'en fichent éperdument. (J'ai 14 ans.) »

Contrairement à ce que beaucoup pensent, les jeunes qui ressentent l'atmosphère familiale « invivable » au point d'éprouver des idées de suicide, ne sont pas nécessairement abandonnés ou rejetés par leurs parents à un niveau manifeste. Ils sont souvent mal-aimés, c'est-à-dire investis non pour ce qu'ils sont mais pour ce qu'ils représentent. Pour l'adolescent concerné, être objet d'amour devient être objet tout court, dans sa dimension la plus chosifiée. L'établissement d'une dyade[1] fonctionnelle entre le sujet et l'un de ses deux parents – l'autre en étant exclu – est une configuration courante. Ces relations duelles d'exclusivité s'observent surtout dans les couples mère-fille ou père-fille. À l'incapacité du parent impliqué de vivre le sujet autrement que comme « une partie de lui-même », répondent la dépendance affective du sujet et l'évincement du tiers. Les projections que suscitent de telles dynamiques créent de violents courants pulsionnels qui circulent entre chaque protagoniste, sans que, bien entendu, nul n'en ait conscience. « Je ne peux vivre sans toi » ou « je ne peux vivre qu'en toi » se conjuguent de différentes manières. Ainsi, au sein d'une dyade mère-fille, l'adolescente qui éprouve des fantasmes intolérables de possession maternelle et d'accouplement incestueux, peut être tentée de faire disparaître l'« objet en cause » en s'en prenant à son corps propre. Le processus est entretenu et, dans certains cas, aggravé par les réponses parentales : aux velléités de séparation de sa fille, la mère répond par des tentatives de rapprochement encore plus fusionnel ou, au contraire, fait inconsciemment sien l'abominable paradoxe selon lequel elle se résoud à « accepter que sa fille meure plutôt que de la perdre corps et biens » ; le père, quant à lui, accentue son « absence » pour se prémunir de toute promiscuité inavouable, ou tente des incursions répétées au sein de la dyade, réactivant les menaces incestueuses.

Corinne, 20 ans, est anorexique depuis l'âge de 16 ans. Elle a déjà effectué six tentatives de suicide avant celle-ci : il y a quatre jours qu'elle est traitée en soins intensifs de réanimation, du fait de la gravité de son passage à l'acte actuel. Corinne s'est injectée dans les veines « un mélange de dissolvant à ongles et de décapant pour peinture ». Son état de vigilance est maintenant normal et elle se prête volontiers aux entretiens psychiatriques qui lui sont proposés en parallèle aux soins physiques. La jeune fille ne témoigne apparemment d'aucun regret quant à la nature de son geste qui risque d'impliquer d'irrémédiables séquelles locomotrices au niveau de son bras

---

1. Couple dont les deux éléments se complètent réciproquement.

gauche. Les soignants diront à son propos « qu'elle a l'air de savourer son geste ». Elle est la seconde d'une fratrie de deux enfants. Son frère, 29 ans, est musicien de cabaret. Il est homosexuel et connaît une vie sentimentale « tumultueuse ». Corinne vit chez ses parents et poursuit des études supérieures de commerce. Son père est âgé de 62 ans ; depuis une dizaine d'années, il est atteint de maladie d'Alzheimer[1] : « Il reste valide mais il a des moments de grande confusion, de torpeur ou d'agitation... On fait tout pour le garder à la maison. » Sa mère, 58 ans, est à la retraite après avoir terminé sa carrière de receveur des Postes. Corinne pense que « ses parents sont âgés, sans qu'elle sache pourquoi ils l'ont eu si tard ». Elle rit en évoquant la compassion dont font preuve à leur égard les voisins : « Pour eux, on est une sorte de famille modèle qui fait face à l'adversité sans placer papa à l'asile ou en maison de retraite ». Corinne reconnaît « être le double » de sa mère : « Je sais que c'est pathologique ; Maman m'a lavée jusqu'à 11 ans... Elle ne peut pas se passer de moi, et moi, j'ai beau faire des efforts pour me séparer d'elle, je n'y arrive pas. ». Corinne dit aussi « que le seul type d'homme qui ne la répugne pas est son frère dont elle s'estime également très proche ». Elle attribue son acte à « son impossibilité de se détacher, alors qu'elle doit prochainement quitter la région à cause de ses études ». L'adolescente n'établit aucun parallèle entre ce détachement impossible et le mode de suicide qu'elle a choisi. « Je me sentais sale à l'intérieur... J'espérais que les produits me fassent mourir en me purifiant. » La mère de Corinne a pris rendez-vous avec le psychiatre des urgences dès que sa fille est sortie du coma. Lors de cet entretien, ses propos spontanés seront les suivants : « Docteur, dites-moi tout : vous allez l'achever ?, euh..., je veux dire vous allez l'en sortir ?... Vous savez, ma fille, c'est tout pour moi, il ne faut pas me la mettre à l'hôpital psychiatrique, je compte sur vous... »

Sans atteindre de telles extrémités, l'omnipotence maternelle et l'absence paternelle sont des positions parentales fréquentes dans les familles de jeunes suicidants. Elles désarticulent la relation triangulaire œdipienne et contribuent à déséquilibrer ce que François Ladame (1981) nomme « la barrière intergénérationnelle ». Celle-ci suppose qu'une frontière claire puisse être identifiable entre le couple parental (quelle que soit sa situation conjugale) et l'adolescent, les premiers étant à même d'assumer une fonction contenante aux explorations que le second engage envers les limites familiales. L'effacement des générations rend obsolète toute délimitation de la place de chacun dans la constellation familiale. Les parents «copains» de leur enfant, ceux qui recherchent en ce dernier un allié contre l'autre parent pour régler une dissension conjugale, voire qui l'utilise comme intermédiaire vis-à-vis de leurs propres parents, laissent l'adolescent sur un terrain non balisé et non étayé. La situation est identique lorsque la dynamique familiale

1. Forme de dégénérescence démentielle à début précoce (entre 40 et 60 ans).

aboutit à la parentification[1] du sujet. Celle-ci répond souvent à la défaillance du parent de même sexe, l'adolescent entreprenant à son compte un rôle de soutien et de confident, en s'efforçant de pallier la fonction parentale manquante. L'adolescent devient alors le mécanicien chargé de réparer les engrenages relationnels grippés, sans en avoir les outils et sans connaître le plan général du système. L'énergie qu'il consomme à cette tâche impossible l'épuise et le menace d'effondrement narcissique lorsqu'il réalise qu'il ne parvient pas à ses fins.

Olivia a 17 ans. Comme son frère Paul âgé de 15 ans, elle vit chez sa mère. Il y a quelques semaines, elle a fait une tentative de suicide à la suite d'une rupture sentimentale avec Hervé, 19 ans, « qui l'a quitté pour sa meilleure copine ». Aujourd'hui, elle regrette d'avoir avalé des cachets « pour un salaud qui ne le mérite vraiment pas ». Depuis son geste, elle voit un psychiatre « parce que ça lui fait du bien de pouvoir parler à quelqu'un ». Elle « s'entend assez bien avec ses parents et parle beaucoup avec eux », mais Olivia se sent « un peu bridée par sa mère qui la traite encore comme une petite fille ». Elle pense que cette dernière est celle qui « supporte le moins bien le divorce dans toute la famille », tandis que Paul et elle « en ont pris leur partie » ; « d'ailleurs, ajoute-t-elle, ce serait plutôt à ma mère de faire une psychothérapie ». Pendant plusieurs séances, Olivia affirme « n'avoir pas grand-chose à dire ». L'histoire familiale lui semble « banale » : le couple parental s'est une première fois séparé il y a quatre ans, mais, précise Olivia, « les parents sont revenus ensemble au bout de six mois... ». La dernière « vraie » séparation date de deux ans. Le père a quitté le domicile pour une liaison fugace avec une autre femme. Il vit maintenant seul et Olivia lui connaît plusieurs petites amies. « Une fois, dit-elle, j'étais chez lui alors qu'une de ses copines a téléphoné. J'ai entendu mon père lui dire qu'il préférait passer la soirée avec moi plutôt qu'avec elle. J'en ai été très fière. » La mère d'Olivia accepte mal la séparation. L'adolescente en est certaine : « Elle aime encore mon père. » Régulièrement, la mère appelle son ex-conjoint ; « Toutes les occasions sont bonnes : fêter un anniversaire, refaire les tapisseries, revisser un meuble ; mon père vient souvent à la maison. Bien sûr, parfois ils s'engueulent ; parfois ils sont comme avant. Avec mon frère, on est sûr que Maman a encore de l'espoir qu'il revienne vivre avec nous. Lui, je crois qu'il ne l'aime plus ; il vient parce qu'il se sent un peu coupable. » La mère d'Olivia est « fâchée » avec ses propres parents. Depuis des années, ils ne se parlent plus. L'adolescente « ne sait pas pourquoi... Du coup, je les vois rarement... J'aimerai les réconcilier. Je leur téléphone... Je sers souvent d'intermédiaire. Par exemple, le jour de la fête des Mères, c'est moi qui ait appelé ma grand-mère pour lui souhaiter une bonne fête. Ma mère prend l'écouteur mais ne lui parle pas. Elle aime bien que ce soit moi qui le fasse... ». Du côté des grands-parents paternels, « il y a moins de problèmes. Ils sont assez cools. Pour les anniversaires, ils invitent toujours ma mère. On se retrouve tous à table comme avant. Je suis sûre qu'ils aimeraient que les parents reviennent ensemble, d'ailleurs ma grand-mère m'a dit de tout faire pour ça. »

1. Processus par lequel l'enfant est inconsciemment chargé du rôle de parent de ses propres parents.

Qu'elles confinent ou non à la pathologie mentale avérée (dépression mélancolique, psychose, état limite...), de telles dynamiques ne peuvent être dénouées sans que ne soit engagé un travail institutionnel de longue haleine prenant en compte tous les aspects qui alimentent les dysfonctionnements individuels et intra-familiaux. Il en est de même lorsque l'adolescent est l'« objet déversoir » de haine et de frustration affective accumulées par l'un ou l'autre parent vis-à-vis de ses propres ascendants. L'émergence nouvelle de la vie pulsionnelle de l'adolescent réactive chez le parent concerné (parfois chez les deux) des menaces si grandes que la mort de l'enfant peut être secrètement désirée. Les projections mortifères s'expriment par un nombre considérable d'injonctions paradoxales qui envahissent les attitudes ou le discours. Les exemples foisonnent. Certains penseront sans doute que ceux que nous fournissons ci-après ont été soigneusement sélectionnés tant ils dépassent l'entendement. Il n'en est rien. Ce sont les gestes ou les mots que recueillent tous les jours les soignants et travailleurs sociaux prenant en charge des jeunes suicidants. Ainsi, c'est un crucifix noir qu'apporte Mme D. à sa fille Vanessa « pour son anniversaire », alors que l'adolescente est hospitalisée à la suite d'une tentative de suicide. « C'est heureux que tu ne te sois pas raté », déclare Mme V. à son fils lorsque ce dernier se réveille d'une intoxication médicamenteuse volontaire. « Si tu penses que tu es en trop, lui dira-t-elle plus tard, tu as tort de ne pas le savoir, enfin, je veux dire : tu as complètement tort d'imaginer une chose pareille. »

Mme E. et sa fille Justine, 17 ans, rentrent de vacances (le couple parental est séparé depuis quelques semaines). En pénétrant dans l'appartement familial, elles sont frappées par une odeur nauséabonde et trouvent le cadavre de M. E. en état de putréfaction : il y a une semaine qu'il s'est suicidé par arme à feu. Deux mois après cette macabre découverte, Justine effectue une tentative de suicide en absorbant la boîte de tranquillisants de sa mère. Elle est admise en milieu spécialisé. Lors du premier entretien avec un soignant s'occupant de sa fille, Mme E. déclare : « Laissez-la macérer dans son jus... Comme je lui dis, il faut qu'elle se mette du plomb dans la tête. »

Dans d'autres cas, la disparition de l'adolescent est implicitement envisagée comme nécessaire à la résolution d'une crise parentale qui ne trouve pas « sa solution ». L'ambivalence peut être extrême, plaçant le sujet dans la position intenable de celui qui doit à la fois rester et disparaître. C'est dans un tel contexte que certains parents ne tiennent aucun compte des menaces suicidaires de l'adolescent, voire l'acculent – sans le savoir – au suicide.

Estelle a 18 ans. Elle vit en foyer de jeunes filles depuis deux ans, à sa demande, pour poursuivre ses études dans la ville universitaire située à une cinquantaine de kilomètres du domicile parental. Elle effectue un BTS sanitaire et social et souhaite devenir éducatrice. Son père est kinésithérapeute installé en libéral. Selon Estelle, « il aurait eu des relations sexuelles avec certaines de ses patientes ». Elle en déduit « que les mecs sont tous des porcs, qu'ils ne pensent qu'à baiser... » et se refuse à envisager toute relation sentimentale : « À quoi ça sert de s'attacher à quelqu'un pour se faire tromper au bout du compte... » Sa mère est sans emploi. Estelle admet « avoir la haine contre elle ». L'adolescente est convaincue que sa mère la déteste : « Elle me dit souvent que je n'aurai jamais dû venir, qu'elle aurait mieux fait d'avorter... Je sais qu'elle m'en veut mais je ne sais pas de quoi... » Estelle multiplie les passages à l'acte : « Je me cogne la tête, les poing... Je me coupe, pour me calmer... Je m'en veux que ça fasse sûrement plaisir à ma mère que je me fasse mal, mais c'est le seul moyen que j'ai de ne pas disjoncter... Après tout, on se calme comme on peut... » En entretien séparé, la mère affirme que depuis la naissance d'Estelle, « elle n'a eu que des problèmes gynécologiques, jusqu'à ce qu'elle soit opérée d'une hystérectomie totale deux ans après la naissance de sa fille » ; elle fait de cette intervention la cause de son impossibilité à avoir des relations sexuelles avec son mari : « Mon mari m'a trompé à cause de ça... Faut-il faire une croix sur son couple à cause d'une gamine qui ne fait d'ailleurs rien pour me montrer qu'elle tient à moi ? Vous savez, Docteur, on ne choisit pas ses enfants... La mienne est un petit monstre que j'aurai préféré perdre quand elle n'était encore qu'un haricot... On n'en serait pas là... »

Nous aborderons plus loin les aspects spécifiques que comporte la prise en charge des jeunes suicidants. Mais il est impossible d'en envisager l'amorce sans prendre en compte la détresse parentale, même si celle-ci génère des résistances ou échappe à l'appréhension immédiate. Dans leur grande majorité, les parents ne sont pas « coupables » du mal-être de leur enfant, en ce sens qu'ils n'ont aucune conscience du caractère toxique de leur comportement ou de leur discours. Souvent très démunis eux-mêmes, retranchés sur des positions défensives alimentant la crise relationnelle, ils ont besoin d'être entendus et aidés au même titre que l'adolescent en difficulté. De quelque ampleur que soient d'ailleurs les reproches manifestes que ce dernier formule à l'encontre de ses parents, son investissement dans un travail d'élaboration psychique personnel sera déterminé par l'attitude des soignants à l'égard de ses proches. Plus la rigidité et la culpabilité sont employées contre eux comme leviers destinés à vaincre les résistances, plus le poids de celles-ci grève la relation thérapeutique avec l'adolescent, au risque de la briser. Est-ce à dire que l'on doit passivement assister, sans intervenir, à ce qu'il faut bien appeler parfois une véritable « entreprise de destruction familiale » ? Il est évident que non. Nous avons vu précédemment des cas où l'urgence est de protéger le sujet en le retirant de son environnement. Mais la protection de l'intéressé vis-à-vis de dangers familiaux flagrants, n'implique pas la négation des personnes qui, involontairement ou non, en sont à l'origine. De même, ce n'est pas en agressant verbalement des parents tenus pour responsables d'une situation pathogène, que l'on suscite leur mobilisation. La remise en question ne se décrète pas ; elle est l'aboutissement d'un travail relationnel patient qui doit éviter d'induire des rétractions narcissiques trop brutales. D'ailleurs, il ne faudrait pas croire que la plupart des parents de jeunes suicidants restent figés sur leurs positions défensives, sans s'interroger sur eux-mêmes et sur leurs modes de fonctionnement. L'acte suicidaire perpétré par leur enfant a souvent, sur eux, un effet que l'on pourrait qualifier d'« électrochoc existentiel » : il induit une sidération initiale qui fait place ensuite à une levée des résistances permettant certains réaménagements ou d'indispensables clarifications jusque-là impossibles. Ainsi, M. et Mme W., les parents de Coralie, connaissent depuis cinq ans des dissensions conjugales majeures. Bien qu'ils se soient décidés à faire « chambre à part » et qu'ils aient eu – chacun de leur côté – des aventures extra-maritales, ils ne parvenaient pas « à se séparer ». La TS par intoxication de leur fille sera, disent-ils, « leur déclencheur » : « On a brusquement compris qu'on tournait autour du pot parce que nous avions peur, l'un et l'autre, de ne pas nous en sortir… Rester ensemble pour Coralie était notre prétexte. » Certains parents entreprennent même de se soigner, alors qu'ils le refusaient jusque-là.

En réalité, dans un contexte de crise, l'adolescent et ses proches ne peuvent généralement – seuls – dénouer les interactions qui les lient et les emprisonnent. Relâcher autant que possible les tensions et recourir à une médiation extérieure devient indispensable afin que chacun puisse examiner en quoi il est impliqué dans la crise et ce qu'elle réveille en lui. Cela doit leur être dit. En présence de tous les protagonistes, l'intervenant tiers peut le formuler en ces termes : « Ce n'est pas l'un ou l'autre d'entre vous qui est malade ; ce sont les relations que vous avez ensemble. » À charge pour chacun de réfléchir à la manière dont il induit, amplifie ou tempère les tensions relationnelles, sans qu'il ne se sente sommé de le faire. Quelles que soient les modalités de soins proposées, il est du rôle du ou des professionnels d'en favoriser implicitement l'émergence, en adoptant une attitude empathique[1] qui n'est

1. L'empathie est l'aptitude développée par un tiers à ressentir ce que les personnes ressentent, sans se confondre ni se substituer à elles.

ni celle du juge inquisiteur, ni celle du théoricien détaché de toute contingence matérielle.

C'est la confiance qui permet aux parents de souscrire à l'alliance thérapeutique demandée, non l'injonction qu'ils percevront comme une mise en accusation et une contrainte. Il peut être difficile de parvenir à cette entente, surtout lorsque les projections parentales se concentrent sur cette nouvelle surface que représente l'équipe ou le thérapeute assurant le traitement de l'adolescent. Nous verrons que des aménagements particuliers sont nécessaires, au moins au début de la prise en charge, pour offrir des voies de dérivation ne menaçant pas l'investissement thérapeutique.

L'idéal est bien entendu que les parents acceptent que l'adolescent s'engage dans un travail d'élaboration avec l'aide d'un psychothérapeute. Il est utile qu'eux-mêmes réalisent qu'ils ont besoin d'une aide, quelle qu'en soit la forme. Dans tous les cas cependant, la souscription parentale aux soins – pour eux ou pour leur enfant – n'est jamais définitivement acquise. Certains parents attaquent violemment le cadre proposé, jusqu'à ce que l'on soit en mesure de prendre en compte leurs angoisses et leur désarroi. Au moment où ceux-ci adhèrent au projet de soins, il n'est pas rare que l'adolescent se sente alors dépossédé de sa propre prise en charge et qu'il la désinvestisse soudainement. D'autres parents affichent d'emblée une foi aveugle dans les soins donnés à leur enfant, tant qu'ils ne se sentent pas directement concernés. Dans des situations de ce type, l'adolescent va mieux pendant une courte période, puis réitère brutalement ses troubles des conduites, comme s'il voulait rappeler à ses parents : « Et vous, dans tout ça, où en êtes-vous ? » L'alliance parentale retombe dès lors « comme un soufflé » et la recherche d'autres soignants ou thérapeutes vient clore le chapitre. Certains parents envisagent de «tout mettre sur la table» en demandant une sorte d'exorcisme collectif qui risque de faire exploser ce qu'il reste des liens familiaux déjà passablement entamés. Il s'agit alors de modérer ces ardeurs sans rejeter quiconque, mais sans tacitement accepter d'être le garant d'un règlement de compte familial. Offrir un cadre, des limites, en exposer la nature et la nécessité, sont autant d'aménagements destinés à préserver les protagonistes d'une tentation trop grande de « curée » parricide ou infanticide.

Quant à l'aide aux familles endeuillées par un suicide, elle fait encore l'objet dans notre pays d'une esquive pudique : rares sont les personnes qui sollicitent directement un soutien ou un travail psychologique auprès des soignants pour cette raison[1] ; encore plus rares – pour ne pas dire inexistantes – sont les consultations spécialisées dévolues à la prise en compte de telles situations familiales[2]. Il est sans doute opportun de rappeler ici qu'il n'y a pas pire deuil que celui du suicide d'un proche, l'horreur étant évidemment à son comble lorsqu'il s'agit de son propre enfant. « [...] La veille, il m'avait téléphoné en disant : tu sais, je ne sais pas si je vais continuer comme ça [...]. Ce n'est qu'après [son suicide], quand j'y ai repensé, que je me suis rendue compte que c'était un appel au secours peut-être... Je me suis dit : tu es une imbécile, il t'appelait au secours... Je me suis dit que je n'avais rien déchiffré... Après, moi, je suis tentée de dire qu'on ne vit pas, on survit [...] ». Lorsque la mère de Sébastien prononce ces mots d'une voix brisée par la douleur et l'émotion, deux années se sont écoulées depuis que son fils, alors âgé de 19 ans, s'est donné la mort après une rupture sentimentale. Le père de Sébastien, lui, ne peut exprimer ce qu'il ressent : « [...] Tout s'est arrêté... On avait des projets, on n'en a plus beaucoup... Il faut s'accrocher [...] ». Un tel drame provoque un arrachement si profondément charnel que la blessure affective reste longtemps une plaie béante impossible à cicatriser. Quelle que soit l'importance des liens de dépendance antérieurs, retenons que cette mort-là est vécue comme insurmontable pour ceux qui restent. De fait, lorsque le décès de l'adolescent résulte d'une maladie, celle-ci offre aux survivants une sorte d'objet externe susceptible de permettre l'incrimination du destin, de la fatalité, de la science des hommes, voire de l'incompétence de ceux qui n'ont pas pu parer à sa survenue. En tout cas, on ne se sent pas, soi-même, responsable. Lorsque le décès est accidentel, à la douleur de la perte s'ajoute déjà celle de la culpabilité larvée : « si je l'avais empêché de prendre son vélomoteur », « si nous avions convenu de rester tous ensemble à la maison », etc. Dans le drame du suicide, la culpabilité atteint son acmé, agissant longtemps à

1. La culpabilité, la crainte d'être confrontées au « monde psy » et la conviction, quelquefois justifiée, de n'être ni entendues ni comprises, conduisent ces personnes à faire appel ou à participer à d'autres systèmes d'aide et d'entraide (associations caritatives diverses, regroupements de bénévoles au sein d'associations spécifiques, etc.). Le rôle de ces organisations est d'ailleurs injustement méconnu ou mésestimé en France. Citons notamment SOS Amitié et SOS Suicide Phénix.

2. Il n'en est pas de même en Amérique du Nord, en particulier au Québec où des programmes spécialisés sont mis en place depuis plusieurs années.

la manière d'un acide rongeant la plaie. « Nous cherchons à comprendre et nous n'y parvenons pas », reconnaissent de nombreux parents endeuillés. S'attribuer à soi la responsabilité de la mort de l'autre est, en la matière, un mécanisme psychologique complexe dont la genèse se situe au cœur même de la problématique suicidaire. Nous l'avons dit, celui qui se donne la mort[1] vise souvent moins sa propre disparition que la revendication de son manque ou de sa présence « éternelle » dans l'univers des survivants. L'agressivité retournée contre soi est à l'exacte mesure de celle qui est dirigée contre l'autre – l'objet aimé et/ou perdu – ou le lien unissant le sujet à celui-ci. Enfin, chez l'entourage, le suicide du proche entre douloureusement en résonance avec l'insondable mystère que nous pourrions rendre par l'interrogation suivante : « Moi, qui suis le père, la mère, le frère, etc. de celui qui a mis fin à ses jours, et qui n'ai ni clairement pensé à son suicide ni bien sûr souhaité sa survenue, l'aurai-je inconsciemment désiré ou accepté en secret ? » C'est dans un tel contexte que le suicidé devient le tout-puissant persécuteur de ceux qui restent : son cadavre est un fardeau que les survivants auront à porter, dont le poids est celui de la culpabilité. Enlisé dans les sables du « pourquoi nous a-t-il fait ça ? », l'entourage concerné doit pouvoir bénéficier d'aide et de soutien, afin de s'engager dans un travail de deuil indispensable.

Au total, l'exploration des situations et configurations au sein desquelles évoluent l'adolescent suicidaire et sa famille, ne mène pas à l'établissement d'un profil univoque qui serait immédiatement repérable en tant que tel. Il est toutefois possible de discerner – dans ce que nous avons décrit – deux aspects essentiels et, selon nous, invariables : d'une part, l'acte suicidaire prend ses racines dans la profondeur de l'histoire du sujet et de celle de ses proches, contrairement à ce que les facteurs déclenchants laissent souvent entendre. D'autre part, ce même acte est une violence qui répond en écho à d'autres violences. L'énergie mortifère qui anime le jeune suicidaire peut naître, en effet, du jaillissement brutal de représentations psychiques intolérables jusque-là enfouies, surtout lorsque le réel et l'imaginaire se télescopent. Elle restitue également la brutalité des violences manifestes – physiques ou verbales – qui marquent certaines familles. Elle révèle enfin la force et la cruauté des climats familiaux dominés par l'incommunicabilité, les

1. Les Anglo-Saxons préfèrent l'expression : « prendre sa vie » (*to take one's life*).

non-dits, les secrets inter-générationnels et les interrogations sans réponse. Il est rare que l'adolescent concerné en soit la seule victime. Sa fratrie, ses parents et leurs ascendants en sont, eux aussi, bien souvent les otages.

Dans ces conditions, les tenants et aboutissants qui sont à prendre en compte nécessitent des approches à la fois fines, plurielles et solidement établies, de la part de tous les intervenants amenés à aider ou assister ces familles. Les amples oscillations relationnelles qui les caractérisent doivent être abordées avec prudence et circonspection pour ne pas en déséquilibrer le mouvement. Ainsi, dans le domaine du soin, toute démarche thérapeutique agressive, intrusive ou rejetante ne représenterait que la contre-attitude en miroir de ce qui est observé ou dénoncé. Si, comme nous l'avons vu, les « bons parents » seraient plutôt ceux qui admettent de se remettre en question et de négocier avec leur adolescent, les « bons soignants » seraient, eux, les professionnels cherchant, dans leur pratique, à appliquer pour eux-mêmes les principes qu'ils souhaitent voir à l'œuvre dans la dynamique familiale des personnes dont ils s'occupent. Éviter de contribuer à compromettre l'avenir de leurs relations et, dans certains cas, leur avenir tout court, en constitue sans doute l'un des critères les plus modestes et les plus sûrs.

6

L'adolescent suicidaire et l'école

Tout adolescent scolarisé en situation de mal-être exprime à l'école – directement ou indirectement – ses difficultés. Au cours des trois dernières décennies, force est de constater une augmentation nette de manifestations « déviantes » en milieu scolaire. Drogue, racket, conduites suicidaires, absentéisme scolaire, fugues, violences et vandalisme, même s'ils ne concernent qu'une minorité d'élèves, font partie – si l'on peut dire – du paysage scolaire moderne. Souvent, on considère les problèmes posés (troubles comportementaux, scolarité chaotique ou désastreuse) comme directement liés aux manquements ou aux failles du système scolaire proprement dit. Certes, l'école se doit d'identifier ses insuffisances pour répondre au mieux aux attentes des élèves qu'elle accueille (classes surchargées ou « à plusieurs vitesses », faiblesse des effectifs en personnel, etc.). Mais ne nous y trompons pas : trop de parents demandent à l'école de pallier leurs carences familiales, se déchargeant ainsi des tâches éducatives qui leur incombent. Dans bien des cas, les adolescents reproduisent en milieu scolaire des tensions qui se jouent à d'autres niveaux (relations familiales perturbées, carences affectives...). Sans conteste, l'institution scolaire est une chambre d'écho où se révèlent et se cristallisent des difficultés psychologiques et relationnelles nées ailleurs.

L'école a cette place parce que l'adolescent y passe, par définition, beaucoup de temps. C'est aussi parce que l'univers scolaire constitue en soi un milieu de transition entre la famille et le monde extérieur, où l'adolescent retrouve une certaine familiarité qui n'est d'ailleurs pas sans lui poser des problèmes de distance relationnelle (crainte de l'intrusion, de la confusion, de l'indifférence ou du rejet). Lorsqu'il s'y sent reconnu et qu'il ne perçoit pas d'hostilité à son encontre, il peut exprimer ou révéler à l'école « ce qui ne va pas à la maison ».

C'est enfin parce que l'adolescent en difficulté fait inconsciemment de l'institution scolaire le théâtre d'affrontements qu'il ne peut ni exprimer en famille, ni contenir psychiquement. À l'instar du corps propre, le « corps scolaire » devient un pseudo-objet de substitution visé en lieu et place de représentations intolérables. C'est en particulier le cas des liens de dépendance à ses parents dont le sujet ne sait comment s'affranchir. Il attaque alors l'école ou l'une de ses parties (études, cadre...) comme il est susceptible de s'en prendre à son corps propre, retrouvant dans l'agir un sentiment d'emprise ou de maîtrise sur ses difficultés.

Scolarité et violences contre soi

À l'école, la matérialisation des conflits que l'adolescent est incapable d'intérioriser est évidemment à la mesure des attentes parentales dans l'obtention de résultats devant les satisfaire. Plus la réussite scolaire est vécue comme une contrainte familiale et devient l'enjeu des relations affectives, plus le sujet exerce ses attaques sur cet objet de substitution que concrétise le corps scolaire.

Jean-François L., 16 ans, est admis en observation aux urgences de l'hôpital à la suite d'un « accident de la circulation » dont il est apparemment sorti indemne. Selon deux témoins, « il aurait tenté de se jeter sous une voiture ». Le conducteur a pu anticiper l'action et freiner de façon suffisamment efficace pour que l'adolescent n'ait fait que « rebondir sur le capot du véhicule ». Jean-François nie toute velléité suicidaire. Il dit « avoir traversé sans regarder parce qu'il était préoccupé par une mauvaise note ». Il est scolarisé en seconde. Après un deuxième trimestre « catastrophique », il reconnaît lui-même « torpiller ses études ». Il ne sait notamment pas pourquoi les maths, matière qu'il affectionnait jusque-là, sont devenues cette année « sa bête noire ». Le père de Jean-François, 42 ans, est ingénieur-chimiste dans une grande entreprise de cosmétiques. Sa mère, 40 ans, sans emploi, « est à la maison ». Jean-François s'entend bien avec elle : « Au moins, elle, elle ne me fait pas chier tout le temps à propos de mes résultats scolaires. » Depuis peu, Jean-François est « en conflit ouvert » avec son père qu'il décrit comme intransigeant, ne manifestant jamais ses émotions, lui interdisant « tout ». « Il suffit que j'obtienne un truc avec ma mère, par exemple sortir avec des copains, pour que mon père s'y oppose si j'ai eu récemment une banane à un devoir. » Mme L. dit « devoir de plus en plus souvent s'interposer entre son mari et son fils. Soit ils ne se parlent pas, soit ils se disputent au point que je me demande si un jour ça ne va pas mal finir ». « C'est vrai que mon mari est exigeant » reconnaît-elle. M. L. n'est pas d'accord : « Il ne faut pas exagérer. Jean-François est plus cossard que la moyenne. C'est sûr que s'il ne passe pas en première S, il ne pourra jamais rien faire de sérieux. Je veux simplement lui faire comprendre ça. » M. L. ajoute « avoir tout essayé : la gentillesse, la persuasion, la fermeté... Rien n'y fait. Je lui demande simplement de travailler correctement, comme sa sœur aînée Myriam l'a fait avant lui. On dirait que Jean-François le fait exprès. »

Les attaques que l'adolescent peut porter contre sa scolarité n'ont pas le caractère dramatique de celles qui visent le corps propre. Pourtant, elles en constituent une déclinaison susceptible de compromettre gravement l'avenir socio-professionnel du sujet. Lorsqu'elles aboutissent, pour ce dernier, à l'exclusion précoce de tout système d'apprentissage, elles représentent une sorte de « suicide social », même si cette formule lapidaire peut sembler exagérée. Comme le rappellent Alain Braconnier et Daniel Marcelli (1988), « [...] cela ne veut pas dire que toute rupture scolaire soit pathologique, mais cela veut dire que toute rupture scolaire qui serait sous-tendue par un trouble psychologique doit être prise en compte, et si nécessaire traitée [...] ». Quoi qu'il en soit, de telles attaques s'associent très souvent aux conduites suicidaires ; les premières peuvent d'ailleurs représenter les signes annonciateurs des secondes, ce qui doit inciter à prendre en considération les problèmes scolaires comme autant d'indicateurs de malaise personnel ou familial susceptibles d'évoluer vers d'évidents troubles du comportement (suicide, violence, drogue...).

On en distingue plusieurs formes...

- Les comportements de retrait qui s'accompagnent ou non d'une recherche d'isolement de la part du sujet vis-à-vis de ses camarades et de signes dépressifs ; il existe dans ce registre toute une gamme d'attitudes de rupture qui concernent tant le contenant (l'établissement) que le contenu (l'enseignement). L'absentéisme scolaire régulier représente ainsi une forme d'expression majeure du mal-être, plus souvent retrouvée chez les garçons que chez les filles. Cette conduite peut s'accompagner de comportements d'errance plus ou moins déviante ou confiner à la fugue pure et simple. Le désinvestissement partiel ou total de l'intéressé pour sa scolarité (choix subi de filières ou d'options, passivité sous toutes ses formes...) constitue une autre forme de retrait qui se juxtapose très souvent au repli ou à l'évitement relationnel.
- Les comportements d'autosabotage qui aboutissent à un effondrement des résultats, de manière parfois spectaculaire, chez un élève

jusque-là « sans problème ». Le caractère actif de telles conduites prête à diverses interprétations (provocation, fainéantise, mauvaises fréquentations, etc.), qui renforcent le processus lui-même en lui offrant de nouvelles surfaces d'affrontement. Le sujet paraît dérisoirement maître du jeu, retrouvant alors dans l'échec scolaire (devoirs non rendus, « feuilles blanches »...) une maîtrise des difficultés psychologiques qui l'assaillent.

De telles conduites ne sont évidemment pas caractéristiques en soi d'une idéation suicidaire concomitante, pas plus qu'elles ne sont exclusives. Leur ampleur, leur conjugaison, leur durée et leur développement *crescendo* signalent en tout cas un réel mal-être qui doit impérativement être pris en compte. Un grand nombre de jeunes suicidants ont eu des comportements de ce type avant d'effectuer leur passage à l'acte. Le fléchissement du rendement scolaire et l'absentéisme sont, en particulier, retrouvés avec une fréquence importante dans leurs antécédents. La consommation régulière de drogues licites (tabac, alcool, tranquillisants) et illicites (stupéfiants) est souvent associée aux conduites suicidaires. Mais il est des cas où l'adolescent en difficulté n'est pas, en apparence tout au moins, un élève « à problèmes ». Certains jeunes recherchent la maîtrise de leurs tensions affectives en surinvestissant à l'excès le travail scolaire, parfois au prix d'une véritable obsessionnalisation du comportement. Il est cependant très rare que de telles manifestations ne s'accompagnent pas d'ascétisme[1], de repli relationnel ou de symptômes anxio-dépressifs. Un élève trop calme, trop isolé, trop studieux et souvent d'apparence anxieuse, réclame la même vigilance que celui qui semble en rupture de tout investissement. En pratique malheureusement, le premier attire moins l'attention que le deuxième, du fait de l'absence de retentissement négatif sur sa scolarité.

Sandra, 16 ans, vient d'effectuer une tentative de suicide par phlébotomie ; elle s'est profondément entaillée le poignet gauche à l'aide d'un cutter. Elle s'est enfermée dans sa chambre, a pris un seau hygiénique « pour ne pas salir ses draps » et, dit-elle, « s'est saignée pour se punir d'avoir trop mangé ». Le diagnostic d'anorexie mentale est porté à l'hôpital, pour la première fois, à cette occasion. Sandra pèse quarante et un kilos pour 1 mètre 68. Elle a perdu douze kilos en quatre mois et n'a plus ses règles

1. Mécanisme de défense contre l'angoisse utilisant le contrôle du corps et la maîtrise des pulsions (exemple : privation alimentaire).

depuis. Elle se prive de nourriture et se fait vomir « parce qu'elle se trouve trop grosse ». Pour ses parents, « elle faisait certes un régime ; de là à penser que c'était aussi grave... On ne voyait rien parce que, comme tous les jeunes, elle porte toujours des pulls trois fois trop grands ; et puis elle marche tellement bien en classe ! » Avertie par un tiers de l'hospitalisation de Sandra, Mme T., professeur principal, contacte spontanément le psychiatre des urgences pour lui faire part de ses commentaires : « Je tombe de haut. Je n'aurai pas imaginé que Sandra allait mal. Un bon tiers de mes élèves ont du mal à suivre et ont des problèmes familiaux. Pour moi, Sandra est une élève sans problème, très réglo, consciencieuse et appliquée [...] Elle rend toujours des devoirs d'une rigueur et d'une propreté exemplaire. »

Les violences projetées en milieu scolaire

Attaquer l'école, c'est aussi développer des conduites agressives ou violentes au sein de l'établissement, contre le cadre lui-même (déprédation, vandalisme...) ou contre les personnes (agressions verbales ou comportementales à l'égard d'autres élèves ou des adultes référents). Certains adolescents en détresse développent des comportements d'opposition qui frappent par leur ampleur et leur caractère plus ou moins adapté, voire franchement inadapté. L'élève devient le perturbateur désigné de la classe. Il se manifeste par des attitudes outrancières de provocation vestimentaire, gestuelle ou verbale, insulte ses professeurs, adopte au pire un comportement ouvertement menaçant ou violent. Typiquement masculines, de telles conduites sont favorisées ou amplifiées par le regroupement spontané d'adolescents en difficulté qui retrouvent au sein d'un clan un sentiment d'appartenance centré sur la pratique d'une conduite déviante déterminée.

Des capacités de l'école à contenir et gérer les débordements de ce type, dépend pour une bonne part leur développement ou leur atténuation. Or, nombreux sont les établissements qui connaissent à ce niveau de réels problèmes. Il y a bien entendu ceux qui ne concernent pas tant l'institution scolaire elle-même que la collectivité dans laquelle elle s'inscrit : nous voulons parler ici des situations urbaines explosives de certaines banlieues dites « chaudes », où l'on voit mal comment les tensions pourraient y être apaisées sans que l'ensemble du tissu social considéré ne s'investisse dans un remaillage collectif. Cette réalité-là, pour préoccupante qu'elle soit, ne doit cependant pas occulter les problèmes très spécifiques rencontrés par certains établissements qui ne sont pourtant pas situés dans un environnement socialement sinistré. Il est alors surtout question de politique institutionnelle affaiblie par l'absence d'accord et de partage éducatifs internes, ce qui est source d'attitudes contrastées, voire franchement paradoxales.

Il existe en effet des établissements dont les règles de vie ne sont pas partagées par tous et où il semble bien difficile pour les adultes de pouvoir s'entendre sur un mode de fonctionnement solidaire et cohérent. Il en est d'autres où l'application des lois de l'institution coïncide mal avec celle de la loi tout court. Comment, par exemple, faire intégrer et respecter par les élèves une interdiction de fumer dans les classes dont seraient dispensés les professeurs ? Ou encore, comment admettre qu'une telle consigne puisse faire l'objet, de la part de certains référents, d'un rappel opiniâtre de la loi chaque fois qu'elle est transgressée, alors que d'autres afficheraient dans la même situation une tolérance désinvolte ? En milieu scolaire comme ailleurs, la désolidarisation entre professionnels prête le flanc aux attaques du corps institutionnel, le clivage entre « bons » et « mauvais » représentant un mécanisme défensif classique par lequel les adolescents évitent (sans le savoir) d'élaborer psychiquement ce qu'ils recherchent ou révèlent dans l'affrontement.

L'atteinte à l'intégrité de la communauté scolaire référente n'est pas seulement préjudiciable à la prise en charge des jeunes en difficulté. En se fragilisant de la sorte, c'est l'ensemble de la communauté éducative qui perd ses repères et prend le risque de dériver au gré des courants. La désolidarisation porte en elle les germes d'une violence auto-sécrétée qui ne doit pas être négligée et qui s'exprime en termes d'intolérance, de rétraction relationnelle ou d'agressivité. Il en est ainsi de la « course aux résultats », variante scolaire de l'audimat médiatique, qu'encouragent certains chefs d'établissement par un implicite « quel qu'en soit le prix ». Une telle configuration autorise trop d'enseignants à mobiliser leurs élèves à coups de jugements de valeur (« Vous êtes nuls ! », « Allez plutôt vous jeter à l'eau »...) en réponse à leurs mauvais résultats. « Il faut les secouer pour qu'ils fassent quelque chose » disent certains qui ne croient ni au découragement ni au désinvestissement. Les observations moralisatrices (« Vous ne méritez pas grand-chose ») ou rejetantes (« Des élèves comme vous, j'ai hâte d'en changer ») alimentent la piètre estime de soi qui caractérise nombre d'adolescents. Des remarques de cet ordre aggravent l'anxiété ou les affects dépressifs éprouvés par les plus démunis, quand elles ne contribuent pas à les précipiter dans le passage à l'acte.

Aurore, 19 ans, a disparu depuis deux jours. Dans sa chambre, sa mère a trouvé une boîte de somnifères à moitié vide et une lettre placée en évidence sur son lit : « Chers *tous*, j'espère que vous allez bien vous porter maintenant que je suis partie ! Je sais, je ne suis qu'une *merde*, comme tu me l'a déjà dit Maman. Comme me l'a dit aussi M. J... en me traitant de tout et en me sortant *en classe* que mon année de prépa étant foutue, *"c'est même pas la peine de continuer, autant me foutre dans le canal"* (...) Vous ne comprenez rien, *je vous hais tous* !! Si j'arrive à en avoir le courage (je sais, je suis con, et lâche surtout !), vous continuerez sans moi. Alors, je vous souhaiterai à tous bien du malheur (à toi aussi, Hélène, qui fait toujours celle qui n'y est pour rien !!!). Salut. À jamais. *Aurore la conne.* »

Il est évidemment très difficile de déterminer l'importance qu'a pu avoir la remarque malheureuse de cet enseignant de classe préparatoire dans la genèse du comportement d'Aurore. Peu importe d'ailleurs qu'elle ait été formulée en ces termes ou que l'adolescente l'ait interprétée à sa manière. Ce qui compte, c'est que l'élève s'est sentie à ce point « biffée » qu'elle en était réduite à mettre en acte sa propre disparition en se saisissant, « au pied de la lettre », de ce qui lui était signifié. Au sens propre comme au figuré, on ne secoue pas quelqu'un qui se noie pour lui venir en aide ; on tente de le sortir de l'eau et, si besoin est, on le réanime.

L'émergence – au sein de l'école – de troubles comportementaux présentés par quelques élèves génère souvent, chez les référents, un vent de panique ou, à tout le moins, un éparpillement des avis sur la conduite à tenir. Il est des cas où l'opposition entre adultes prend le pas sur toute entreprise d'analyse des divergences constatées. Certaines prises de position sont censées être « autorisées » et, du coup, n'autorisent aucune discussion ; d'autres attitudes consistent à s'automortifier sur l'air du « nous sommes des incapables et nous le payons » ; d'autres encore remettent en question l'ensemble du système scolaire, car « tout est dans tout et réciproquement ». L'élève concerné, quant à lui, continue à multiplier les passages à l'acte (retards systématiques, injures, provocations diverses...) et la réponse tarde à venir, ne vient pas ou survient au moment où on ne l'attend plus, lorsque la réaction l'emporte sur l'action concertée. Certains prônent d'emblée le rejet scolaire pur et simple sur le mode du « point final », tandis que d'autres excusent ou banalisent ces conduites « parce que l'intéressé a des problèmes familiaux ». Souvent caricaturales, de telles réponses institutionnelles non modulées oscillent entre la rigidité et le laxisme, sans que – la plupart du temps – elles ne satisfassent vraiment la communauté référente qui n'en éprouve que plus intensément des sentiments d'échec, d'impuissance ou de culpabilité. Elles contribuent de toute évidence à rendre confus ce qui est de l'ordre, d'une part, du cadre et du contenu scolaires et, d'autre part, de ce qui peut ou doit être mis en œuvre pour aider l'élève que l'on sent en difficulté. Il arrive même que la confusion dans ces différents registres débouche sur l'incohérence la plus totale. Que dire, par exemple, de l'attitude de cette enseignante ayant décidé de ne plus noter les devoirs d'une élève connue pour ses velléités suicidaires, « de peur qu'un zéro ne la fasse se suicider pour de bon » ?

L'école n'est pas un centre de thérapie, pas plus qu'elle n'est un foyer de jeunes. C'est un lieu d'enseignement ou d'apprentissage. Les enseignants qui en assument la charge éducative ne doivent certes pas se retrancher derrière le strict exercice de leur fonction, sous prétexte qu'ils ne sont ni soignants ni travailleurs sociaux. Précisons, s'il en était besoin, que les professionnels à qui de telles missions sont confiées, sont représentés au sein du milieu scolaire pour assurer ce rôle complémentaire qui leur est spécifique. Comme nous le verrons plus loin, cela n'empêche pas les professeurs ou les conseillers principaux d'éducation d'être des adultes référents et relais auprès des jeunes en rupture ou en souffrance[1].

Leur responsabilité éducative et les conditions dans lesquelles ils exercent leur fonction n'ont cependant pas à faire les frais des troubles du comportement présentés par les élèves. Il est louable de tenir compte des difficultés rencontrées (y compris disciplinaires) au moment de l'orientation de tel ou tel sujet, afin de préserver, autant que possible, ses chances momentanément compromises[2]. À l'inverse, il est anormal qu'un enseignant devienne – à quelque degré que ce soit – l'otage de certains élèves, sans que ses collègues ne se sentent concernés et que l'institution scolaire tout entière ne fournisse une réponse appropriée.

En réalité, il est de nombreux cas où la question qui devrait être légitimement posée est la suivante : le comportement ou l'état de tel élève est-il actuellement compatible avec une scolarisation normale ?

1. Il apparaît d'ailleurs indispensable qu'ils soient mieux formés dans ce domaine, afin de faciliter l'accès des adolescents en difficulté aux ressources d'aide ou de soins disponibles.

2. Signalons, au passage, que le redoublement d'une classe n'est pas synonyme de mise en échec, contrairement à ce que pensent certains parents qui font tout pour s'y opposer.

Un sujet qui n'est plus en mesure de rendre ses devoirs parce qu'il est trop déprimé ou trop anxieux ne relève plus – le temps que dure cet épisode – du milieu scolaire, au même titre qu'un individu physiquement malade. Un autre, qui multiplie les périodes d'absentéisme ou les passages à l'acte au point de faire voler en éclats les lois de l'école, doit faire l'objet d'une réponse institutionnelle adaptée. En l'occurrence, ce n'est certainement pas nier la détresse d'un élève que d'appliquer la mesure disciplinaire que motive sa conduite, à partir du moment où la décision prise est juste et mesurée. L'objectif ne consiste pas à rejeter l'intéressé mais à lui signifier en quoi les limites de l'institution scolaire sont atteintes. Bien entendu, les observations faites ou la décision prise n'engagent pas l'élève seul, mais aussi ses parents. Cela va de soi, si l'adolescent est mineur, en sachant que la démarche n'est pas simplement administrative ; elle a aussi pour but de préciser la position de l'école, de susciter d'éventuelles mises au point entre les différents protagonistes et, parfois, permet l'ébauche d'une remobilisation de la dynamique familiale. C'est la raison pour laquelle, en cas de problème, le contact avec les parents est éminemment souhaitable même si le sujet est majeur et *a fortiori* s'il vit chez ces derniers. Le plus important, à ce niveau, est de ne pas cacher à l'intéressé que ses parents sont informés et, dans la mesure du possible, convoqués par le responsable de l'établissement.

Mathieu K., 14 ans, a inondé un étage de son collège au moyen d'une lance à incendie. Il a lui-même revendiqué son acte, comme il avait reconnu une semaine auparavant « avoir brûlé le faux-plafond d'une classe avec des cigarettes ». Ce trouble grave du comportement n'avait entraîné aucune sanction particulière, « parce que le père de l'adolescent ne pouvait se rendre à la convocation du principal avant quinze jours, compte tenu de son emploi du temps ». Fils unique de parents divorcés, Mathieu vit chez son père ; ce dernier, âgé de 38 ans, a la garde de Mathieu « depuis que son ex-femme est partie avec un autre homme vivre à l'étranger ». M. K. est disc-jockey dans une discothèque ; « il dort le jour et travaille la nuit », ce qui explique, selon lui, « ses difficultés à répondre au pied levé à la convocation du responsable du collège », d'autant que Mathieu « obtient des résultats scolaires satisfaisants » et « qu'il ne voit pas où est l'urgence puisqu'il accepte de payer les dégâts commis ». Sur le plan scolaire, cet adolescent a – pour ses professeurs – « d'évidentes facilités et vit sur ses acquis en travaillant le moins possible ». Tous signalent un comportement passif et démotivé en classe, « contrastant avec des gesticulations continuelles, Mathieu semblant avoir beaucoup de mal à rester en place... » À la demande pressante du principal, M. K. a accepté la convocation en présence de son fils. Lors de cet entretien, Mathieu affiche « un profil bas » mais ne témoigne d'aucune culpabilité. Son père a l'apparence vestimentaire et physique « d'un soixante-huitard ». Il semble avoir bu de l'alcool et se montre verbalement agressif à l'égard de l'ensemble de la communauté scolaire : « Intéressez un peu plus vos élèves au lieu de leur faire apprendre des trucs qui ne servent à rien, ils ne feront pas tant de conneries... Moi aussi, j'en ai fait à l'école ; ça ne m'a pas empêché d'assez bien me démerder dans la vie... » Le principal insiste sur la gravité des faits et souligne qu'une exclusion de huit jours a été décidée. Un conseil de discipline est même envisagé, en fonction de l'attitude de l'élève à son retour. Il précise également que le comportement de Mathieu impose, selon le médecin scolaire, un bilan psychologique, et confirme que l'assistante sociale vient d'adresser au juge des enfants un signalement.

S'adapter aux difficultés de certains élèves ne signifie pas accepter tacitement que le dépassement des limites des uns aboutisse à la « prise en otage » des autres. Le rappel et le maintien des règles contribuent à déterminer cohérence et contenance, en offrant à tous une représentation structurée des nécessaires frontières entre le dedans et le dehors, l'autorisé et l'interdit. C'est ce qui permet aux jeunes en détresse de se situer par rapport à la communauté à laquelle ils appartiennent, avant de pouvoir s'interroger sur les fondements de ce qui les animent. C'est là, ni plus ni moins, l'une des fonctions du cadre institutionnel qui concerne toute structure en charge d'adolescents.

L'infirmière scolaire et les plaintes somatiques

Plus souvent observée chez les filles, toute une série de signes ou de symptômes physiques est susceptible d'exprimer une souffrance psychologique qui ne dit pas son nom. Cette médiation par le corps conduit les jeunes scolarisés vers l'infirmerie d'établissement. Nous ne dirons jamais assez combien ce lieu doit être envisagé comme un véritable observatoire de la santé physique et psychique des adolescents. Les élèves peuvent y exposer leur mal-être, parce que l'infirmerie leur apparaît démarquée des instances éducatives ou administratives. « On y juge pas, on y soigne et on peut y parler de nos problèmes » dit Coralie, élève d'un lycée de banlieue. Cet « îlot de soins » constitue, de fait, un lieu tiers d'observation et de médiation.

C'est dire si l'absence d'infirmerie (ou d'infirmière) dans certains établissements est déplorable, tout comme d'ailleurs la faiblesse en effectifs des services de santé scolaire[1]. À ce propos, rappelons que

1. Ils s'intitulent officiellement « services de promotion de la santé en faveur des élèves ».

tout colmatage par défaut ne peut constituer une réponse appropriée à l'absence de professionnels d'un champ donné. La confusion des rôles et des attributions de chacun est sans nul doute préjudiciable à la prise en charge des adolescents. Cette remarque nous semble loin d'être inutile lorsqu'on sait qu'il existe des établissements où l'on demande aux enseignants de biologie d'assurer la fonction de secouriste en cas de blessure superficielle d'un élève. Rapportons ici les propos de M. C., principal de collège : « Chez nous, il n'y a pas d'infirmerie. Mme W., qui est "prof de biolo", dispose de quelques pansements dans ses placards, au cas où ! »

L'expérience indique que l'infirmerie est l'endroit privilégié que fréquentent les élèves éprouvant des difficultés. Bien entendu, il est rare qu'ils s'y rendent pour aborder d'emblée des problèmes qui ne se situeraient pas dans le registre corporel. Aussi paradoxal que cela puisse paraître, le langage par le corps expose moins les adolescents que le langage tout court. La crainte d'être jugé ou catalogué est, en effet, à la mesure de l'angoisse que suscite chez eux toute menace réelle ou supposée de perception par l'autre d'une différence risquant d'être interprétée en termes de « folie » ou de « déviance sociale ». Cet aspect contribue sans doute à ce que le mal de vivre soit rendu à travers des signes physiques d'apparence plus ou moins fonctionnelle[1] (fatigue, maux de tête ou de ventre, malaises, etc.). N'oublions pas non plus qu'à l'insu du sujet lui-même, l'incapacité à mentaliser débouche sur une mise en signes, à expression physique. À l'adolescence, rien ne peut être exprimé ou ressenti sans que la traduction corporelle n'occupe, à des degrés divers, le devant de la scène. Enfin, la production de symptômes physiques peut aussi correspondre – comme chez l'adulte – à la somatisation d'un conflit intrapsychique, de telles manifestations exprimant alors des représentations inconscientes refoulées.

Quoi qu'il en soit, les signes cliniques de la série dépressive ou anxieuse se révèlent, à cet âge, souvent différents de ceux observés à l'âge adulte. L'inhibition psychomotrice est en particulier loin d'être la règle. Il est au contraire classique qu'aux phases d'abattement succèdent des périodes de surexcitation, s'accompagnant d'une grande labilité émotionnelle. « Stéphanie passe du rire aux pleurs sans aucune

1. En médecine, on entend par trouble fonctionnel une manifestation physique qui ne semble pas due à une lésion organique.

raison », note l'infirmière qui, en l'espace d'une semaine, a reçu la visite de la jeune fille à deux reprises pour « crises de larmes à répétition » survenues en cours. On retiendra la fréquence et l'amplitude de certains signes : fatigue chronique, troubles du sommeil (hypersomnie ou, au contraire, insomnie du petit matin), crises d'angoisse itératives, malaises physiques divers (nausées, vertiges, syncopes...). Enfin, on portera une attention particulière à l'existence éventuelle d'autres symptômes : troubles alimentaires (privation forcée ou choix électif de nourriture avec ou sans vomissements provoqués, accès boulimiques, s'accompagnant d'une perte de poids et d'une aménorrhée), crises tétaniformes (spasmophilie) ou pseudocolitiques, manifestations respiratoires, dermatoses diverses, etc.

De telles plaintes doivent inciter l'infirmière à considérer que ce qui est montré par l'adolescent peut correspondre à une parole impossible ou difficile à dire. Derrière le malaise corporel si souvent mis en avant, se cache fréquemment une souffrance psychologique dont l'expression manifeste dépend de l'aptitude de l'intervenant à la recevoir. « Je te donne à voir ça », semble dire parfois le sujet, « dans l'espoir que tu t'en saisisses pour me comprendre ou m'aider ».

Or, pour être ouvertement émise, cette souffrance doit d'abord pouvoir être envisagée puis reconnue par l'intervenant qui en est le témoin. L'envisager – plutôt que de la nier ou de la réduire à l'état de simple crise passagère – fait intégralement partie de la démarche d'aide proposée, et ce, à partir de la symptomatologie produite et du contexte de vie de l'adolescent concerné. Reconnaître la souffrance psychologique, c'est la nommer, en signifiant par là même que l'on est apte à l'entendre. En présence d'un élève multipliant les visites à l'infirmerie pour telle ou telle raison (par exemple, des maux de ventre), rien n'interdit – lorsqu'on le pense – des propos du type : « En ce moment, tu viens souvent me voir en me disant que tu as mal au ventre ; je constate en effet que tu ne vas pas bien et je me demande si ces douleurs, tu as l'impression qu'elles pourraient être liées à autre chose, un événement, une situation. Vois-tu, toi, quelque chose d'autre qui te ferait souffrir ? »

L'objectif n'est pas de considérer abusivement toute plainte physique comme l'expression d'un malaise psychologique ou relationnel. Le « tout psy » conduirait aux mêmes impasses qu'une approche s'en tenant aux aspects purement biophysiologiques.

La prise en compte des manifestations observées doit idéalement intégrer le somatique sans le réduire, tout en repérant en quoi le contexte, la répétition, l'ampleur ou l'aspect fonctionnel des troubles permettent d'établir un lien de cause à effet d'une autre nature. L'intervention ne consiste pas non plus à formuler une sorte d'interprétation sauvage et intrusive visant à expliquer au sujet le sens de son malaise ou de son symptôme. Il s'agit tout au plus, mais c'est déjà beaucoup, de se situer en interlocuteur potentiel du sujet, capable d'entendre, c'est-à-dire de recevoir, une souffrance ressentie qui ne se situe pas forcément ou seulement là où elle est exposée. Pour l'intervenant, il n'y a donc pas de « réponses » particulières à donner, la reconnaissance et l'offre d'échange proposées étant, en soi, une main tendue que le sujet peut ou non saisir. C'est en définitive à lui et lui seul que reviendra la possibilité d'établir d'éventuelles liaisons entre ce qu'il montre et ce qu'il ressent.

Sandrine est devenue, depuis peu, une « habituée » de l'infirmerie du lycée. Elle s'y rend deux à trois fois par semaine, le plus souvent avant les cours de maths. L'adolescente se plaint de maux de tête qui l'obligent à se coucher et à se recroqueviller sur elle-même pendant une demi-heure ou une heure. L'un de ces épisodes a été récemment d'une telle intensité que Sandrine a été conduite à l'hôpital où elle est restée trois jours en observation en service de neurologie. Rien d'anormal n'a été trouvé et les céphalées – ne correspondant médicalement pas à une symptomatologie migraineuse – ont été qualifiées de psychogènes, chez « une jeune fille nerveuse et un peu dépressive ». Depuis, Mme V., l'infirmière d'établissement, propose à l'intéressée – lorsque celle-ci vient la voir – de s'allonger un moment dans une petite salle qui jouxte l'infirmerie. Elle sait que l'élève a des problèmes familiaux, sans en connaître la teneur et sans avoir pu jusque-là en parler avec elle. C'est aujourd'hui la jeune fille qui en fournit l'occasion. Elle se présente « avec des maux de tête pas possibles » en milieu de matinée. Elle est invitée à aller se reposer, comme à l'accoutumée, dans le bureau *ad hoc*. Or, au bout de quelques minutes, l'infirmerie s'anime des éclats de voix et des rires de quelques adolescents « venus porter des papiers » et plaisantant entre eux. Sandrine sort de « sa retraite », en se tenant le visage à deux mains et en hurlant à l'adresse de tous : « Ce boucan que vous faites ! Vous me prenez tous la tête ! » Au cours de l'entretien qui s'ensuit avec Mme V., l'adolescente associe spontanément la « prise de tête» aux céphalées, évoquant combien l'ambiance familiale l'inquiète « depuis que ses parents ne cessent de se menacer de se quitter ».

Les pairs : des interlocuteurs privilégiés et démunis

Dans l'enquête nationale qu'elles ont effectuée, Marie Choquet et Sylvie Ledoux (1994) estiment que 19 % des garçons et 27 % des filles en âge scolaire ont déjà pensé au suicide durant les douze derniers mois.

Quant aux tentatives réalisées, elles concernent 6,5 % des 11–19 ans. Les auteurs de cette étude relèvent que les jeunes qui connaissent un problème grave (inceste, drogue, idées de suicide...) ne se confient pas toujours à quelqu'un pour aborder directement leurs préoccupations : 17 % des adolescents en difficulté ne s'adressent à personne pour en parler.

En revanche, lorsqu'ils se confient, les jeunes privilégient plus certains interlocuteurs que d'autres. Pour des raisons évidentes, les parents le sont moins que les pairs qui représentent les confidents privilégiés par excellence (Huguette Caglar et coll., 1989). Les idées suicidaires peuvent être exprimées de différentes manières : propos explicites, menaces verbales voilées, correspondance morbide et allusive, lettre d'adieu, etc. « Je ne le dis qu'à toi, Corinne, mais j'en ai ras-le-bol de tout, j'ai décidé de me foutre en l'air », écrit Soraya à sa camarade de classe, en plein cours, sur un morceau de papier.

L'écueil majeur est que les pairs se sentent souvent trop désarmés ou impliqués pour intervenir en tant qu'aidants potentiels. L'adolescent vécu comme malade agit fréquemment à la manière d'un « repoussoir » pour les autres. L'angoisse qu'il suscite conduit l'entourage amical à banaliser la souffrance exprimée et à improviser toute une série d'attitudes spontanées visant à évacuer le problème : « change toi les idées », « viens avec nous, on va aller au cinéma », « un de perdu, dix de retrouvés » (après une rupture sentimentale), etc. Tous ces bons conseils ne sont évidemment destinés qu'à rassurer ceux qui les profèrent. Même si les camarades de l'adolescent en difficulté souhaitent lui venir en aide, la crainte de « mal faire », d'aggraver la situation ou de voir leurs sollicitations être rejetées par un « occupe-toi de tes affaires ! », limitent leur élan à proposer un support ou des alternatives satisfaisantes.

Cela ne signifie pas que les adolescents soient incapables de s'entraider, voire de s'étayer au moins momentanément lorsqu'ils sont en situation difficile. Ils ont d'ailleurs plus souvent l'impression manifeste de pouvoir se soutenir entre eux que de l'être par les adultes référents auxquels ils ont affaire. Ce fantasme courant prive de gratifications nombre de professionnels, mais correspond à un mécanisme normal de réappropriation qui est plutôt bon signe. Il se développe précisément lorsque les adolescents ne se sentent pas abandonnés par les adultes qui les encadrent ou qui les soignent. Des adolescents laissés livrés à eux-mêmes se sentent impuissants, démunis, le spectre de l'abandon parental réactivant les angoisses liées à leur propre histoire. Au contraire, la présence d'adultes offrant un étayage rassurant leur permet de développer des capacités d'entraide, parce qu'il n'y a pas de menace narcissique immédiate : « Je peux me reconnaître dans l'autre sans me perdre » et, si l'angoisse est trop forte, « je peux m'en détourner et demander de l'aide aux adultes qui m'entourent ».

L'adolescent en crise et son cercle de camarades ou d'amis attendent en fait des adultes l'assurance d'une référence contenante à laquelle ils savent pouvoir avoir accès, en cas de besoin. Celle-ci ne doit pas les menacer par des intrusions non consenties, ni apparaître comme l'ultime recours tout-puissant face à des sentiments intolérables d'incapacité à soulager l'un des leurs. Pour les adolescents, solliciter l'aide d'un adulte référent dans ce contexte, ne peut se concevoir en termes d'abandon, de dénonciation ou d'échec. La densité des demandes exprimées envers les professionnels est en grande partie proportionnelle à l'aptitude dont ces derniers font preuve pour reconnaître les adolescents pairs comme d'authentiques médiateurs. Cette attitude d'ouverture s'avère d'autant plus importante que les jeunes ayant des idées de suicide se rendent rarement par eux-mêmes chercher de l'aide auprès d'un adulte référent avec ce motif. La visite à l'infirmerie et son alibi somatique en sont, nous l'avons vu, une illustration. De façon non moins courante, l'accompagnement spontané d'un élève par l'un de ses camarades vers tel ou tel professionnel ne doit pas être systématiquement considéré comme fortuit. L'accompagnant peut être celui qui se sent le plus interpellé ou le plus culpabilisé par l'état du camarade qu'il conduit vers l'adulte référent. La démarche qui est la sienne comporte parfois un besoin de réassurance personnelle qui est un préalable à l'expression directe de sa propre demande. Selon l'attitude de l'intervenant à son égard et la manière dont ce dernier gérera le cas du camarade qu'il accompagne, l'intéressé accordera ou non sa confiance. Cette situation est, en somme, une sorte d'examen de passage de l'adulte concerné. Elle peut revêtir d'autres formes comme celle, classique, de la demande d'avis déguisée. « Monsieur, j'ai une copine qui a des idées noires ; qu'est-ce que je dois faire pour les lui enlever ? », demande Sylvaine qui est en réalité l'objet de telles affres. Il appartient à l'intervenant de ne pas brutalement démasquer l'adolescent, sous prétexte qu'il n'est pas dupe, mais d'offrir une surface d'échange possible dont peut s'emparer la jeune fille pour réfléchir à ses douloureuses interrogations : « Si ta camarade s'adressait à moi, j'aimerais parler avec elle de ceci ou de cela... »

Retenons en tout cas, qu'à l'école, les adultes sont souvent sollicités en fonction de ce que dit d'eux la rumeur scolaire (« Mme C. est sympa », « M. A. est une vraie porte de prison »...). Les jeunes ne s'adressent jamais à quelqu'un en qui ils n'ont *a priori* pas confiance.

Qu'attendre des professeurs ?

Faire part ouvertement de ses idées noires à un enseignant est évidemment difficile. Le message est généralement émis avec beaucoup d'ambiguïté, par exemple à la faveur d'un devoir.

Victor, 18 ans, rend à son professeur de philosophie un devoir portant sur « la liberté ». Il y fait l'apologie du « droit à mourir dans la dignité » en concluant par ces termes : « [...] Nous sommes nombreux à considérer que la vie ne vaut pas la peine d'être vécue. On ne choisit pas de venir au monde, on n'a rien demandé ; nos parents veulent que nous vivions par pur égoïsme. Autour de nous, il n'y a que misères et désolations. Le monde entier se fiche pas mal de la peine et de la misère, car le monde est complètement pourri. Alors, à quoi bon continuer à vivre dans ce monde-là. Qu'on nous laisse mourir en paix plutôt que de chercher à nous ranimer de force [...] ». L'enseignant montre la copie au proviseur afin d'obtenir un conseil et de déterminer une réponse adaptée. Au cours de leur discussion, ceux-ci hésitent à en informer ou non les parents. « Ils ne veulent pas braquer le jeune homme ». La décision finalement prise est que le professeur « convoquera d'abord Sébastien à la fin du cours suivant pour parler avec lui du contenu de sa copie ».

Beaucoup d'enseignants se montrent perplexes quant à l'attitude idéale à adopter en pareil cas. Comment discerner la simple provocation, dont sont coutumiers les adolescents, d'un véritable appel de détresse méritant d'être entendu ? Et si message explicite il y a, comment intervenir de la manière la plus adaptée ? On sait que la mort est une préoccupation normale et structurante à l'adolescence. Dans sa quête de réponses aux tensions affectives qui parfois le submergent, l'adolescent s'interroge et interpelle plus ou moins directement son entourage sur ses origines et sur son identité. Ce questionnement – qui convoque le passé et le présent – débouche nécessairement sur l'angoissante question du futur. La route est longue avant que d'accepter (si tant est que chacun puisse réellement l'accepter un jour) ce qui fonde l'existence : « Naître pour mourir. » L'adolescence est avide de repères et de symboles destinés à baliser ce temps de profonde métamorphose.

Dans le désir d'interpellation des adultes qui l'anime à ce propos, mais aussi pour exorciser l'angoisse que la mort suscite en lui, l'adolescent adopte couramment des attitudes volontiers provocatrices :

tenues morbides (maquillage et vêtement noirs, croix arborées en pendentifs, etc.), croquis ou insignes macabres (têtes de mort, cercueils...), engouement pour les musiciens *hard* ou *destroy* (*Suicidal tendencies*, *No future*, Kurt Cobain...). De tels comportements deviennent inquiétants lorsque le sujet ne trouve plus dans ces représentations le support d'une circulation fluide entre le réel et l'imaginaire. Lorsqu'il devient prisonnier de ces évocations, son champ de conscience est envahi par une idéation morbide qui traduit la mise en panne de son imaginaire. Le symbole est, en quelque sorte, réduit à l'état basal de signe extérieur. Tout est alors question d'amplitude, de durée et d'association ou non avec d'autres indicateurs de risque.

Il est évident qu'une copie de philosophie du type de celle dont nous venons de parler, place le professeur dans une position d'interlocuteur ou de témoin désigné qui ne doit pas rester sans réaction. Aucun adolescent ne sera surpris qu'un adulte référent souhaite discuter avec lui d'un tel sujet. L'échange proposé permettra d'ailleurs à l'élève d'évoquer, s'il le souhaite, en quoi son histoire ou son vécu personnel l'amène à prôner des considérations philosophiques extrémistes sur un thème aussi sensible, qu'en l'occurrence, le « droit à mourir ». Derrière de telles revendications se cache en effet une détresse pudique qui ne peut être exprimée qu'auprès de quelqu'un se montrant apte à la recevoir en face, sans la réduire ou la juger. La pudeur n'est jamais que la peur du regard de l'autre sur soi. Or, pouvoir reconnaître la souffrance de l'élève sans détourner le regard suppose, de la part de l'enseignant, l'acceptation de son engagement dans la relation.

Cela ne veut pas dire que l'adulte référent ait à livrer quoi que ce soit concernant sa propre histoire ; il n'est pas question non plus qu'il se lance dans une sorte de combat dialectique pour anéantir les « mauvaises idées » dont l'adolescent se sent envahi, en opposant à son vécu force démonstrations puisées dans le registre de la logique ou du rationnel. L'engagement dans la relation est une forme d'exposition de soi, en ce sens qu'on ne peut échanger à propos d'un thème aussi grave sans réveiller de sourdes angoisses ou interrogations personnelles.

Reconnaître la souffrance de l'autre, consiste précisément à lui communiquer le ressenti que provoque son comportement ou son discours. C'est pouvoir dire, si on le croit : « Moi qui suis ton enseignant, je me fais beaucoup de soucis pour toi en ce moment parce que j'ai l'impression que tu ne vas pas bien du tout ; je pense même que tu peux avoir des idées noires. » Cette ouverture vers l'autre peut ou non être acceptée par l'adolescent. Elle l'est en pratique très souvent lorsqu'elle est formulée en ces termes, car elle témoigne d'une volonté de dire ce que l'on pense sans contraindre l'élève à se justifier ; sans non plus dénier ou banaliser sa souffrance. L'adolescent reste libre d'entrer ou de rester sur le seuil de cette porte ouverte. Il n'a donc pas le sentiment de risquer d'être dépossédé de quelque chose. On ne cherche pas à extorquer de lui quelque aveu ou confidence qui tiendrait d'un interrogatoire de police. Même s'il ne va pas plus avant dans l'échange, le jeune sait que cet adulte-là le respecte et reconnaît sa détresse. Ce peut être d'ailleurs suffisant dans un certain nombre de cas. Lorsque ça ne l'est pas, il appartient à l'adulte de le signifier clairement et de se positionner non moins précisément : « Je crois que tu as des difficultés sérieuses. Nous en avons un peu parlé. Je pense que tu devrais faire le point beaucoup plus en profondeur que nous ne l'avons fait, avec quelqu'un dont c'est le métier. Tu devrais aller voir de ma part telle ou telle personne (l'infirmière, l'assistante sociale, le médecin, le psychologue...). »

Le problème est que, bien souvent, la crainte de s'engager dans la relation est du côté des adultes : peur d'être tourné en ridicule, peur de soulever une idée que l'élève n'aurait jamais eu, peur de ne pas pouvoir argumenter positivement son opinion, etc. Au pire, certains campent sur des positions qui sont autant d'idées reçues n'apaisant que ceux qui les formulent : « Un suicide annoncé est une forme de chantage ou de provocation qui ne fait pas peser grand risque. » Or, la plupart des gestes suicidaires ont été, sinon annoncés, du moins explicitement envisagés par leurs auteurs. Il convient d'attacher une importance similaire aux propos ou écrits « directs » (« Je vais me foutre en l'air... », « bientôt, vous ne m'aurez plus sur le dos »...) et à ceux qui le sont moins (« Si ça continue... », « j'en ai marre de tout »...). De même, le don récent d'objets significatifs – sorte de testament anticipé – doit attirer l'attention lorsqu'il frappe l'entourage par son excès ou son incongruité (guitare, cassettes musicales, vélomoteur...).

Il n'en demeure pas moins qu'en présence d'un adolescent identifié comme « à risque », de nombreux enseignants se posent la question du partage de l'information avec leurs collègues.

Judith, 17 ans, vient de se confier à Mlle B., son professeur d'anglais. À la fin du cours, elle s'est d'abord effondrée en pleurant sur sa table, ne quittant pas la classe comme ses camarades. Mlle B. s'est rendue auprès d'elle, interrogative : « Qu'est-ce qui ne va pas Judith ? Tu as un problème ? » Dans un premier temps, Judith n'a pas répondu. Elle a voilé son visage avec ses cheveux et détourné la tête. « Judith, je ne veux pas te faire dire ce que tu ne voudrais pas me dire, mais je constate que quelque chose ne tourne pas rond. J'aimerai t'aider si je le peux... Est-ce que c'est en classe qu'il y a un problème ? » La jeune fille a relevé la tête et, toujours cachée par sa coiffure, a déclaré : « De toute façon, vous n'y pouvez rien... Je vais faire ce que j'ai à faire... » Son professeur a perçu, dans le ton de Judith, une menace inquiétante. Elle dira plus tard qu'elle a alors senti que l'adolescente « pouvait faire une bêtise ». Mlle B. a repris la dernière phrase de l'élève : « Quand tu me dis que tu vas faire ce que tu dois faire, j'ai l'impression que tu as pris une grave décision... Peut-être que je ne peux rien y changer, mais j'aimerai que tu m'en parles » Judith s'est arrêtée de pleurer. Elle a gardé le silence un long moment puis a dit : « Dans trois jours, c'est mon anniversaire. Avoir 18 ans, pour moi, c'est impossible. Mon père est mort deux mois avant ma naissance. J'ai décidé d'aller le rejoindre. Mais je vous demande une chose : promettez-moi de n'en parler à personne... C'est un secret entre nous... De toute manière, je ne changerai pas d'avis. »

Face à de telles confidences, l'attitude de l'enseignant s'avère déterminante. La question n'est pas tant de savoir s'il y a ou non appel plus ou moins théâtralisé de la part de l'adolescent. Capter l'attention de l'autre n'est pas réductible à « faire une comédie », parce que ce serait supposer – comme dans le cas des pleurs de Judith – que la mobilisation de l'adulte est sciemment recherchée et que la souffrance est inauthentique. Peu importe également que l'adolescent « pense réellement faire ce qu'il prétend projeter ». Tout intervenant se doit de partir du principe que ce qui est annoncé est susceptible de se produire. Accepter de garder cet impossible secret pour soi, c'est admettre tacitement la mort de l'autre, formule qui, chez l'adolescent, se transformera en indifférence, rejet, encouragement à passer à l'acte, voire désir meurtrier de la part de l'adulte auprès de qui il s'est confié. Ne dit-on pas «rester muet comme une tombe» ?

Trop d'adultes pensent trahir le jeune concerné lorsqu'ils envisagent d'en parler avec leurs collègues. « C'est à moi que l'élève s'est confié, c'est à moi qu'il revient de trouver une issue favorable », pensent certains, oubliant que leur personne représente aussi l'institution toute entière. La vraie trahison, tant vis-à-vis de l'intéressé que des autres adultes, ce serait de nier cette évidence : dans tout établissement, chaque intervenant engage, à travers ses propres attitudes, l'ensemble du système auquel il appartient. Garder le secret ou ne pas dire à l'adolescent que l'on va parler de lui à ses collègues, revient au même : c'est la négation de l'autre. Il convient au contraire de lui signifier le plus clairement possible : « Ce que tu me dis est très grave. Je ne peux rien faire du secret que tu me demandes de garder, sinon m'en sentir prisonnier, otage. Je dois en parler avec mes collègues même si c'est à moi que tu t'es adressé et que tu pourras t'adresser encore. Nous sommes tous concernés par ta souffrance. »

L'identification d'un référent va de pair avec le partage des informations entre tous les intervenants, afin que ceux-ci adoptent, comme nous l'avons vu, une conduite à tenir solidaire et cohérente. Cela suppose des moments et des lieux pour se parler, ce qui n'est pas sans poser des problèmes au sein des établissements scolaires.

En présence d'un adolescent en détresse, le rôle des enseignants se limite-t-il à sa reconnaissance et au partage des informations et des attitudes le concernant ? Certes, les professeurs n'ont pas à se comporter comme des thérapeutes ou des travailleurs sociaux. Leur fonction principale est bien d'enseigner en évitant autant que possible de rendre confus leur domaine de compétence. Mais certains enseignants se saisissent un peu trop facilement de cette délimitation pour se replier dans un évitement consternant de tout ce qui ne s'applique pas directement à leur discipline. « Ne rien faire vaut mieux que de mal faire » ajoutent-ils, tout en dénonçant pourtant cette même assertion lorsqu'elle concerne le strict champ éducatif.

Connaître et définir ses limites d'intervention ne signifie pas les réduire à leur plus simple expression. En dehors des parents, les enseignants sont les adultes les plus en contacts directs avec les jeunes. Ils ont, de ce fait, une place d'observateurs et de témoins privilégiés du mal-être de certains de leurs élèves. À ce titre, ils peuvent être les premiers à identifier des signaux d'alarme passés inaperçus ou banalisés dans le milieu familial. Il leur est possible d'en mesurer le retentissement sur la scolarité et les relations inter-personnelles et, nous l'avons vu plus haut, de favoriser l'expression verbale de la souffrance psychologique ressentie par les adolescents concernés. Leur rôle ne se limite pas là. En établissant une relation de confiance avec l'élève en détresse, c'est-à-dire sans hypocrisie ni faux-semblant, les enseignants peuvent devenir de véritables relais quand tout leur indique que leur intervention ne suffit plus. Ils disposent pour cela des ressources offertes par d'autres professionnels au sein de l'établissement : conseiller principal d'éducation, infirmière, assistante sociale, médecin et psychologue scolaires...

Il ne s'agit pas de dramatiser ce passage de compétence sur le ton du « ton cas est trop grave pour moi ». Il n'est pas question non plus de laisser croire à l'introduction d'un « joker » dans le jeu relationnel, en vantant naïvement la magie du professionnel à qui on veut adresser l'adolescent (« tu verras, l'assistante sociale va débloquer ta situation »).

L'attitude la plus adaptée consiste à indiquer clairement le rôle et les attributions de chaque intervenant, ce qui permet de définir les limites de son propre champ de compétence et d'aider le jeune à comprendre la démarche suggérée. Cet accompagnement symbolique – qui propose un nom, assorti d'une fonction – ne sera pas, dans ces conditions, vécu comme rejetant. Il n'empêchera aucunement l'enseignant de demeurer – dans le domaine qui est le sien – un référent accessible si l'adolescent le souhaite. De telles situations sont fréquentes. Elles nécessitent de la part des professeurs qu'ils conservent une position « claire », c'est-à-dire ni intrusive ni confuse. Personnes ressources ils sont, mais chargés d'enseignement et d'évaluation scolaire ils restent.

Virginie, élève de première L, a été absente pendant trois semaines au cours de son second trimestre. Toute la classe sait « qu'elle a fait une dépression et tenté de se suicider ». La jeune fille a repris sa scolarité depuis une semaine mais ne remet aucun devoir ; elle ne répond pas quand on lui demande d'aller au tableau pour être interrogée. Elle semble isolée de ses camarades et reste également sans réaction lorsque ceux-ci s'adressent à elle. Deux enseignants sont convaincus que Virginie « promène tout le monde en bateau et qu'elle s'est trouvée un alibi pour ne plus rien faire en cours ». Les autres sont inquiets parce que l'adolescente ne manifeste pas à proprement parler d'opposition hostile ; elle fixe tristement son interlocuteur lorsqu'on la sollicite et se retranche dans un mutisme complet. « Elle a l'air complètement détachée de tout », résume son professeur d'éducation physique et sportive, « qui a essayé de la faire bouger un peu ». Il a également remarqué en sport « des traces fraîches de coupures » sur ses avant-bras et pense « qu'elle est capable d'aller plus loin ». C'est à la demande de cet enseignant qu'une réunion est organisée en salle des professeurs avec quelques collègues. Tous constatent qu'aucun d'entre eux n'a pu récemment dialoguer avec Virginie. Au moment où celle-ci a repris le lycée, ses parents ont rencontré Mme G., professeur de français, pour lui « faire part de leur inquiétude ». Cette information « avait échappé à tout le monde ». Au terme de leur concertation et en accord avec le proviseur, les enseignants décident de demander au médecin scolaire de voir Virginie et de juger si son état nécessite ou non une prise en charge psychologique. Le surlendemain, l'adolescente est admise en milieu spécialisé où le diagnostic de « dépression atypique » sera évoqué puis ultérieurement confirmé par la mise en évidence de « troubles graves de la personnalité de la série psychotique ».

Le médecin scolaire et la place qui lui est faite

Dans le cadre de difficultés psychologiques, le médecin scolaire est rarement consulté par les élèves en première intention. Ici ou là, les caricatures ont la vie dure et ce praticien est souvent perçu, à tort, exclusivement comme celui qui « examine, toise et vaccine ». D'autre part, sa disponibilité ne lui permet pas d'être aussi présent dans l'institution que l'infirmière ou l'assistante sociale, ce qui n'est pas sans conséquence sur la place qu'on lui accorde dans l'institution. Les médecins scolaires sont malheureusement peu nombreux[1] et les permanences qu'ils assurent sont, par nécessité, limitées. Il leur est certes possible de dépister l'état d'un adolescent en souffrance lors de la visite médicale prévue au cours du cycle secondaire. Mais c'est généralement par le biais de l'infirmière, de l'assistante sociale ou du corps enseignant qu'ils sont amenés à voir en urgence un élève en détresse. Parce que leur présence est réduite et que leur fonction reste mal reconnue dans certains établissements, les médecins scolaires déplorent à juste titre de ne pas être toujours sollicités à temps lorsqu'un élève ne va pas bien. Cela est vrai en amont, quand un jeune commence à inquiéter la communauté enseignante ; c'est également habituel lors du retour d'un jeune suicidant en milieu scolaire : qui se soucie alors de les informer des problèmes que connaît l'adolescent ? Il est rare que les médecins hospitaliers ou de ville prennent contact avec leurs confrères de santé scolaire. On évoque, pour se justifier, la défense du secret professionnel comme si le médecin de l'école n'y était pas assujetti ; ou encore, le fait que l'élève concerné ne souhaite pas que l'institution qu'il fréquente soit tenue au courant de ce qui s'est passé. Il ne s'agit évidemment pas de ficher le sujet à son insu, ni de transmettre des informations détaillées le concernant sans obtenir son consentement. Il ne s'agit pas non plus de forcer l'intimité psychothérapique en exigeant de l'adolescent ou de son thérapeute des renseignements qui n'ont pas lieu d'être répandus hors du cadre de la relation duelle. Ces faux débats ont souvent d'autres objectifs, moins louables, que le respect du sujet ou du soignant. Les positions hermétiques sont regrettables car elles nient la place qu'occupe la médecine scolaire dans le suivi des élèves. Savoir

1. Il y a environ 1 500 médecins scolaires soit, en moyenne, un pour 10 000 élèves dans les établissements français.

si l'adolescent est ou non en traitement est une information légitime, sans qu'il soit nécessaire d'en connaître les modalités exactes et encore moins le contenu. Il importe au médecin scolaire de pouvoir apprécier si l'intéressé est ou non en mesure de reprendre une scolarité normale. En outre, rencontrer le sujet dans les jours qui suivent son retour à l'école peut être particulièrement utile et mobilisateur. Tout en signifiant à l'élève qu'il n'est pas question que son geste suicidaire soit connu de tous, le praticien peut l'aider à comprendre l'objet de sa crainte, envisager avec lui une rencontre avec ses parents, le renseigner sur les structures relais disponibles, etc. Lorsque cela paraît nécessaire, le médecin est en mesure d'effectuer une synthèse avec l'infirmière et l'assistante sociale à propos du cas d'un élève en grande difficulté. Si besoin est, ce travail est susceptible d'impliquer des professionnels extérieurs à l'établissement (éducateur, assistante sociale de secteur...), afin de déterminer une conduite à tenir adaptée. Il entre également dans les attributions du médecin scolaire de susciter des réunions d'information et de prévention destinées aux adultes (professionnels, parents d'élèves) ou aux jeunes. Nous verrons que son rôle est enfin primordial dans la gestion institutionnelle d'un événement aussi dramatique que le décès par suicide d'un élève.

L'assistante sociale et les « cas sociaux »

Comme l'infirmière d'établissement, l'assistante sociale scolaire est un acteur relais et médiateur de premier plan. Certains adolescents s'adressent d'abord à elle, parce qu'ils attribuent leur mal-être à des difficultés sociales ou familiales actuelles. Ils évoquent les conséquences que provoquent la séparation parentale, l'existence de conflits relationnels au sein de la famille, le deuil d'un être cher, leurs problèmes financiers, etc. Parfois, la disproportion paraît flagrante entre la gravité de l'événement relaté et son retentissement sur l'état psychologique de l'élève. Ce peut être un attachement affectif que personne n'aurait pensé aussi important, comme dans le cas de Chloé, 16 ans, pour qui « il est difficile de supporter la vie de famille depuis que son chien est mort, lui qui était son seul vrai compagnon ». L'adolescent n'a pas nécessairement conscience de ce qui se joue au travers du facteur déclenchant présenté. Dans d'autres cas, il est sciemment avancé pour tester les réactions de l'interlocuteur, avant de s'engager dans des confidences plus intimes, donc plus menaçantes. Cet aspect est d'importance, car il détermine ce qui pourra être dit ou tu en fonction de l'attitude plus ou moins facilitatrice de l'intervenant. Centrer l'échange sur les préoccupations purement matérielles de l'élève, ne pas saisir au vol l'allusion que celui-ci ferait à un traumatisme passé ou actuel, constituent autant d'évitements en réponse à une attente d'aide que le sujet ne peut directement formuler.

Fatima, 17 ans, effectue un BEP sanitaire et social dans un établissement situé en zone d'éducation prioritaire. Elle a récemment confié à Sonia, l'une de ses camarades, « qu'elle aimerait s'endormir et ne plus se réveiller, tellement elle a de problèmes ». À Sonia, elle a expliqué les difficultés qu'elle a avec son petit ami. Ce dernier, dit-elle, « voudrait coucher avec elle » ; Fatima ne veut pas, « parce qu'elle se sent bloquée ». Elle craint que Johan ne la quitte pour cette raison. Elle dit aussi « s'engueuler tout le temps avec ses parents qui ne la comprennent pas » ; son père serait « violent envers elle et ses trois sœurs, alors qu'il laisse tout faire à Mustapha et Karim, ses deux frères aînés ». Sonia lui conseille d'aller voir Mme B., l'assistante sociale « qui a l'air sympa ». Elle obtient rapidement un rendez-vous « pour parler de problèmes de famille ». Lors du premier entretien, Mme B. note que Fatima « parle en baissant les yeux et qu'elle semble triste, bloquée, comme si elle n'arrivait pas à s'exprimer... ». La jeune fille évoque « des problèmes sentimentaux » sans en dire plus à ce sujet. En revanche, elle fait part de conflits « culturels » : « Je suis fière d'être Maghrébine mais je ne me sens pas musulmane... Je me sens Française... Mes parents et mes frères ne supportent pas ça... Ils m'interdisent tout, ils me traitent de petite pute. » Mme B. « propose une rencontre familiale pour en parler » et demande à Fatima d'y réfléchir. Elles se reverront dans quelques jours. Lors de sa seconde visite, la jeune fille s'effondre en pleurs : « J'arrive pas à en parler... C'est terrible... Mon oncle m'a touché... Il voulait que je lui fasse des trucs dégueulasses... J'ai commencé à le dire à ma mère, elle a pas voulu me croire... Elle m'a traité de salope ; mon père m'a flanqué une dérouillée... Je m'en fous, s'il me touche encore une fois, je le crève... Après, j'irai me foutre en l'air, ils me le payeront tous ! » Fatima accepte de rencontrer rapidement le médecin scolaire avec Mme B. ; elle n'est pas opposée à ce que ses parents soient reçus, à condition « qu'elle, Fatima, n'assiste pas à l'entrevue et qu'on ne dise pas ce qu'elle a confié ». L'adolescente ajoute que « le pire qui pourrait arriver c'est que son oncle aille en prison... Elle deviendrait alors le paria de la famille ».

À l'école, l'assistante sociale est mieux placée que quiconque pour recevoir des révélations sur des faits jusque-là ignorés de tous. Plusieurs entretiens sont parfois nécessaires pour que l'adolescent se sente en confiance. La peur d'être trahi, celle d'être jugé ou encore la crainte des conséquences pratiques qu'auraient ses confidences, demandent à être désamorcées avec patience, douceur et franchise. Au besoin, le principe de réalité doit être clairement rappelé mais assorti de modalités d'action ou d'accompagnement ne laissant pas le sujet seul et désemparé face à son problème. Christelle, 17 ans, a pu dire à l'assistante sociale scolaire « le secret horrible qui la ronge » : elle est enceinte de son frère ; le suicide lui semble être « la seule solution pour éviter l'infamie ». L'intervenant convaincra la jeune fille que cette révélation impose une série de procédures qu'elle l'aidera à assumer avant, pendant et après leur instauration. Elle lui exposera sans détour les grandes lignes des mesures à prendre, en lui rappelant ce que la loi prévoit dans de telles situations et comment elle tient compte des différents paramètres matériels, relationnels et affectifs : rencontres avec les parents, examen médical et protocole d'interruption volontaire de grossesse, signalement administratif commenté et rencontres avec le juge des enfants, soutien psychologique, etc. Au cours du déroulement de ces démarches, l'assistante sociale restera le lien que l'adolescente pourra maintenir avec l'école, afin de poursuivre sa scolarité sans devenir une « pestiférée ».

Le cas de Christelle n'est certes pas l'un des plus fréquents. Nous avons vu cependant que l'idéation suicidaire chez les jeunes filles est – beaucoup plus souvent qu'on ne le croit – liée à un vécu sexuel traumatique. Une grossesse non désirée, un viol, des attouchements ou un passage à l'acte incestueux, génèrent une souffrance psychologique d'autant plus grande que l'adolescente qui en est l'objet éprouve d'intenses sentiments de honte et de culpabilité. Ce sont d'ailleurs ceux-ci qui expliquent en grande partie le silence dans lequel s'enferme la victime, l'incapacité d'en parler contribuant à induire des idées de suicide.

Il en est de même des violences physiques intra-familiales que le sujet subit ou dont il est témoin : sévices corporels punitifs pouvant aller jusqu'à la torture, rixes parentaux incessants, etc. L'alcoolisme de l'un ou l'autre parent est courant, donnant à l'atmosphère familiale ces mouvements relationnels cycliques si caractéristiques, marqués par l'alternance de crises et de réconciliations. Dans les cas extrêmes, l'impulsivité et l'instabilité se nourrissent de facteurs socio-économiques très défavorables (chômage, difficultés d'intégration ethnique, exclusions et précarités diverses...).

Phong est une jeune Cambodgienne de 15 ans, dont les membres de la famille se sont établis en France depuis huit ans, au titre de réfugiés politiques. Son père, artisan ébéniste de formation, « ne s'est jamais adapté » à son expatriation forcée. « Il a sombré dans l'alcool » et « passe de petits boulots en petits boulots ». La mère de Phong a un emploi d'agent d'entretien dans une grande entreprise. « Elle refuse de parler français » et vit repliée, « ne voyant même plus les cousins (réfugiés eux aussi et habitant dans une banlieue proche) ». La jeune fille rencontre Mme B., l'assistante sociale scolaire, à la demande d'un de ses professeurs : elle s'est présentée en cours le visage tuméfié, « refusant de dire ce qui lui était arrivé ». À Mme B., Phong dit « s'être cognée la tête toute seule pour se calmer » ; elle exhibe ses poignets lacérés par de multiples scarifications : « Je me fais du mal, parce que je me déteste. » L'assistante sociale lui demande de parler de ce dont elle se souvient de son pays, de raconter l'histoire de sa famille. Au fur et à mesure de l'entretien, Phong se détend et se montre plus prolixe. Mme B. note que son discours est empreint de mots évocateurs d'un passé très traumatique : « bain de sang », « boucherie », « cris horribles », « bébé décapité », etc. Elle reproche à sa mère de refuser d'en parler tandis qu'elle excuse son père « d'être pris par la boisson qui le rend méchant ». C'est en abordant ce sujet que Phong finira par dire : « Il m'a frappé la tête, il est comme fou quand il a trop bu [...] Il est malheureux, je ne lui en veut pas mais ça me donne envie de faire ça (elle montre ses poignets) parce que j'ai la rage... »

Certaines situations de mal-être semblent provoquées par un événement précipitant actuel d'un tout autre ordre : succession de ruptures sentimentales, tensions relationnelles intra ou extra-familiales, échecs scolaires répétés... Sans intrusion excessive, mais en n'hésitant pas à demander à l'adolescent comment il s'explique ce qui lui arrive plutôt que pourquoi il en est là, l'assistante sociale scolaire favorise l'établissement d'associations psychiques permettant au sujet d'envisager d'où vient sa souffrance.

Lorsque ce dernier fait état de violences ou de conflits au sein de son entourage, il est utile qu'elle lui demande d'en préciser la nature, afin de lever d'éventuelles ambiguïtés et d'éviter tout malentendu. Ce faisant, l'intervenant invite l'intéressé à décrire son histoire personnelle et à l'inscrire dans celle de sa famille. Il est alors fréquent que l'idéation suicidaire soit clairement énoncée lorsque le jeune se sent en confiance pour aborder les aspects les plus douloureux de son histoire. Certains événements actuels ravivent en lui des expériences antérieures de perte ou de dépossession de lui-même qu'il voulait vainement oublier : antécédents personnels et familiaux de traumatismes sexuels, de violences physiques, de carences affectives liées à un abandon parental en bas âge ou à une séparation trop précoce. La révélation soudaine de secrets jusque-là entretenus par l'entourage et dont le sujet a été exclu, s'avère également traumatique. Qu'il s'agisse d'une filiation inconnue ou honteuse, d'une fratrie parallèle cachée ou du suicide d'un proche présenté comme une mort accidentelle, de telles découvertes suscitent des blessures narcissiques pouvant faire naître une idéation suicidaire majeure. Le fait que ces ruptures d'historicité familiale se reproduisent d'une génération à l'autre est, à cet égard, troublant. La prégnance de mécanismes psychologiques défensifs empêche très souvent l'adolescent concerné d'en repérer consciemment la trame. En l'amenant à évoquer ce qu'il sait ou ce qu'il suppose à propos de sa famille, l'assistante sociale aide le sujet à se situer et à établir des passerelles qui constituent autant de pistes de réflexion sur ce qu'il éprouve et sur la genèse de ce qu'il ressent.

L'intervention de ce professionnel ne se limite donc pas à un simple constat social qui, à partir de ce qui est décrit, conduirait à prendre telle ou telle mesure. Elle comporte une réelle dimension thérapeutique qui s'ajoute à celles des autres intervenants, puisqu'elle favorise la restauration narcissique et contribue à ce que le sujet puisse donner du sens à sa souffrance.

Ces effets mobilisateurs sont d'autant plus actifs qu'ils intéressent aussi les parents. À travers les rencontres qu'elle peut proposer à ces derniers (en présence ou non du jeune), l'assistante sociale permet à chacun de définir sa position et, bien au-delà, de s'interroger sur la nature des liens affectifs qui les lient ou sur l'importance des fractures éventuelles qui les séparent. Si procédure ou projet il doit y avoir, leur mise en place suppose que les parents en soient non seulement informés au plus tôt, mais qu'ils aient la possibilité de parler de leur propre vécu et de leur détresse, avant de devenir partie prenante de ce qui est envisagé. L'assistante sociale scolaire – qui n'est pas là pour juger ou condamner les protagonistes – représente, de ce point de vue, un médiateur esssentiel.

Tous les problèmes qu'elle rencontre dans sa pratique n'ont pas, heureusement, une tonalité aussi dramatique. L'adolescent suicidaire n'évolue pas toujours, loin s'en faut, dans un environnement socialement défavorisé ou manifestement pathogène. Il n'en demeure pas moins que les idées morbides qui l'animent doivent être prises en considération avec un même souci : celui d'aider le sujet et son entourage à sortir de l'impasse où ils se trouvent. Toute idéation suicidaire repose sur un état de souffrance psychologique dont les causes, on l'a vu, ne sont pas nécessairement « criantes ». Certes, beaucoup d'adolescents suicidants évoluent dans des familles marquées par les pertes, les ruptures et la précarité tant des relations que des conditions de vie. Mais ces réalités – comme celles des événements traumatiques majeurs dont nous venons de dresser une liste noire – ne doivent pas faire oublier l'existence de situations de détresse dans des familles où, en apparence, « tout semble aller très bien ».

Émilie M., 18 ans, est élève de terminale L. Ses parents sont tous deux représentants de commerce et disent entretenir « les meilleures relations » avec leurs deux filles. Sophie, la cadette, est en pension dans un collège privé : « À sa demande, parce qu'elle ne s'entendait pas du tout avec l'aînée », dit leur mère. Au cours du trimestre, Émilie a fait deux tentatives de suicide par ingestion de somnifères. Mme M. a rencontré le chef d'établissement pour « en parler, lui dire que beaucoup de drogue circule dans le lycée et qu'elle est convaincue que sa fille est l'objet de racket, d'où sa série de gestes suicidaires ». La jeune fille a de mauvais résultats scolaires malgré son redoublement ; elle pense de ne pas avoir son Bac, « mais s'en fiche un peu : l'an prochain, ses parents vont l'inscrire dans un cours qui prépare à des carrières internationales ». Son absentéisme est important. Il est « systématiquement couvert par les parents » au moyen de mots d'excuse, alors que l'adolescente est régulièrement vue dans des cafés de proximité au lieu d'être en cours. Mme M. refuse de rencontrer l'assistante sociale parce que « la famille n'est tout de même pas un cas social ». À cette professionnelle qui la reçoit, Émilie exprime le besoin « d'excuser la réaction de sa mère », puis parle « d'envies irrésistibles de faire des conneries ». Elle dit « fumer des pétards tous les jours ». « Mes parents ne sont pas au courant », ajoute-t-elle en souriant, bien qu'elle leur demande des sommes d'argent importantes. « Ils me donnent tout ce que je veux... J'ai des parents hypersympas ». L'adolescente ne comprend pas «pourquoi» elle fait des tentatives de suicide. « Il y a des jours où j'ai la super forme, d'autres où je me mets à déprimer pour un rien. » C'est au cours de la psychothérapie qu'elle débute quelques semaines après cet épisode qu'Émilie précise : « J'aimerais que mon père me dise quelque chose quand je sèche les cours... Qu'il m'engueule, ça ne me plairait pas mais au moins je saurais qu'il ne se fiche pas de moi... Au lieu de ça, il me renvoie toujours vers ma mère qui me fait des mots sans rien me demander... Mes parents, pour eux, tout donner, c'est filer du fric... »

Rien ne manque sur le plan matériel mais les repères et les témoignages d'affection font cruellement défaut. L'absence du père, l'omnipotence plus ou moins possessive de la mère, les situations de rivalité œdipienne non résolues, se conjuguent fréquemment au flou des limites entre générations et aux ambiguïtés relationnelles de tous ordres. De telles configurations peuvent conduire l'adolescent en souffrance à passer à l'acte en réponse à un facteur déclenchant donné (déception sentimentale, dispute, frustration affective...), sans qu'il n'ait accès à ce que sous-tend son geste. Il arrive que l'assistante sociale scolaire soit consultée lorsque le sujet souhaite trouver une solution à son mal-être qui soit « extérieure à lui », c'est-à-dire qui ne l'oblige pas à se remettre en question.

La demande passe alors souvent par la résolution, dans le réel, de la situation jugée intolérable. L'assistante sociale est investie comme une sorte de magicienne capable de résoudre les aspects financiers et matériels inhérents au projet que l'intéressé destine à « la disparition de son problème ». Ainsi, par exemple, l'existence d'un conflit avec les parents peut amener le jeune à solliciter un placement en foyer, l'obtention d'une chambre en ville, etc. Le tout devant être, aux yeux de l'adolescent demandeur, rapidement mis en place et susciter le moins de contraintes possibles (liberté de mouvement, absence de mesure et de suivi socio-éducatifs, consultation psychologique « facultative »...). « Je ne peux pas rentrer chez moi », annonce Mélanie pour qui la nouvelle compagne de son père « rend l'atmosphère insupportable à la maison », avant de préciser à l'adresse de l'assistante sociale : « Ce n'est même pas la peine de le rencontrer, il en est mordu, vous perdrez votre temps ! »

Il appartient à l'assistante sociale d'évaluer avec soin les sollicitations qui lui sont faites, ces dernières masquant d'autres réalités concrètes ou symboliques que l'intéressé cherche à fuir plutôt que d'en assumer les contraintes et de « faire avec ». La demande relève parfois de la recherche momentanée d'un allié contre les parents : « Trouvez-moi un appartement pour que moi et ma copine, on puisse enfin vivre tranquille », tente Sylvain, 17 ans, dont les velléités d'autonomie semblent contrecarrées par son père. Pour l'intervenant, l'urgence est plutôt de résister à la précipitation dans l'action, surtout lorsque celle-ci demeure isolée, voire antagoniste avec ce qui est proposé ou aménagé par d'autres professionnels. En pratique, ce principe n'est pas toujours retenu. Trop souvent, la question « quel est exactement l'objet de la demande ? » est escamotée, car traitée sans recul ni partage d'opinions suffisants. Certains intervenants éprouvent en effet un sentiment d'impuissance ou d'inefficacité lorsqu'ils n'aboutissent pas à la « mise en place d'un projet ». D'autres se saisissent de ce que l'adolescent leur déclare sans se donner le temps de confronter leurs premières impressions avec celles que leur fournirait l'entourage ou les professionnels déjà impliqués.

En outre, il n'est pas rare que l'assistante sociale soit amenée à voir un élève, non à la demande de ce dernier mais à celle du chef d'établissement qui considère que le cas de tel adolescent « à problèmes » relève d'un « traitement social ». Il y aurait beaucoup à dire sur la méconnaissance dont font parfois preuve les acteurs scolaires au sujet de leur rôle respectif et de la spécificité de leur tâche. Tour à tour considérée comme « placeuse de cas sociaux » ou « confidente de secrets gênants », l'assistante sociale n'est pas toujours reconnue à la place qui est la sienne. En dehors des situations médico-légales ou judiciaires imposant un type particulier de procédure, elle doit, quant à elle, s'efforcer de ne devenir ni l'otage de l'établissement ni le complice involontaire de l'adolescent contre ses parents. Dans tous les cas, son rôle est d'accompagner l'adolescent dans sa démarche, non de se substituer à lui. Quant au projet éventuel à mettre en œuvre, il ne peut se construire qu'en fonction d'un certain nombre de paramètres essentiels, idéalement congruents : l'implication de l'intéressé, celle de son entourage, la définition précise du partenariat intra et extra-scolaire envisagé. Faute de quoi, les plus « beaux projets » s'enliseront à court ou moyen terme, quand ils n'échoueront pas tout simplement.

Fabien, 16 ans, rencontre à sa demande Mme G., l'assistante sociale du LEP où il est scolarisé. Ses parents ont divorcé il y a trois ans. Il vit chez sa mère qui est en ménage avec Christian, son ami depuis deux ans. Le couple a une petite fille, Violaine, âgée de huit mois. Fabien « ne supporte pas le concubin de sa mère » ; il décrit cet homme de 35 ans, magasinier, comme « un abruti intégral qui aboie à tout propos ». L'adolescent évoque de nombreuses altercations dont une, très violente, survenue dix jours auparavant : « Je venais de rentrer du lycée et j'étais dans la cuisine pour me faire un casse-croûte. Il est venu m'engueuler parce que je mangeais le pâté... J'ai jeté ma tartine par terre et il m'a flanqué une baffe... Alors là, je n'ai pas supporté, c'est pas mon père ! J'ai pris le couteau et je l'ai menacé... Puis je me suis enfui dans la cour et j'ai voulu me trancher la carotide. Quand ça a saigné beaucoup, je suis parti chez les voisins. Ils m'ont ramenés à la maison et Christian a appelé le docteur. On m'a recousu à vif... Je suis sûr que ça lui plaisait à Christian de voir le docteur me recoudre comme ça... Depuis, on ne se parle plus. » Fabien montre la base de son cou où trois sutures bordent une entaille de quelques centimètres. Il voudrait aller en foyer « mais sans avoir un éducateur sur le dos ». C'est sa demande. Au terme de deux mois de travail en collaboration avec son homologue de secteur, le psychologue et deux travailleurs sociaux d'un foyer socio-éducatif, Mme G. « a pu bâtir un projet ». À la rentrée prochaine, Fabien peut intégrer le foyer N... Invité à visiter l'établissement et à y rencontrer l'équipe au cours d'une journée, Fabien nie « avoir voulu aller dans ce genre d'endroit qui n'est pas fait pour lui ». Il refuse en bloc le projet, « surtout que ça s'est arrangé à la maison..., Christian est beaucoup plus sympa avec lui, tout va bien, il s'excuse pour le dérangement. »

Il est des cas où la scolarité doit être interrompue, parce que l'élève est momentanément dans l'incapacité psychologique de la poursuivre. Une telle décision demande à être évaluée avec le sujet et ses proches ; elle suppose que des soins et un suivi soient assurés dans l'intervalle, que des liaisons s'établissent entre professionnels et que tous gardent présent à l'esprit comment seront déterminés le moment et les conditions de la reprise scolaire.

Il en est d'autres où l'on sait d'emblée que l'état psychique du sujet est durablement éprouvé. Les conditions d'une réorientation éventuelle doivent être examinées le plus tôt possible, de même que les indications et les modalités d'admission dans certains établissements assurant, en synergie, soins et scolarité[1]. Cependant, certains adolescents malades ne sont pas en mesure de suivre une, deux, voire plusieurs années d'étude. Une interruption aussi longue s'avère malheureusement rédhibitoire pour un certain nombre d'entre eux et ceux-ci ne pourront pas reprendre un cursus normal. Il y a certainement de nouveaux aménagements à imaginer ou à développer pour éviter – autant que faire se peut – d'aboutir à une telle situation. Mais il est des cas où l'on sait que la reprise scolaire est hautement improbable, sinon impossible. Il est alors de la responsabilité des intervenants de ne pas entretenir les faux espoirs auxquels tentent de se raccrocher l'adolescent et son entourage. Certains parents mobilisent en effet toute leur énergie dans la recherche éperdue d'établissements supposés pouvoir accepter leur enfant, afin de nier la pathologie dont ce dernier est porteur et de le soustraire aux soins.

Lorsqu'une séparation d'avec le milieu familial est envisagée, il est important de prendre en compte les avantages et les inconvénients que tel ou tel type de structure (internat, foyer...) présente en regard de l'établissement scolaire fréquenté. Dans bien des cas, en effet, le maintien de l'élève dans son établissement fait de l'école le point d'ancrage autour duquel peuvent s'articuler prise en charge et suivi.

L'école et ses limites d'intervention

S'il s'agit de prendre en considération tous les aspects dont nous venons de parler, il n'en demeure pas moins que la question est de savoir quels objectifs et quels moyens se donne l'établissement scolaire pour parvenir à concilier enseignement et assistance aux élèves en

1. C'est le cas des établissements de la Fondation santé des étudiants de France.

difficulté. Îlot institutionnel attaqué de toutes parts, l'école se sent souvent bien seule et abandonnée pour prendre en charge les jeunes qu'elle accueille. Les parents l'agressent, d'autres institutions (hôpitaux, foyers…) l'ignorent ; sa propre organisation très hiérarchisée et complexe empêtre ses mouvements ou ses aménagements. Les professionnels de l'Éducation nationale déplorent la solitude de leur tâche et l'ingratitude de la société à leur égard. Peut-être faut-il voir là l'une des raisons des frilosités ou des rétractions de l'école lorsque ses acteurs ont le sentiment d'être dépassés par le comportement de tel ou tel élève ou de ses parents.

Un fantasme est néanmoins commun à l'ensemble de la communauté scolaire référente. C'est celui de la « réponse à tout » qui confine à la recherche effrénée de recettes en lieu et place d'un travail de réflexion personnel et collectif sur les pratiques institutionnelles. «Vous nous exposez les tenants et les aboutissants de la problématique adolescente ; effectivement, ça nous intéresse. Mais que faire lorsque tel ou tel élève nous pose un problème précis ? », entend-t-on souvent. Et l'enseignante reprenant ce commentaire à son compte, de rapporter par le menu le cas d'un élève qui la laisse désespérément impuissante. L'investissement des professionnels – beaucoup plus effectif qu'on ne le croit généralement – est souvent subordonné à un « faire » qui présuppose que tout problème doit trouver sa solution. Cette vision toute-puissante de l'action-réponse entraîne une incapacité à tolérer l'échec qui, de ce fait, débouche lui-même sur une culpabilité empêchant toute élaboration ou réflexion. Au pire, l'un des intervenants devient le bouc émissaire des autres, ce qui contribue à l'éclatement de l'institution et à la dissolution des compétences de chacun.

Pour se protéger d'un tel risque et aussi pour maîtriser les tensions qui l'animent, l'école développe souvent ses propres modalités de réponse. La constitution d'équipes d'adultes relais au sein des établissements en est une forme qui s'avère incontestablement adaptée et pertinente. À condition, bien entendu, que les personnes qui s'investissent dans ces groupes ne se substituent pas aux professionnels de la relation ou du soin et que la « bonne volonté » ne soit pas la seule ressource dont elles disposent. Les actions collectives entreprises ne doivent pas se résumer à la promotion de telle ou telle campagne d'hygiénisme moral visant à culpabiliser et effrayer les élèves indifférents ou réfractaires à un mode de vie « sain ». Les « bonnes intentions » ne suffisent pas à alimenter interrogations et réflexions sur la sexualité, l'amour, la souffrance et la mort. Ce dont les jeunes ont le plus besoin, c'est d'échanges avec les adultes sur de tels sujets qu'il n'y a d'ailleurs pas lieu de découper nécessairement en sous-thèmes précis. Lorsque l'on demande en effet à des élèves de quoi ils aimeraient parler, les thèmes génériques du « stress » et de la « dépression » apparaissent très souvent au premier plan, parce qu'ils permettent d'aborder tout ce qui est angoissant (sexe, drogue, suicide, sida...). C'est pourquoi l'organisation de rencontres ou de journées d'information (comme les forum-santé) sont à promouvoir. À travers la mise en place de telles manifestations, l'institution scolaire aménage un cadre spécifique qui n'est plus celui de son fonctionnement habituel et qui permet à des intervenants extérieurs d'animer des débats sur les questions clés que se posent les adolescents.

Cet aspect est capital. Il est évident que l'école ne peut se soustraire à ses responsabilités en matière de sensibilisation et de prévention aux différents problèmes de santé publique. Mais nous l'avons dit et nous le répétons : elle est un lieu d'enseignement, non un dispensaire ou un foyer socio-éducatif. Il lui appartient donc de délimiter aussi précisément que possible ce qui est de son domaine de ce qui doit s'articuler avec l'environnement extérieur. L'infirmerie d'établissement, les permanences de l'assistante sociale ou du médecin scolaire constituent, nous l'avons vu, des enclaves nécessaires et utiles à son fonctionnement parce qu'elles sont repérées comme telles et qu'elles représentent elles-mêmes les interfaces entre le milieu scolaire et les ressources médico-sociales extérieures. L'intervention ponctuelle d'un professionnel étranger à l'école se doit, dans cet esprit, d'être envisagée comme une prestation de service, non comme le comblement d'un manque intra-institutionnel. Ouvrir, dans ses murs, une consultation médico-psychologique pour « répondre aux besoins des élèves en difficulté » procède purement et simplement d'un fantasme de maîtrise toute-puissante. Qui plus est, un tel aménagement est fréquemment décrété « en état d'urgence », à un moment où la dispersion institutionnelle est la plus forte. Le vacillement du corps scolaire provoqué par le suicide d'un élève en est l'illustration la plus dramatique.

Sébastien, 17 ans, s'est donné la mort en rentrant du lycée agricole. Dans la grange de la ferme familiale, il s'est tiré une balle dans la tête avec la carabine de son grand-père. Le jeune homme n'a laissé aucun mot d'adieu ; pour tous, « son geste reste totalement inexpliqué ». Deux heures avant, ses camarades l'avaient trouvé « souriant », « peu pressé comme d'habitude de rentrer chez lui » ; « il avait même failli rater le car ». Le drame frappe de plein fouet la communauté scolaire, d'autant plus violemment que six mois auparavant, Mme C., institutrice de l'école primaire voisine, « s'est jetée sous un train ». On craint « une épidémie de suicide » : Valérie, élève elle aussi et petite amie de Sébastien « a fait savoir qu'elle allait le rejoindre ». Le chef d'établissement obtient de sa hiérarchie « qu'un psychologue assure une permanence dans le lycée » ; on charge en outre le médecin scolaire et l'infirmière « d'organiser des réunions par petits groupes pour l'ensemble des classes ». Mme A., médecin scolaire, reconnaît : « [...] tout ça s'est fait très vite... On était en état d'urgence. On n'a même pas pu en parler posément, ne serait-ce que pour savoir exactement ce qu'il fallait dire lors des réunions. Avec l'infirmière, nous avons décidé de parler de la mort, du deuil. Les élèves ont très peu participé... Valérie pas plus que les autres. Ils semblaient étrangers à tout ça... Curieusement, rien n'était prévu pour les enseignants... Tout était focalisé sur les élèves. J'ai dû prendre sur moi de réunir les professeurs, ils avaient un réel besoin d'aide eux aussi [...] »

À la suite du geste fatal d'un élève, faut-il craindre la survenue d'un phénomène de « contagion » au sein de la communauté scolaire ? La réponse est oui, sans équivoque possible. L'identification morbide au suicidé constitue un risque réel, de même qu'est potentiellement suicidogène – quand elle dépasse la mesure – la culpabilité de l'un ou l'autre survivant proche du défunt (camarade, enseignant...). Après un événement aussi grave, il y a donc bien « quelque chose à faire » mais certainement pas « n'importe quoi ». Là encore, la précipitation dans l'action est l'écueil majeur à éviter, surtout s'il s'agit d'improviser une sorte de campagne de vaccination anti-suicide aussi illusoire qu'inadaptée. Illusoire, lorsque d'aucuns croient qu'il suffit, après un tel drame, de réunir les jeunes pour les amener à livrer leurs sentiments et à les dissuader de passer à l'acte ; inadaptée, voire dangereuse, tant qu'elle ne prend pas spécifiquement en compte les demandes ou les signes d'appel émis par les sujets les plus en détresse.

Tout établissement ayant à connaître un drame de cette nature est durablement bouleversé dans ses relations et fonctionnements institutionnels. Bien plus, il n'existe pas de « recette miracle » permettant de se prémunir contre la répétition d'un tel phénomène. Seule la cohérence dans les attitudes adoptées en limitera le risque et apaisera, au moins en partie, la souffrance de ceux qui en ont été les témoins. En milieu scolaire, avant d'envisager ce qui peut être proposé aux élèves en pareil cas, il est essentiel que les adultes fassent le point entre eux. À l'image des cellules de crise mises en place ailleurs, le chef d'établissement, le médecin scolaire, l'infirmière et l'assistante sociale peuvent en former l'« état-major », aidés en cela par leurs collègues ou supérieurs de l'inspection académique et du rectorat. Déterminer, parmi les adultes d'abord, quels sont ceux qui pourraient se trouver actuellement en grande difficulté est un préalable à la question « qui fera quoi ? » ; la personne concernée peut être le dernier enseignant à s'être adressé à l'élève, le professionnel qui a connu récemment un drame familial personnel, celui qui pense n'avoir pas su dépister à temps la détresse du jeune suicidé, etc. Il est impossible de demander à quelqu'un de devenir un intervenant potentiel, si ce dernier éprouve, à tort ou à raison, de trop forts sentiments de culpabilité.

Quant aux réactions du corps enseignant, elles ne doivent pas être négligées, pas plus que ces derniers n'ont à être écartés des décisions prises. Bien souvent, ce sont eux qui repéreront l'état de détresse de tel ou tel adolescent ; ils devront donc savoir vers qui les adresser. Les adultes constituant la cellule de crise peuvent se faire aider par un professionnel extérieur à l'établissement (psychologue, psychiatre...), afin de déterminer la conduite à tenir la plus adaptée. Il s'agit en effet de répondre également aux éventuelles sollicitations des parents de l'adolescent décédé, d'éviter les rumeurs en arrêtant une seule et même version des faits (la plus exacte et la plus protectrice possible de l'intimité de la famille concernée[1]), de prendre en compte l'inquiétude légitime des parents d'élèves vis-à-vis de leur propre enfant.

Tout cela mobilise du temps, de l'énergie et de la vigilance. S'il est inopportun de mettre en place des rencontres systématiques visant à réunir l'ensemble des élèves (pour les raisons que nous avons indiquées et aussi parce que certains adolescents supporteront mal d'y assister), il est en revanche indispensable de leur dire que deux modalités d'aide sont à leur disposition : la première est personnelle (l'élève qui le désire peut consulter l'infirmière, l'assistante sociale ou, de façon plus médicalisée, le médecin scolaire ; celui-ci l'orientera, si besoin est, vers un spécialiste extérieur) ; la seconde est collective (les élèves qui souhaitent parler de ce qu'ils ressentent peuvent faire la demande d'une réunion auprès de leur professeur principal, via leur camarade délégué de

---

1. Comme cette annonce faite par le principal d'un collège « où tout le monde savait sans savoir » : « [...] Certains d'entre vous le savent, d'autres s'en doutent ; il est arrivé quelque chose de très grave qui nous attristent profondément tous : l'un de vos camarades s'est donné la mort hier matin. Sa famille et ses amis sont dans le malheur ; respectons leur souffrance et tentons d'aider ceux qui nous le demandent [...] »

classe ; l'enseignant transmettra lui-même la sollicitation aux personnes ressources désignées et lorsqu'un petit groupe sera constitué, une rencontre avec un intervenant extérieur pourra être programmée).

Face à un élève en détresse, l'objectif n'est assurément pas de trouver au sein de l'école la réponse idéale que serait susceptible d'apporter tel ou tel professionnel. C'est de pouvoir articuler entre eux partenariats transdisciplinaire et transinstitutionnel. On pourrait dire, en somme : « chacun à sa place », surtout pas « à la place de l'autre », et « conjuguer ses actions permet de prendre appui sur elles pour en déterminer de nouvelles ». Nous l'avons vu, le mélange des genres nourrit la confusion et le désordre. C'est aux institutions éducatives, sanitaires, sociales, judiciaires de s'articuler entre elles, non de fusionner dangereusement. L'établissement de passerelles offre des possibilités d'aide ou de soins, tout en respectant les limites fondamentales du dedans et du dehors propres à chaque structure. Ainsi, il est éminemment souhaitable qu'un collège ou qu'un lycée puisse adresser un jeune vers un CMPP[1], une consultation de l'intersecteur de psychiatrie infanto-juvénile, celle d'un bureau d'aide sociale, etc. Ce n'est pas toujours facile, compte tenu de la réticence qu'opposent certains adolescents ou leurs parents à une telle démarche. Mais en pratique, ça l'est d'autant moins que les professionnels éprouvent de grandes difficultés à « passer la main ».

Pour être fonctionnelles, ces voies de passage doivent être entretenues, c'est-à-dire que des rencontres périodiques entre les divers intervenants sont nécessaires pour que chacun comprenne et respecte le travail de l'autre. Cet aspect est sans doute celui qui mérite aujourd'hui la plus grande attention. L'expérience indique en effet qu'au sein d'une même ville, il arrive souvent que les professionnels d'un champ côtoient, sans toujours les (re)connaître, ceux qui interviennent dans un autre domaine. Même lorsque ce n'est pas le cas, chacun a parfois une représentation très sommaire du travail des autres. Comment, dès lors, pouvoir prétendre accompagner ensemble le jeune en souffrance ? C'est tout l'enjeu d'une démarche communautaire encore balbutiante dans notre pays.

1. Les centres médico-psycho-pédagogiques sont des centres de prise en charge ambulatoire, gérés en général par des associations type loi 1901.

7

L'adolescent suicidaire et les soins

La psychiatrie de l'enfant et de l'adolescent a considérablement évolué au cours des deux dernières décennies. Toutefois, si le dispositif public de sectorisation infanto-juvénile[1] offre des modalités de prévention, d'accueil et de soins plus adaptées aux enfants, celles dévolues aux adolescents restent notablement en deçà des besoins et des objectifs décelés par les pouvoirs publics[2]. Parmi les jeunes sujets qui ont recours à ce dispositif – à titre préventif, diagnostique ou curatif – les enfants âgés de 5 à 9 ans sont les plus nombreux, tandis que ceux en bas âge et les adolescents sont sous-représentés. Comme le signale la circulaire à laquelle nous faisons référence, « [...] même en l'hypothèse d'une morbidité très différente dans ces deux dernières classes d'âge, une inadaptation de l'offre de soins pour répondre à leurs besoins de santé mentale est manifeste [...] ».

Paradoxalement, les adolescents en situation de mal-être sont aujourd'hui plus nombreux qu'auparavant à solliciter des soins. Certains d'entre eux consultent d'ailleurs spontanément un psychiatre ou un psychologue avec beaucoup moins de réticence que ne le font leurs parents.

1. La prise en charge des moins de 16 ans repose sur des structures administratives particulières : les intersecteurs de psychiatrie infanto-juvénile. Chaque intersecteur correspond à trois secteurs de psychiatrie d'adultes, c'est-à-dire à une zone géo-démographique d'environ 200 000 habitants.

2. Circulaire n°70 du 11 décembre 1992, relative aux orientations de la politique de santé mentale en faveur des enfants et adolescents.

Mais le plus souvent, les jeunes ont une demande qui présente trois caractéristiques majeures. En premier lieu, la médiation corporelle des problèmes psychologiques transpose ces derniers dans le registre somatique. En second lieu, si les jeunes sont actuellement moins réfractaires à l'idée de « voir un psy », ils évitent cependant les dispositifs de consultation ou d'hospitalisation trop marqués par la maladie mentale. Enfin, ils supportent très mal les structures d'accueil non spécifiques, en particulier lorsqu'ils se retrouvent isolés au milieu de personnes âgées ou de très jeunes enfants.

L'enquête nationale en milieu scolaire réalisée par Marie Choquet et Sylvie Ledoux (1994), indique effectivement que les adolescents qui se rendent à une consultation le font surtout pour des motifs initiaux d'ordre physique : accidents, soins dentaires, problèmes de vue ou de peau, mal au dos ou déviations vertébrales, fatigue, contraception, etc. De ce fait, ils consultent dans l'année et par ordre de fréquence, au moins une fois le médecin généraliste (75 %), le dentiste (65 %), l'ophtalmologiste (22 %), le dermatologue (21 %) et le gynécologue (9,5 %). Le pédiatre (6,5 %), le psychiatre ou le psychologue (4 %) sont les derniers spécialistes à être sollicités. Par contre, les auteurs relèvent que « [...] le nombre moyen de consultations auprès de médicaux et paramédicaux en pratique libérale est d'autant plus élevé que les jeunes sont en difficulté [...] Ainsi, ont consulté un généraliste 79 % de ceux qui ont fait une tentative de suicide [...] La consultation psychologique et psychiatrique est aussi plus importante pour ceux qui sont en difficulté [...] Les jeunes qui ont [déjà] fait une tentative de suicide ont un taux de consultation "psy" nettement augmenté : 15 %, si la tentative n'a pas fait l'objet d'une hospitalisation et 36 %, si l'adolescent a été hospitalisé pour ce geste suicidaire [...] ». Les mêmes tendances sont observées à l'école : les adolescents en difficulté ont une demande d'aide et de soins plus forte que les autres, notamment vis-à-vis de l'infirmière et de l'assistante sociale scolaires.

Dans le même temps, un adolescent sur huit est admis au moins une fois à l'hôpital et 2 % d'entre eux le sont à plusieurs reprises. La fréquentation des services d'urgences est due pour moitié à un accident[1],

1. D'authentiques passages à l'acte, sinon délibérément suicidaires, du moins révélateurs de conduites de risques à répétition, font incontestablement partie de cette catégorie.

les autres circonstances d'admission étant liées à diverses pathologies médico-chirurgicales (40 %), aux tentatives de suicide reconnues comme telles (8 %) et aux agressions (3 %)[1].

Un tel constat est bien connu des spécialistes de l'adolescence. Il implique le développement de passerelles transdisciplinaires permettant d'améliorer les liens entre soignants du corps et soignants de l'esprit, tant en médecine de ville qu'au sein des équipes hospitalières. Il nécessite aussi la création d'unités fonctionnelles susceptibles de proposer une prise en compte spécifique des attentes des adolescents et de leur entourage, que ce soit en pédiatrie ou en psychiatrie. Ces aménagements institutionnels ne sont pas seulement destinés à mieux correspondre à ce que peuvent accepter les jeunes patients. N'oublions pas que la clinique de l'adolescence se distingue par bien des aspects – même s'il y a des points convergents – de celle de l'enfant ou de l'adulte. En effet, si les adolescents en difficulté se rendent rarement là où on les attend, ce n'est pas uniquement en raison de l'inadéquation des structures de soins ou des particularités propres à l'adolescence en général (importance du corps, crainte d'être « différent », échanges nécessaires avec les pairs, etc.). La souffrance adolescente s'exprime difficilement par la parole, sinon pour être criée. L'agir prend sa place, ce qui contribue à déconcerter ou irriter l'entourage, voire à lui faire adopter des contre-attitudes provocatrices. La famille n'est pas seule concernée ; certaines institutions (écoles, foyers...) sont parfois elles aussi dans l'impossibilité de repérer que derrière tel ou tel comportement, se cache une douleur qui ne peut être exprimée autrement que dans l'agir. Ainsi, les troubles des conduites occupent fréquemment le devant de la scène, qu'il s'agisse de productions symptomatiques diverses ou d'actes de rupture allant jusqu'aux comportements suicidaires. Ces manifestations explosives et voyantes révèlent brutalement un « feu » intérieur et relationnel qui couvait, donnant à la situation un aspect urgent et éminemment critique. Face à cela, ne rien faire, c'est-à-dire considérer à tort ces événements comme les signes d'une ponctuation normale de la « crise d'adolescence », ce serait banaliser le sinistre et s'exposer à sa propagation et à ses conséquences dramatiques. Déplacer le problème, en faisant endosser à l'adolescent suicidaire le

1. Circulaire DGS/DH n° 132 du 16 mars 1988, relative à l'amélioration des conditions d'hospitalisation des adolescents.

rôle d'un « incendiaire » conscient et coupable tant de ses actes que de leurs répercussions éventuelles, ne conduirait à produire que des réponses situées sur le terrain de la morale, de la raison ou de la coercition. « Il a mis le feu aux poudres », nous dit la mère de Christophe, 17 ans, à propos de son fils, avant d'ajouter : « En essayant de se tuer, il a voulu briser nos vies... Son père et moi, on a failli se quitter par sa faute... Faites lui comprendre le mal qu'il nous a fait. »

L'urgence de telle ou telle situation, son potentiel hautement « inflammable » et les débordements comportementaux qui manifestent dans le réel les violences psychiquement non endiguées, obligent à ce que certains dispositifs soient immédiatement accessibles. L'entourage familial peut rarement désamorcer seul de tels moments critiques, rapidement évolutifs. Le médecin traitant, le psychiatre ou le psychologue sont parfois eux aussi dans l'impossibilité d'enrayer un processus qui attaque la relation thérapeutique proposée. Ces intervenants doivent pouvoir s'appuyer, en cas de besoin, sur des institutions de soins dont le cadre permet de gérer les situations de ce type. Saisir la réalité telle qu'elle est exprimée, tenter d'offrir des surfaces de projection tolérables et tolérées par tous, apaiser la souffrance du sujet et celle de ses proches en les aidant à la verbaliser et à en trouver le sens, contenir les débordements pulsionnels plutôt que de les réprimer, constituent autant d'objectifs de soins que de telles institutions ont à proposer dans des lieux spécifiques et transdisciplinaires. Ces points essentiels font aujourd'hui la quasi-unanimité au sein des équipes de santé mentale prenant en charge des adolescents, bien que les moyens manquent souvent pour concrétiser les projets offrant de telles modalités. Ce dernier aspect est aujourd'hui préoccupant, car il enlise nombre de soignants dans d'insolubles équations où priment les questions matérielles d'espaces et d'effectifs de soignants disponibles. Même si la psychiatrie n'a bien entendu pas à prétendre échapper aux contraintes de la réalité des temps modernes, ni à se soustraire aux légitimes impératifs d'évaluation de ses pratiques, il faut bien reconnaître qu'elle connaît actuellement des difficultés d'adaptation plus importantes que d'autres disciplines. Ses moyens en personnel se réduisent, tandis que l'évolution des connaissances et des techniques thérapeutiques l'oblige à mieux répartir et différencier ses structures de soins. Dans tous les cas, quels que soient les moyens alloués, les réaménagements à réaliser doivent être pensés avec les soignants, tant au niveau du cadre que des contenus thérapeutiques proposés, en fonction des populations de patients auxquels ils s'adressent et de la qualité du réseau inter-institutionnel et pluridisciplinaire dans lequel ils s'insèrent.

Le recours au médecin de famille

Peut-on disconvenir que la prévention des conduites suicidaires passe par un meilleur dépistage des adolescents en détresse et une offre d'aide ou de soins adaptée tant à leur âge qu'aux problèmes rencontrés ? Ce qui pourrait n'être qu'un truisme inutile met en relief deux aspects bien distincts : d'une part, comment repérer ce qu'est la détresse adolescente, à un âge de la vie où s'exprime en toile de fond – chez tous les sujets concernés – un certain niveau de mal-être plus ou moins périodique et d'intensité variable ? D'autre part, en présence d'un adolescent dont le comportement ou le discours inquiète, comment gérer efficacement la situation de crise et obtenir de sa part ainsi que de celle de ses proches une alliance thérapeutique vis-à-vis de ce qui est proposé ?

Nous l'avons dit, l'idéation suicidaire est rarement exprimée de manière spontanée par le jeune qui en est l'objet, sinon de manière « codée » ou suffisamment « indirecte » pour entretenir une certaine ambiguïté.

Sonia C., 14 ans, a « oublié » sur la table du salon son journal intime, ouvert à la page où figure un dessin assorti de commentaires. Les parents y sont représentés devant leur poste de télévision, tandis qu'un personnage minuscule est situé derrière eux en train de pleurer. Des flèches indiquent l'identité des personnes avec les mentions « Papa et Maman » et « Moi !!! ». Le texte qui suit est le suivant : « Mes parents s'en foutent de moi ; il n'y a que leur télé qui compte. J'aurais mieux fait de mourir au ski quand j'ai eu mon accident. Au moins je serais tranquille. Si je meurs, peut-être qu'ils vont bouger de leur sale télé. *PAIX* ! *PAIX* ! ⇒ *MORT* ! *MORT* ! Et si ils ne venaient même pas à mon *enterrement* ???? ». M. et Mme C. ne savent pas comment dire à leur fille qu'ils ont lu ce message et qu'ils sont inquiets. Pendant que l'adolescente est au collège, M. C. « en fait des photocopies ». Le couple décide de prendre conseil auprès du médecin traitant et lui apporte le document. Le Dr B. leur demande « d'en parler avec Sonia » et de proposer à l'adolescente de « venir le rencontrer ».

La coexistence de propos ou écrits morbides et d'un repli relationnel tranchant avec les attitudes habituelles, doit inciter la famille à penser que l'adolescent est en situation de grande détresse. La survenue d'un passage à l'acte suicidaire est encore plus à craindre lorsque ces signes s'accompagnent d'autres manifestations indiquant un désir de rupture (absentéisme scolaire, fugue, consommation de drogues licites ou illicites, etc.). Les parents sont à la fois les mieux placés pour observer ces troubles et ceux qui ont le moins de latitude pour intervenir efficacement. Le « Dis-nous tout, on t'écoute » empêche généralement toute possibilité de dialogue, tandis que l'évitement anxieux des problèmes laisse l'adolescent seul face à ceux-ci, voire risque d'être interprété comme de l'indifférence ou du rejet. C'est pourquoi l'intervention des parents doit être suffisamment rapide pour éviter que la situation ne s'envenime, mais aussi suffisamment contenue pour ne pas aboutir au blocage relationnel. Ce « ni trop ni trop peu » parental repose sur un trépied fondamental : reconnaître la souffrance exprimée par l'enfant, lui signifier l'inquiétude que son état suscite et proposer de se faire aider par un tiers. Dans le cas de Sonia, il aurait été certainement judicieux que M. et Mme C. puissent tenir à leur fille des propos du type : « Nous avons lu la page du cahier que tu avais laissé sur la table du salon. Nous n'avons pas l'habitude de fouiller tes affaires ni de violer ton journal intime. Là, cependant, cette page mise en évidence, il nous a semblé que tu souhaitais que nous en prenions connaissance. Elle nous inquiète beaucoup parce que tu as l'impression qu'on ne s'occupe pas de toi et peut-être que tu crois qu'on ne t'aime pas. Nous voudrions en parler avec toi, car il y a sans doute des choses qui nous échappent. On ne se rend sûrement pas compte que tu es malheureuse. Serais-tu d'accord pour que nous nous fassions tous aider par le Dr B. ? Veux-tu le rencontrer avec ou sans nous ? Qu'en penses-tu ? »

De telles formulations suffisent quelquefois à désamorcer la situation de crise, sans que les protagonistes n'aient à recourir, dans les faits, à un médiateur extérieur. Les échanges familiaux sont renoués, et l'acceptation d'une certaine remise en question personnelle de chacun autorise à nouveau les négociations et les compromis. Lorsque ce n'est pas le cas et que l'intervention d'un tiers s'impose, le médecin de famille apparaît comme l'interlocuteur tout désigné. En dehors des professionnels de l'école, il représente en effet un référent accessible dont la fonction est triple : dépistage, prise en charge et orientation spécialisée éventuelle. Non seulement la plupart des adolescents suicidaires le consultent dans les moments les plus critiques, mais ce praticien connaît mieux que quiconque l'histoire de chacun et celle des relations établies entre les uns et les autres.

Référent pivot susceptible de pouvoir intervenir et surtout d'être écouté de tous, le médecin généraliste n'a cependant pas une tâche facile. L'adolescent en difficulté qui vient le voir accompagné par ses parents a d'autant moins « de choses à dire » que ces derniers exigent d'assister à l'entretien ou veulent obtenir de la part du médecin un « compte rendu détaillé » de ce qui a été évoqué en leur absence. Ces crispations sont très fortes lorsque l'adolescent est en quelque sorte amené *manu militari* par ses parents. D'autre part, dans le cas où le praticien a vu naître ou, à tout le moins, grandir l'enfant que n'est désormais plus le sujet, celui-ci peut se montrer réticent ou opposant, surtout si le médecin est considéré comme trop proche des parents. Enfin, il arrive que l'entourage évite de s'adresser au médecin de famille habituel, parce que leur honte ou leur culpabilité est trop importante. Dans ce cas, le praticien consulté occasionnellement ne dispose pas de certaines informations essentielles qui lui sont d'ailleurs parfois délibérément cachées (antécédents familiaux, traitements antérieurs, violences survenues, etc.).

L'entreprise n'est donc pas aussi simple que d'aucuns veulent bien le prétendre. Dans ce contexte, il appartient au médecin de fixer très vite le cadre de son intervention médiatrice, après avoir reçu tous les protagonistes, s'être fait clairement exposer la nature de la demande et préciser la personne qui en a eu l'initiative. Un énoncé parental du type « on est inquiet, Docteur, Mathieu ne s'intéresse plus à rien et nous fait constamment la tête », conduira le praticien à solliciter – en présence du jeune homme – de plus amples informations sur ce que ressentent les parents à ce sujet et depuis combien de temps c'est le cas ; il n'omettra pas de demander à l'intéressé s'il a quelque chose à ajouter, plutôt qu'à répondre à ce qui vient d'être dit pour se justifier. Ces préliminaires indispensables peuvent ensuite déboucher sur l'entretien en tête-à-tête avec l'adolescent, le médecin ayant à l'assurer de la confidentialité de cet échange.

Le plus souvent, malgré de telles précautions, l'adolescent en détresse n'a au mieux qu'un discours vague à proposer sur le thème générique du « ras-le-bol général » ou quelques signes corporels à exhiber : syncopes, malaises divers, maux de tête ou de ventre, perte d'appétit ou tendances boulimiques, etc. Il évoque aussi la fatigue, le surmenage, le stress dû aux examens, les crises d'angoisse ou de pleurs incontrôlées, les troubles du sommeil... Dans le pire des cas, le sujet n'est pas coopérant du tout : mutique, agressif ou d'apparence détachée, il prétend « n'avoir rien à dire », se contente d'un définitif « marre de tout », ou encore dénonce « les parents impossibles qu'il supporte à longueurs de journées ». Rares sont les jeunes suicidaires capables d'évoquer d'emblée l'existence d'« idées noires ». La crainte d'« être pris pour un fou », celle de « perdre la face » devant un personnage référent, ou encore la peur que « tout soit dévoilé au reste de la famille », amènent l'adolescent à éviter toute allusion trop précise. Ses propos sont donc généralement voilés ou elliptiques. Il est partagé entre le désir que sa souffrance soit reconnue et la volonté d'en taire les causes et les conséquences possibles qui risqueraient de l'exposer dangereusement. Le sujet est en attente d'une aide idéale qui respecterait ces deux forces contradictoires : « L'autre saurait tout sans qu'il ait à en dire plus. » L'ambiguïté d'une telle position oblige l'omnipraticien à intervenir avec tact et mesure, sans pour autant laisser le sujet croire qu'on peut le comprendre à demi-mots. Ce qui est éludé n'est pas seulement une source potentielle de malentendus et de confusions. Le non-accès à la verbalisation de son mal-être prive l'adolescent du soulagement que procure l'expression des émotions. Mener un entretien sans reprendre les propos paraissant trop ambigus et imprécis, ou pire, répondre – comme pourrait le faire telle ou telle personne de l'entourage – par un discours banalisant, moralisateur ou faussement optimiste, conduirait le sujet à refréner l'évocation de son idéation morbide. Toute attitude par trop empreinte de gêne relationnelle entraverait également l'échange, au même titre que celle qui s'évertuerait à séduire le jeune ou à lui apporter des « recettes » censées aplanir les difficultés.

Pour le médecin, l'obstacle principal réside dans la manière d'approcher l'adolescent en détresse, sans répéter les interrogations qui seraient celles des parents. Sans dénoncer non plus ce que ces derniers expriment, sous prétexte de faciliter les confidences du jeune. L'attitude la plus adaptée est celle d'un interlocuteur se montrant empathique et facilitateur de l'échange, ne cédant ni au rejet, ni à la complicité. En n'éludant pas tel ou tel thème, l'intervenant indique implicitement qu'il ne se comporte pas comme les parents. Il est en particulier capital que le médecin puisse demander à l'adolescent qu'il trouve « mal dans sa peau », si ce dernier a ou non des « idées noires », s'il a ou non déjà pensé au suicide, si cette ultime option le taraude, etc. Nous l'avons vu, le jeune en détresse attend surtout la reconnaissance de sa souffrance.

Géraldine, 17 ans, se souvient du premier « vrai entretien » qu'elle a eu avec le Dr Y., médecin traitant de sa famille. « Jusque-là, je le voyais de temps en temps quand j'étais grippée ou que j'avais une angine... Quand ça a commencé à craindre vraiment avec mes parents, j'ai pensé aller le voir mais j'avais peur qu'il leur répète tout... J'ai attendu, j'allais de plus en plus mal... Alors j'ai été le voir toute seule à son cabinet. Je lui ai dit que rien n'allait, que mes parents me prenaient la tête, que mon ami m'avait quitté... Mais je n'arrivais pas à lui dire que j'aurai voulu m'endormir pour ne plus jamais me réveiller... Je me rappelle très bien à un moment lui avoir dit : "je voudrais dormir longtemps". Là, le docteur m'a demandé : "Comme un sommeil qui n'en finit pas ? Comme la mort, donc ?" ; ça m'a sidéré qu'il me comprenne aussi bien... Enfin quelqu'un avait compris quelque chose à mon malheur. »

Permettre à l'adolescent d'évoquer ses idées de suicide et faciliter leur expression constituent le préambule à toute prise en charge. En offrant cette possibilité, le médecin généraliste exerce une action qui est thérapeutique en soi. Elle témoigne d'une qualité d'écoute et d'une compétence relationnelle qui favorisent chez le sujet la mise en mots de sa souffrance. Une telle démarche peut s'avérer suffisante lorsque l'idéation morbide est modérée et que l'entourage est en mesure de réfléchir sur le fonctionnement de la dynamique familiale. Si le praticien s'en sent capable, elle invite le sujet à exprimer son ressenti et, ce faisant, l'aide à établir ou développer des associations mentales entre tel ou tel événement et le vécu qu'il en a. Cette ébauche d'élaboration psychique peut amener l'adolescent à comprendre l'intérêt qu'il y aurait à poursuivre ce travail en psychothérapie. Nous reviendrons sur cet aspect qui doit idéalement concilier l'orientation du sujet vers le professionnel *ad hoc* et le maintien d'une relation s'inscrivant dans une prise en charge globale.

Certains médecins généralistes arguent du fait que la nature même de leur exercice ne leur permet pas d'avoir ce rôle de médiateur et de relais qui réclame du temps, donc une disponibilité plus grande qu'ils n'en ont. Cet écueil peut être contourné en fractionnant les entretiens. Cela consiste, par exemple, à recevoir une première fois l'adolescent et ses parents, puis l'adolescent seul, quitte à revoir ce dernier à une ou deux reprises dans la semaine. En dehors des situations où les troubles observés correspondent à des symptômes psychopathologiques évidents, une telle formule, parfois considérée à tort comme dispendieuse, présente l'intérêt d'éviter deux dérives : celle de souscrire d'emblée à une demande médicamenteuse émise par des patients qui n'en ont pas besoin ; celle de répondre aux plaintes exprimées par la prescription superflue de médicaments inadaptés au cas considéré, voire employés à des fins de *placebo*[1]. N'oublions pas qu'un jeune suicidant sur deux a consulté un médecin généraliste dans les quinze jours qui ont précédé son geste et que les produits employés lors de la TS sont ceux qui avaient été prescrits à cette occasion (Michel Debout, 1993). Ce brutal « retour à l'envoyeur » ne doit-il pas être interprété comme le signe d'une certaine inadéquation de la réponse fournie ?

Au-delà de l'établissement d'un diagnostic et de la prescription de psychotropes qui lui est éventuellement associée, de nombreux praticiens font état de leurs difficultés à proposer une prise en charge « psy » satisfaisante. Ils estiment ne pas avoir de compétences suffisantes en matière de psychologie médicale pour répondre efficacement aux problèmes posés. Il est vrai que les études de médecine consacrent encore peu de temps à cette discipline, comparé à celui dévolu aux spécialités somatiques. Mais même si cet aspect nécessite d'incontestables améliorations, rappelons que l'intervention du médecin généraliste ne consiste certainement pas à fournir à l'adolescent suicidaire une écoute de type psychothérapique. On ne s'improvise pas « thérapeute » et le pire, dans ce domaine, serait d'ailleurs d'en laisser supposer la possibilité. L'approche de l'omnipraticien doit rester générale, puisqu'il est amené à suivre le sujet tant au niveau de son corps que de son psychisme et que cette dualité constitue précisément le fondement même de sa pratique. Qui d'autre que lui peut examiner les préoccupations corporelles de l'adolescent, tout en tenant compte de leurs éventuels liens psychologiques ? Sa position de médiateur entre le sujet et sa famille est également essentielle, car elle est en soi une passerelle que les uns et les autres peuvent emprunter lorsque les relations sont interrompues ou menacées. C'est à lui qu'il revient de déterminer si la gravité de la situation ou les limites de son intervention, l'oblige ou non à orienter le sujet vers un professionnel spécialisé.

Virginie consulte le Dr D. pour la première fois, sur les conseils de sa tante maternelle qui a ce praticien pour médecin traitant. Agée de 18 ans, l'adolescente se plaint depuis la puberté de maux de ventre fréquents qui ont été maintes fois explorés jusqu'à ce que le diagnostic de « colopathie fonctionnelle » soit porté. La jeune fille

---

1. Terme emprunté à l'anglais, lui-même du latin *placebo* « je plairai ». Il s'applique en médecine à une substance dénuée d'action pharmacologique propre, dont la prescription peut avoir un effet psychologique rassurant sur le patient.

est venue avec un dossier très complet, incluant toutes les analyses et pièces d'imagerie médicale déjà pratiquées. Elle parle abondamment de ces douleurs abdominales, de siège et d'intensité variables, qui surviennent « lorsqu'elle est contrariée ». Elle prend alors trois ou quatre comprimés de tranquillisant, parfois « un peu plus, pour dormir et se réveiller en meilleure forme ». L'examen clinique effectué par le Dr D. s'avère strictement normal. À la demande du médecin, Virginie précise que ses parents sont divorcés et qu'elle vit avec sa sœur Amélie, 15 ans, chez leur mère depuis quatre ans. Celle-ci est « dépressive » et, selon l'adolescente, « se bourre de cachets du matin au soir ». Lorsque le Dr D. fait observer à Virginie, qu'en l'occurrence, « la mère et la fille semblent adopter des comportements identiques face à leur souffrance », la jeune fille éclate en sanglots et dit : « Maman et moi, on ne se fera jamais à l'idée que Papa nous a quitté... Maman l'aime encore, mais je n'ose pas lui en parler... Moi, mon père, je le mettais sur un piédestal... J'étais sa “petite puce” comme il disait... Tout s'est écroulé depuis qu'il est parti. » Virginie reverra à deux reprises le Dr D. au cours des trois semaines suivantes. Spontanément, elle parle alors surtout « des problèmes dus au divorce de ses parents ». Lorsque le Dr D. lui propose de rencontrer de sa part le Dr G., psychiatre et psychothérapeute, « pour comprendre un peu plus en profondeur ses problèmes », l'adolescente « se sent prête à le faire ».

Dans le cas où le jeune patient est réticent à l'idée de rencontrer un psychiatre ou un psychologue, assurer ce relais n'est pas toujours aisé. La difficulté peut provenir de l'engagement de type transférentiel[1] déjà à l'œuvre dans la relation avec le médecin traitant, notamment quand celui-ci n'en a pas mesuré toute l'importance ou a un peu tardé à « passer la main ». Le sujet peut aussi se satisfaire des bénéfices secondaires tirés d'une prise en charge globale qui l'autorise à un repli possible sur les plaintes physiques lorsque son angoisse est trop forte. Mais, le plus souvent, la crainte du monde « psy » et l'ignorance quant à ses diverses composantes sont à l'origine des résistances rencontrées. Deux phrases résument à elles seules ces aspects : « Je ne suis pas fou, à quoi bon aller voir un psychiatre » ; « À quoi ça sert de parler, mes problèmes je les connais déjà. » Pour que l'adolescent n'éprouve pas un sentiment d'abandon ou de rejet de la part du médecin qui lui propose cette orientation, ce dernier doit lui expliquer pourquoi un tel relais est souhaitable et ce qu'il convient d'en attendre. Ce peut être parce que les troubles présentés imposent un avis ou une prise en charge spécialisé, voire nécessitent l'instauration et la surveillance d'un traitement chimiothérapique spécifique. Il est possible et souhaitable de dire

1. Dans la cure psychanalytique, le terme de *transfert* s'applique au report affectif (positif ou négatif) que l'analysé effectue envers l'analysant, ce dernier étant investi par le sujet de sentiments primitivement éprouvés pour une autre personne.

à un jeune patient que les symptômes qu'il présente ne disparaîtront pas d'eux-mêmes et que l'aide d'un psychiatre est indispensable. Ce peut être aussi parce que l'écoute simple, même attentive, n'apparaît plus suffisante. L'indication d'une psychothérapie est alors à discuter. Quelle que soit sa forme, cette option thérapeutique demande à être éclaircie, au moins dans ses principes généraux. Le risque est grand qu'elle soit en effet imaginée comme une solution « magique » qui n'en décevra que plus son candidat à brève échéance, ou qu'elle soit réduite à une sorte d'« enregistrement » interminable des doléances exprimées. Généralement, la méthode est mal comprise. Limitée de manière erronée à la conscience réfléchie, on lui attribue la propriété suivante : cela soulage de parler de ses problèmes à quelqu'un qui les écoute, surtout si cet interlocuteur a des solutions à proposer. Or, le sujet en souffrance a le sentiment de ne pas avoir grand-chose à dire, sinon qu'il souffre de telle ou telle situation précise et qu'il ne sait pas comment la résoudre. L'absence de réponses concrètes à ses propos le fait douter de la valeur thérapeutique de la démarche. Contrairement à ce que beaucoup croient, l'écoute psychothérapique ne consiste pas à prêter une attention passive et silencieuse à une parole manifeste qui ne dirait rien ou qui déviderait en continu une kyrielle de plaintes et de récriminations. Elle n'a pas non plus pour but de fournir des conseils censés amener le sujet à faire des choix qui ne seraient donc pas les siens. Au moyen de modalités particulières qui lui sont spécifiques, c'est à une écoute active qu'invite la psychothérapie, avec pour objectif le rétablissement des différents champs du langage, c'est-à-dire aussi bien le langage intérieur et ses chaînes associatives, que le discours parlé mettant en mots le ressenti et le vécu. Chemin faisant, le travail ainsi produit permet au sujet de composer avec ses propres ressources et de développer des alternatives personnelles vis-à-vis des difficultés auxquelles il est confronté. Les spécialistes assurant ces prises en charge reconnaissent toutefois – quelle que soit la spécificité de leur pratique – qu'il est essentiel que les sujets aient le sentiment de pouvoir dialoguer avec eux, au moins au début, pour entreprendre ce travail d'élaboration psychique. Dans leur grande majorité, les adolescents ne peuvent s'y investir que dans la mesure où ils ont le sentiment de participer à un véritable échange. Si une nécessaire distance du thérapeute est indispensable pour éviter la séduction et l'intrusion, une « neutralité bienveillante » rigide et lointaine serait vécue comme une distance relationnelle insupportable. « Je veux bien aller voir un psychiatre, dit

Alexandra à son médecin, mais je n'ai pas envie de parler à un mur. » Le cadre, la fréquence, le rythme et la durée des échanges ont aussi leur importance, afin de tenir compte des particularités adolescentes (temporalité différente de celle des adultes, dépendance aux parents pour le transport et le paiement des séances, absences dues aux congés scolaires, etc.).

Pour toutes ces raisons, il est préférable que le médecin généraliste collabore avec des correspondants dont les méthodes thérapeutiques lui sont connues et qui acceptent de recevoir « de sa part » les adolescents susceptibles de bénéficier d'entretiens psychothérapiques. Préalablement informés et préparés à cette démarche par leur médecin, ces jeunes-là investiront d'autant mieux le relais proposé qu'ils en auront compris le sens et l'utilité potentielle, et qu'ils ne vivront pas ce « passage » comme un douloureux abandon. Cette articulation entre omnipraticiens et professionnels de santé mentale est incontestablement l'un des maillons essentiels du réseau transdisciplinaire requis pour la prise en charge des jeunes suicidaires.

Quant à l'intervention « à chaud » du médecin généraliste au domicile d'un adolescent ayant fait une TS, elle ne peut se limiter à une simple assistance somatique. Certes, l'évaluation clinique et les premiers soins constituent la première étape de la conduite à tenir. Mais les situations les plus délicates à gérer ne sont pas celles où le transfert immédiat du suicidant en milieu hospitalier s'avère indiscutable, compte tenu de la gravité du geste. Ce sont au contraire celles qui autorisent *a priori* toutes les discussions, le passage à l'acte étant d'apparence minime. Après avoir examiné le sujet et s'être entretenu avec lui lorsque son état de conscience le permet, certains considèrent qu'il pourrait être nocif d'accorder une trop grande importance à l'événement. Ceux-là pensent qu'une hospitalisation dramatiserait abusivement la situation, notamment quand la famille semble prête à exercer une surveillance vigilante dans les heures qui suivent. D'autres cherchent à obtenir une réconciliation immédiate entre le suicidant et ses proches, la promesse du sujet de ne pas recommencer, etc. Personne n'est en réalité dupe de ces « réparations » aussi éphémères qu'illusoires, qui confortent le déni et l'élusion. Dans la majorité des cas, le médecin souhaiterait adresser le jeune suicidant aux urgences, pour éviter, une fois son intervention terminée, l'aggravation toujours possible des conflits intra-familiaux. Il est cependant assez fréquent qu'il ait à renoncer à cette orientation devant un entourage hostile à une telle proposition. De nombreux paramètres sont alors susceptibles d'intervenir dans sa prise de décision : le degré de compassion parentale, la notion d'antécédents du même type, l'attitude du suicidant, etc.

Le fait est que l'on estime à au moins 30 % la proportion des tentatives de suicide ne conduisant pas à une hospitalisation (René F. W. Diekstra et Ben J. M. Moritz, 1987). Bien entendu, un certain nombre de ces passages à l'acte sont tout simplement passés inaperçus. Mais pour ceux qui ont été identifiés, la banalisation, le déni ou la crainte d'une dramatisation exagérée sont en grande partie responsables de cet évitement. Qu'on le veuille ou non, le message adressé au sujet est alors le suivant : « Pour nous, il ne s'est rien passé. » Cette négation de l'acte suicidaire est malheureusement source de récidives, car elle oblige certains adolescents en détresse à réitérer leur geste avec plus de violence pour que leur souffrance soit entendue (Keith Hawton, 1987). Dans l'expérience de notre équipe, 75 % des sujets récidivant à très court terme (dans les trois mois) n'avaient pas été hospitalisés lors de leur précédente tentative. Marie Choquet et Sylvie Ledoux (1994) confirment qu'un jeune sur quinze a déjà fait une TS et que quatre TS sur cinq n'ont pas abouti à une prise en charge hospitalière.

C'est après avoir appris que sa petite amie Virginie mettait fin à leur relation, que Jean-Pierre L., 17 ans, avale une vingtaine de comprimés d'hypnotiques. Il effectue son geste chez lui, dans sa chambre, puis se rend chancelant auprès de sa mère pour lui avouer qu'il a « fait une connerie ». Mme L. téléphone immédiatement à son mari qui est encore sur son lieu de travail. Ce dernier manifeste son agacement, parlant de « cuite aux médicaments » à propos du geste de son fils. Pour le couple, « le mieux est de le laisser cuver... Ce n'est pas une boîte de somnifères qui va le tuer... On ne va pas déclencher le plan Orsec pour un chagrin d'amour ». Ce qui est dit est fait et le médecin de famille n'est pas prévenu. Quinze jours plus tard, Jean-Pierre récidive : il absorbe deux boîtes de tranquillisants, mais vomit dans la demi-heure qui suit. Cette fois, le docteur J. est appelé. Il examine soigneusement le jeune homme qui est stuporeux ; son état n'est pas inquiétant, mais le médecin propose de l'adresser néanmoins aux urgences de l'hôpital. M. et Mme L. s'y opposent avec véhémence : « Écoutez Docteur, il a vomi ce qu'il a avalé, on peut le surveiller comme le lait sur le feu et vous rappeler en cas de problème... L'envoyer à l'hôpital, ça va lui donner l'impression qu'on panique, qu'il a le dernier mot... Et puis la situation de mon mari [directeur de société] risque d'en pâtir... » Le docteur J. cède aux injonctions parentales, d'autant que l'adolescent est mineur, qu'il connaît bien M. et Mme L. et qu'il a « confiance en ce qu'ils disent ». Quelques jours après cet épisode, Jean-Pierre se rend en soirée au domicile de son ex-petite amie. Il sonne ; Virginie lui ouvre. Jean-Pierre « veut discuter ». Dès qu'elle le laisse entrer, l'adolescent la bouscule, court vers la chambre de la jeune fille, ouvre la fenêtre et saute dans le vide. Jean-Pierre est aujourd'hui paraplégique.

En pratique, adresser le jeune suicidant aux urgences est, la plupart du temps, préférable à toute autre disposition, à la fois pour des raisons somatiques et psychologiques. Du point de vue strictement physique, certains produits absorbés lors d'une TS médicamenteuse ont un effet retardé et il est souvent difficile de connaître avec certitude, en l'absence de recherches toxicologiques, la nature exacte des produits en cause. Les patients sont d'ailleurs susceptibles d'en dissimuler volontairement la nature, en faisant sciemment disparaître tout ou partie du conditionnement des produits ingérés. D'autre part, certains produits employés en excès sont potentiellement très dangereux, alors que l'état de conscience du sujet paraît initialement peu altéré[1]. Ces aspects justifient la mise en observation, même brève, du jeune intoxiqué en milieu médicalisé.

Du point de vue psychologique, aucune corrélation formelle ne peut être établie entre la gravité physique du geste et l'importance de la souffrance psychologique ressentie par le sujet. Le risque de récidive suicidaire n'est pas non plus corrélé au retentissement somatique du passage à l'acte. L'hospitalisation en première intention du patient, a ceci de cohérent qu'elle permet de répondre à un désir de rupture qui demande non seulement à être reconnu et géré par un tiers extérieur, mais qui doit être contenu et évalué hors du territoire familial. Dans le cas où le sujet et sa famille se montrent réfractaires à une telle décision d'orientation, il appartient au médecin traitant d'en affirmer le bien-fondé et la nécessité, en refusant de devenir l'otage des protagonistes concernés.

L'accueil aux urgences

Contrairement à d'autres types de passages à l'acte (fugue, ivresse, toxicomanie…) pour lesquels la nécessité de soins ne va pas d'emblée de soi, la tentative de suicide s'impose immédiatement comme une conduite dont il faut évaluer et réparer les dommages corporels. Cet aspect confère à l'hôpital général (ou son équivalent[2]) un rôle majeur, car ce sont les services d'urgence ou de réanimation qui accueillent les suicidants. Ce « passage obligé » qui, nous venons de le voir, devrait

---

1. C'est notamment le cas des intoxications effectuées au moyen des dérivés du paracétamol, de certains anti-dépresseurs, etc.
2. C'est-à-dire toute structure sanitaire, publique ou privée, assurant des soins médicaux et/ou chirurgicaux.

être plus souvent retenu, offre en théorie deux possibilités : celle de reconnaître l'acte de rupture et de parer à ses conséquences physiques, tout en fournissant au rescapé et à ses proches une médiation institutionnelle ; celle de saisir cette opportunité pour évaluer l'état psychologique du sujet, initier les soins psychiques requis en complément des soins corporels, et formuler des propositions thérapeutiques futures qui puissent être acceptées par le sujet et son entourage.

Quotidiennement, les équipes des services d'urgence sont confrontées à un surcroît d'admissions pour TS médicamenteuses entre 18 et 23 heures. Ce constat s'explique sans doute par la recrudescence de l'angoisse et de l'idéation morbide qui marque la tombée de la nuit, les sentiments d'isolement étant également accentués en début de soirée pour nombre de sujets en détresse. La fréquence des intoxications volontaires réalisées par absorption de psychotropes, explique que les soins somatiques les plus courants soient le lavage gastrique[1], l'ingestion fractionnée de charbon activé[2], les vomissements provoqués (sirop d'ipéca) et la perfusion intra-veineuse de solutions isotoniques. En l'absence de contre-indications (coma nécessitant d'autres gestes techniques, ingestion de certains toxiques...), ces actes simples et efficaces, pratiqués seuls ou associés en partie entre eux, sont souvent suffisants. Alliés si nécessaire à une surveillance cardioscopique et à l'instauration de certains protocoles thérapeutiques complémentaires, ils concernent huit jeunes suicidants sur dix. La plupart d'entre eux seront potentiellement sortants moins de 24 à 48 heures après leur admission. On estime que la proportion d'adolescents suicidants dont l'état physique est gravement altéré à l'arrivée est d'environ 10 %, ces sujets devant bénéficier de soins intensifs de plus grande envergure (ventilation assistée, administration d'antidotes, etc.). Mais la moindre toxicité des psychotropes absorbés et l'efficacité des moyens d'assistance et d'organisation des soins d'urgence, concourent à la réduction de la létalité des TS et à celle de la durée d'hospitalisation.

1. Lorsque l'intoxication date de plusieurs heures, le lavage d'estomac est inutile.
2. Il s'agit de charbon végétal traité, qui offre une grande surface d'absorption aux toxiques ingérés et qui présente d'autres propriétés détoxifiantes.
3. Statistiquement, au cours des huit jours qui suivent, moins d'un intoxiqué sur cent décèdera des suites de son geste. Dans le même intervalle, l'acte suicidaire se révèlera fatal pour un jeune suicidant sur cinq ayant eu recours à l'arme à feu, l'arme blanche ou la précipitation d'une hauteur (X. Pommereau *et al.*, 1989).

Lorsque les actes techniques sont réduits, les soignants de ces services ne sont pas toujours convaincus de pouvoir jouer un véritable rôle thérapeutique. Ils ont alors le sentiment que l'aide limitée qu'ils apportent n'est pas adaptée aux besoins des jeunes gens pris en charge. Or, admettre même peu de temps ces derniers dans l'environnement des urgences ne relève pas seulement d'une mesure de prudence tant somatique que psychologique. C'est aussi soumettre les sujets à l'épreuve de la réalité manifeste de la souffrance et de la mort dans un lieu où celles-ci sont, par définition, omniprésentes. En confrontant les jeunes suicidants et leur entourage à cette réalité-là, les soignants indiquent ce à quoi renvoient les passages à l'acte effectués, quelle que soit leur gravité apparente. Pour les jeunes gens concernés, côtoyer des malades ou des blessés qui luttent pour survivre, partager avec eux des soins nécessairement intrusifs visant à restaurer l'intégrité physique, représentent autant d'événements qui restituent à la conduite suicidaire toute sa dimension fondamentalement transgressive et anti-narcissique. Après avoir attaqué leur corps propre, les jeunes suicidants reçoivent en retour des soins destinés à contenir et panser les blessures qu'ils se sont infligées. À la toute-puissance qu'énonce le « ce que je fais ne regarde que moi », répond un collectif « nous ne pouvons pas te laisser te faire du mal sans être complices de cela ». En prenant en compte l'acte pour ce qu'il exprime de destructivité, les soignants des urgences initient un processus indubitablement thérapeutique. Cette première étape de la prise en charge est suffisamment explicite en elle-même pour qu'il ne soit jamais justifié de l'amplifier par des attitudes ou des gestes techniques cherchant à en accentuer délibérément la portée. L'objectif n'est pas de punir les sujets, ni de les dissuader de recommencer. Comme le souligne Olivier Quénard (1981), « [...] [il s'agit] de pouvoir contenir les mouvements agressifs du suicidant sans lui offrir trop de bénéfices sadiques en se laissant envahir, voire dévorer, par ses exigences parfois tyranniques et mortifères, sans non plus, lui "infliger" de satisfactions masochistes par une attitude de rejet ou d'exclusion [...] ». Lorsque les soignants restent fermes mais tempérés dans leurs actions et qu'ils reconnaissent le sujet comme un patient en souffrance à part entière, l'institution joue pleinement le rôle d'un lieu de rétablissement corporel et de contenance pulsionnelle. L'acceptation de s'entretenir, même brièvement, avec les patients, est souhaitable chaque fois que cela est possible et que les soins somatiques en offrent l'occasion. Il ne faudrait toutefois pas envisager ces moments d'échanges comme capables à eux seuls de résoudre les problèmes des jeunes suicidants. Ce n'est pas aux soignants de ces services que revient normalement la tâche d'évaluer et de prendre en charge leurs difficultés psychologiques. Il serait également abusif de déplorer que les entretiens proposés soient de courte durée dans un univers où les professionnels sont nécessairement accaparés d'abord et avant tout par les soins somatiques. La primauté des gestes techniques y est rendue obligatoire par l'état critique des personnes admises. C'est aussi pour les soignants un moyen de se protéger des angoisses de mort qui les assaillent, leur environnement étant, par définition, éminemment traumatique et anxiogène. Leurs performances techniques s'accommoderaient d'ailleurs mal des doutes et des questionnements qui ne manqueraient pas de surgir lors de soins relationnels plus approfondis. Les brefs échanges dans lesquels peuvent s'impliquer les soignants ne doivent en tout cas pas avoir pour but de dénier, banaliser ou dramatiser la conduite suicidaire, pas plus qu'ils ne sont destinés à fournir aux sujets des réassurances factices, des conseils ou des opinions moralisatrices. Leur fonction principale est de réintroduire un mode de communication que l'acte avait court-circuité ou perverti. Recueillir les propos spontanés des jeunes patients et répondre à leurs interrogations concernant les soins effectués, ou la nature des faits tels qu'ils se présentent, participent pleinement d'une relation d'aide qui reste compatible avec l'activité des services d'urgence. « Pourquoi suis-je là ? », demande Aurélien, 16 ans, à l'infirmière qui lui prend les pulsations en salle d'observation. « Parce que tu as fait une tentative de suicide en absorbant des comprimés et que je dois surveiller ton pouls », lui répond, Mlle V., infirmière de réanimation.

Anticiper, en l'exposant, le déroulement de telle ou telle procédure (transfert dans un autre service, examens à effectuer, etc.), complète une démarche relationnelle qui privilégie l'authenticité et la cohérence, plutôt que la gêne et l'évitement. Il est également approprié d'annoncer suffisamment tôt l'intervention ultérieure de l'équipe médico-psychologique et surtout de la présenter comme faisant partie intégrante du protocole de prise en charge assurant le passage du somatique au psychologique. Cela suppose, nous le verrons, que les professionnels de ces différentes disciplines puissent travailler ensemble dans la complémentarité et le respect mutuel. Plus les sujets sont informés précocément de l'existence *in situ* d'une telle articulation, meilleure est leur acceptabilité au relais proposé, parce que celui-ci n'est dès lors pas vécu comme une simple manœuvre d'exclusion. Vis-à-vis des familles, des principes identiques doivent guider les soignants, en sachant qu'il est préférable de maintenir la séparation du jeune suicidant d'avec ses proches, tant que l'ensemble du processus engagé n'est pas accompli. Bien entendu, il ne s'agit pas de rejeter ni d'accuser l'entourage qui, souvent désemparé, éprouve de vifs sentiments d'angoisse, d'incompréhension et de culpabilité. Il est nécessaire d'exposer à ces personnes les différentes séquences de soins telles qu'elles sont *a priori* définies et de leur fournir des informations succintes sur l'état du sujet et la nature de l'étape atteinte dans le protocole en cours, chaque fois qu'elles le sollicitent. Il est non moins important de leur demander d'accepter une mise à distance provisoire en attendant qu'un intervenant soit en mesure de les rencontrer et de les autoriser à revoir le sujet pris en charge. Une telle attitude évite le rejet et conforte l'institution dans sa position de lieu de gestion et d'évaluation de l'acte de rupture. Cette séparation momentanée permet aux soignants d'assurer le bon déroulement des soins, tout en apaisant les tensions mises en jeu entre le jeune suicidant et son entourage. Elle permet aussi à chacun de ces protagonistes de prendre la mesure de ce qui s'est produit, en rendant moins opérants les mécanismes défensifs qui, de part et d'autre, tendent à annuler ou à amplifier la portée du passage à l'acte. Elle débouche enfin sur des perspectives de médiation et de conciliation que la prégnance ou la violence de tels mécanismes n'aurait pas permises lors d'une reprise de contact trop rapide et non préparée.

Lydie C., 17 ans, traverse le sas des urgences portée sur un brancard par deux ambulanciers. Sa mère lui tient la main en pleurant. La jeune fille semble dans le coma. Tandis qu'une soignante prend en charge l'adolescente, un de ses collègues invite Mme C. à le suivre vers une petite salle d'attente qui se trouve non loin de là. La mère de Lydie paraît très choquée. Elle répète constamment : « Pourquoi m'a-t-elle fait ça ? » L'infirmier lui demande calmement de fournir quelques précisions administratives puis l'interroge sur les circonstances de l'événement. « En rentrant du travail, j'ai trouvé Lydie allongée sur son lit... comme morte... Elle avait vomi sur elle... Il y avait des boîtes de cachets éventrés par terre... Des pilules partout... Voilà ce que j'ai pu retrouver », dit Mme C. en sortant de son sac divers conditionnements de médicaments. La mère de Lydie parle abondamment des relations qu'elle a avec sa fille, mais elle répond à l'infirmier chaque fois que celui-ci l'interrompt pour la questionner sur un détail particulier concernant l'heure de découverte, l'existence ou non d'une lettre d'adieu, d'antécédents similaires, etc. Au terme de cet entretien, le soignant se rend en salle d'urgence puis revient quelques instants plus tard pour donner à la mère des informations et des consignes précises : « Lydie s'est un peu réveillée au moment du lavage d'estomac. On s'occupe d'elle et son état n'est pas inquiétant, maintenant qu'on évacue ce qu'elle a avalé. Elle devrait être hors de danger rapidement. Dans l'immédiat, plutôt que de passer la nuit à attendre ici, le mieux que vous auriez à faire, ce serait de rentrer chez vous et d'appeler le service quand vous le souhaitez pour avoir des nouvelles. Nous allons remplir quelques formulaires, vous allez nous laisser votre numéro de téléphone, mais il n'y a aucune raison *a priori* pour que le service cherche à vous joindre cette nuit. Il faut aller vous reposer. En principe, si elle est bien réveillée, Lydie sera vue demain matin par le psychiatre. Il prendra contact avec vous et pourra vous rencontrer. Vous ne verrez pas votre fille avant, parce que c'est la procédure adoptée dans ce service : on préfère que vous vous retrouviez un peu plus tard dans de meilleures conditions. »

Les contraintes quotidiennes auxquelles sont soumis de nombreux services d'urgence ou de réanimation, ne sont pas toujours compatibles avec la prise en charge coordonnée que réclament de telles situations. Celles-ci posent paradoxalement plus de problèmes lorsque les jeunes suicidants ont effectué une intoxication « bénigne » ou une phlébotomie « superficielle », parce que ce n'est pas la nécessité de soins intensifs qui conditionne l'hospitalisation. Une fois examinés et traités sur le plan somatique, ces patients sont très rapidement aptes à regagner leur domicile. Les soignants ont alors à convaincre le sujet ou ses proches de l'opportunité d'un bref séjour destiné à « faire le point », ce qui les oblige souvent à user de patience et de persuasion, tout en ayant à rendre l'admission matériellement envisageable. Si les parents des patients mineurs ne s'y opposent pas ou si les sujets eux-mêmes ne refusent pas catégoriquement l'admission[1], les garder en observation en attente d'un avis psychiatrique est généralement possible dans l'environnement immédiat des urgences (lits-portes, salle d'observation, etc.), mais pour un délai maximal de 24 heures. Au-delà, l'afflux incessant de nouvelles entrées et les priorités que les soignants ont à accorder aux cas les plus graves ne permettent plus de faire correctement face aux problèmes posés. Transférer les jeunes gens en services de médecine ou de pédiatrie n'est réalisable que dans la mesure où ces unités disposent de lits disponibles pour les accueillir, ce qui n'est pas toujours évident dans les centres hospitaliers des grandes villes. Quant à leur orientation systématique vers les services ou les

1. Il existe bien entendu des procédures légales qui permettent de lever de tels obstacles (signalement immédiat du mineur en danger auprès du procureur de la République, hospitalisation à la demande d'un tiers), mais le recours à celles-ci est rare lors de l'admission.

structures de psychiatrie, elle se heurte – nous allons y revenir – à des limites ou à des obstacles certains. L'extrême brièveté du séjour hospitalier risque, dans ces conditions, de rendre difficile, sinon impossible la prise en charge psychologique et sociale de ces sujets.

Amandine, 17 ans, est admise vers 19 heures aux urgences de l'hôpital. Elle a eu un malaise sur la voie publique et a été amenée par les pompiers. Somnolente, elle s'exprime difficilement ; elle a beaucoup de peine à articuler, mais elle répond aux questions posées. Elle reconnaît « avoir avalé des cachets... des barrettes de Lexomil*... Une dizaine... Rien d'autre... Vers 17 heures, en sortant du lycée ». Un lavage d'estomac est pratiqué. Les parents sont devant la salle d'attente. Ils sont inquiets, bien qu'une infirmière soit venue leur dire que « ce n'était pas grave ». Amandine occupe un box de la salle d'urgence qui en compte quatre. À côté d'elle, une équipe du Samu s'affaire autour d'un malade victime d'un arrêt cardio-respiratoire. Trois personnes dont un enfant souffrant d'une intoxication alimentaire collective arrivent peu après. Il est 20 heures 10. Il faut transférer Amandine dans un autre service mais les lits de médecine sont tous occupés. L'interne de garde « trouve une place en ophtalmo pour la nuit ». En attendant son transfert, Amandine est allongée sur un lit roulant, à l'écart du sas. Elle s'assoit malgré les consignes qui lui ont été données, tente de se lever et supplie « qu'on lui laisse voir ses parents ». Lorsque les brancardiers l'emmènent, les parents d'Amandine qui allaient et venaient dans le couloir, aperçoivent leur fille. Les « retrouvailles » s'accompagnent de pleurs, de supplications, car l'adolescente « ne veut pas qu'on l'abandonne ». Vers 22 heures, après maintes tergiversations et une nouvelle intervention de l'interne, Amandine quitte l'hôpital avec ses parents qui ont signé une sortie contre avis médical.

De telles situations sont fréquentes. Hormis les difficultés matérielles rencontrées, le climat dans lequel s'effectue l'accueil et le séjour hospitalier des suicidants connaît d'amples oscillations directement liées aux attitudes et contre-attitudes défensives que génère le comportement suicidaire lui-même. Les sujets sont assez fréquemment agressifs et revendicateurs à l'égard des soignants : « Je n'ai pas demandé à venir à l'hôpital », « rendez-moi mes affaires », « je veux signer une décharge », etc. Les mêmes, un peu plus tard, ou d'autres, peuvent se montrer au contraire étrangement calmes et coopérants, presque arrivés là comme par erreur, parlant de « bêtise », de « coup de tête » à propos d'un geste qui était destiné, disent-ils, à leur permettre de « dormir » ou d'« oublier » et qu'« ils promettent de ne jamais recommencer ». La lassitude des soignants n'est pas rare lorsqu'ils sont en présence de sujets réadmis une nième fois, après avoir été hospitalisés pour des raisons identiques quelques jours ou quelques semaines auparavant. Quant aux familles, si la plupart d'entre elles respectent les modalités de prise en charge, certaines exigent sans attendre la sortie de leur proche avec véhémence. « Nous voulons récupérer Amélie immédiatement, insistent M. et Mme J., elle n'a rien à faire là, l'école l'attend. »

Par manque de collaboration étroite avec des intervenants de santé mentale et lorsque leur cadre institutionnel est insuffisamment contenant, les soignants se sentent très démunis. Le risque somatique étant écarté, c'est le sens du geste suicidaire et les réponses à apporter qui les interrogent. Que faire de ce passage à l'acte « insignifiant », sinon de l'envisager comme une incongruité ou une énigme ? Le sujet savait-il qu'il ne pouvait mettre sa vie en jeu en réalisant un tel geste ? Voulait-il exercer un chantage sur son entourage ? Appeler au secours ? Le caractère transgressif du passage à l'acte et les angoisses que réactive la conduite suicidaire elle-même (« Si c'était mon fils, ma fille, ma compagne... »), induisent chez les soignants des réactions défensives plus ou moins importantes. Celles-ci s'expriment sous la forme de contre-attitudes amplifiées par le comportement « hostile » des patients ou de leur entourage (non respect des consignes, demandes incessantes, agressivité affichée, etc.). En l'occurrence, l'observation du taux de sortie contre avis médical et par fugue, est un excellent indicateur de l'atmosphère dans laquelle se déroule l'hospitalisation. Dans une étude européenne récente (X. Pommereau, 1993*a*), nous avons pu déterminer que lorsque ce taux atteint ou dépasse 20 %, il devient impératif de procéder à l'examen approfondi des modalités de prise en charge proposées. Plus que l'influence négative si souvent décriée de tel ou tel soignant dans ses « positions personnelles » à l'égard des suicidants, c'est le cadre thérapeutique dans son ensemble qui manque alors souvent de souplesse, de capacité contenante et d'aménagements institutionnels destinés à réguler les tensions. Faute de pouvoir être atténuées par la collaboration d'intervenants psychosociaux, les divergences d'intérêt confinent parfois à l'affrontement entre suicidants et soignants. Les premiers disent « n'avoir rien demandé », banalisent leur geste et revendiquent leur droit à disposer d'eux-mêmes lorsqu'ils sont majeurs. Les seconds sont dans l'obligation de leur porter secours[1] et deviennent potentiellement responsables de ce qui pourrait advenir après l'hospitalisation, en particulier en matière de récidive suicidaire, risque dont ils ne peuvent être juridiquement exonérés par une simple sortie contre

1. En vertu du Code pénal, qui impose de porter assistance à personne en danger.

avis médical, formule faussement interprétée comme une « décharge de responsabilité »[1].

Malgré les recommandations précises de l'Organisation mondiale de la santé (WHO, 1982, 1986), il existe malheureusement encore des services d'urgence et de réanimation où aucune intervention médico-psychologique n'est prévue sur place, sauf en d'exceptionnelles occasions. En l'absence de psychiatre ou psychologue attaché à ces services, sans équipe de psychiatrie de liaison susceptible de se déplacer lors de l'hospitalisation d'un suicidant, c'est aux urgentistes et réanimateurs qu'incombe la lourde tâche d'évaluer par eux-mêmes l'état psychologique des suicidants. Sachant qu'ils ne peuvent pas transférer tous les sujets en service de psychiatrie et que la venue aux urgences d'un spécialiste ne peut être que ponctuelle, ils sont alors amenés à effectuer ce qu'il faut bien convenir d'appeler un « tri », en distinguant les patients pour qui s'impose selon eux un avis spécialisé, de ceux pouvant regagner leur domicile dès la fin des soins somatiques. Les critères utilisés sont variables et ne recoupent pas toujours ceux des équipes de santé mentale (caractère « minime » ou non de l'acte suicidaire, récidivistes «habitués» et « connus » du personnel, allure « triste » ou non des patients, manifestations d'« hostilité » ou de « compassion » de la part de la famille, etc.). Dans le cas où une orientation en psychiatrie est envisagée sans avoir été ni préparée ni discutée, les jeunes gens concernés, ainsi que leur entourage, acceptent d'autant moins bien ce transfert que cette décision unilatérale s'accompagne de manifestations de rejet. Même lorsque de telles attitudes sont évitées, l'équipe des urgences est souvent en difficulté pour fournir des éclaircissements à propos de l'utilité ou de la nécessité de cette orientation, quand il ne s'agit pas d'une omission délibérée, destinée à contourner le refus du patient. Dans des contextes de ce type, l'équipe psychiatrique « réceptrice » doit parfois accueillir un patient conduit sur un brancard, privé de ses vêtements, encore perfusé, ne sachant rien de la nature de son transfert. Si ce dernier ne présente pas de troubles mentaux avérés, il est alors très difficile d'éviter une sortie contre avis médical ou une fugue, modes de « sortie » qui annulent toute possibilité de prise en

1. En cas de procédure judiciaire, l'institution peut avoir à apporter la preuve que le sujet était apte à entendre et comprendre ce qui lui était signifié – à savoir les risques encourus par son état en cas de refus d'hospitalisation – avant de signer le formulaire en toute connaissance de cause.

charge spécialisée ultérieure, en donnant de la psychiatrie une image particulièrement floue et angoissante.

Laure, 18 ans, « se réveille » en service de réanimation. La veille au soir, elle a été admise pour « TS par IMV ». L'adolescente constate qu'elle est nue sous la chemise d'hôpital « ouverte dans le dos[1] » qu'elle a sur elle et qui est tachée de sang. Ses bras sont maintenus aux montants du lit par des sangles et « le goutte-à-goutte lui fait mal ». Laure ne se rappelle pas des circonstances de son hospitalisation. Elle se souvient « avoir voulu se suicider en avalant des cachets, après que son père l'ait traitée de p…, lui reprochant sa relation sentimentale avec un ami âgé de dix ans de plus qu'elle ». Lorsqu'elle a ouvert les yeux, une infirmière lui a dit ce matin qu'elle avait été « très agressive et agitée à son entrée ». Laure a maintenant faim, mais elle « n'ose pas sonner pour demander un petit-déjeuner, car après ce qu'elle a fait, elle est convaincue de ne pas y avoir droit ». Un homme en blouse blanche est passé tout à l'heure. Il ne s'est pas présenté mais lui a posé des « questions d'apparence administrative ». L'entretien a duré un quart d'heure et cette personne (médecin ?, psychologue ?) lui a dit « qu'elle allait changer de service ». Laure a eu peur « qu'on l'envoie chez les fous » ; elle s'est énervée, a demandé à voir ses parents, son ami. Maintenant qu'« on la maintient de force, elle sait : tout le monde pense qu'elle est folle ».

L'expérience montre que les attitudes et contre-attitudes défensives dont nous venons de décrire certains aspects, sont d'autant mieux contenues et tempérées que la prise en charge médico-psychologique débute *in situ* dans la continuité des soins somatiques. Complété chaque fois que nécessaire par l'intervention de l'assistante sociale du service considéré, un tel relais facilite un meilleur repérage du rôle de chaque intervenant et des liaisons transdisciplinaires en place. L'approche globale ainsi offerte propose un dispositif structuré qui atténue les crispations relationnelles en les répartissant sur des surfaces de projection plus diversifiées. Nous l'avons vu, les soignants du corps ne participent pas seulement à la restauration physique des sujets. Ils gèrent un temps de soins qui sépare provisoirement le jeune suicidant de ses proches et répond sans l'annuler à la rupture agie. Ce sont également eux qui réintroduisent la parole comme moyen de communication privilégié et qui préparent l'intervention des professionnels de santé mentale, elle-même articulée avec celle de leurs collègues du champ social. La dédramatisation de la prise en charge psychosociale permet en retour à ceux qui l'effectuent, d'évaluer les patients dans de meilleures conditions et de les orienter de manière plus adaptée, en ne laissant

1. Chemise dite « américaine ».

pas les somaticiens assumer seuls la responsabilité de la sortie. Bien plus, les relations nouées entre les intervenants de disciplines différentes, facilitent la prise en compte réelle des contraintes spécifiques qui pèsent sur la pratique de chacun. D'un côté, la rotation rapide des lits est indispensable au bon fonctionnement des services d'urgence et de réanimation. D'un autre côté, l'intervention médico-psychologique ou sociale ne peut confondre urgence et précipitation. Des compromis doivent donc être trouvés pour que l'institution soit en mesure d'accueillir les suicidants en évitant tout autant l'agir effréné que l'attentisme paralysant. Pour toutes ces raisons, il est de première importance que les équipes concernées puissent entretenir des liens institutionnels étroits et une collaboration aussi régulière que possible.

Le relais du somatique au psychologique

Qu'il soit vacataire ou membre d'une équipe de liaison[1], le psychiatre chargé d'examiner le jeune suicidant hospitalisé, est dans l'obligation de le faire rapidement, c'est-à-dire au cours des 24 à 48 premières heures qui suivent l'admission. Son intervention doit en effet rester compatible avec le fonctionnement des services somatiques. Il s'agit aussi d'éviter que tel ou tel sujet en situation de grande souffrance psychique, réitère son geste ou fugue dans l'intervalle, faute d'avoir été évalué et orienté à temps. Il est également essentiel que cette première rencontre avec le spécialiste ne soit pas proposée trop tardivement, après que le patient ait mis en place des défenses massives contre les sentiments de culpabilité qui l'envahissent, surtout s'il a déjà eu, malgré les consignes, un contact avec son entourage. Le déni et la banalisation annuleraient toute perspective de réflexion quant au sens de l'acte suicidaire. À l'inverse, procéder à un examen psychiatrique hâtif ne peut être satisfaisant. Si le sujet est encore sub-confus, trop somnolent ou s'il vient juste d'être extubé[2], l'entretien se réduit à sa plus simple

1. Rattachées à une structure publique de santé mentale, les équipes de psychiatrie de liaison interviennent sur appel dans les services de soins somatiques.

2. Chez un sujet dont l'état a nécessité une assistance respiratoire, l'extubation consiste à retirer la sonde qui avait été introduite à cet effet dans la trachée, lors de l'intubation. Pour des raisons anatomiques, l'irritation ou l'inflammation des cordes vocales provoquée par ces manœuvres endotrachéales, gêne l'expression verbale du patient au cours des 24 heures qui suivent l'extubation.

expression et l'intervenant ne peut faire aucune formulation diagnostique fiable. Comment distinguer par exemple l'inhibition dépressive du ralentissement dû à une intoxication psychotrope ?

De telles situations se rencontrent lorsque le besoin impérieux en lits disponibles conduit l'équipe des urgences à solliciter l'avis du psychiatre dès que le patient est réveillable mais non encore tout à fait réveillé. Il importe que le praticien puisse surseoir à ces demandes précipitées, en expliquant pourquoi de telles conditions d'entretien ne serait d'aucune aide pour personne. Comme on le voit, la marge peut sembler *a priori* étroite pour déterminer un temps de rencontre qui ne soit ni trop précoce, ni trop tardif. En réalité, les équipes somatiques qui travaillent régulièrement avec un intervenant « psy », savent très bien identifier à partir de quel moment cet entretien est réalisable. Idéalement, celui-ci doit être proposé dès que le patient a recouvré ses esprits et que les soins physiques se limitent à une simple surveillance médicale. Contrairement à ce que l'on imagine souvent, cette intervention est exceptionnellement refusée par les jeunes suicidants quand elle a été annoncée en temps voulu et sans hostilité particulière. Dans un service où un tel relais fait intrinsèquement partie de la vie institutionnelle, moins de 3 % des sujets le refusent lorsqu'on leur en parle. À de très rares exceptions près, le spécialiste lèvera lui-même ces réticences initiales après s'être présenté et avoir exposé les raisons et les objectifs de la rencontre.

La particularité de cette entrevue mérite d'être soulignée : dans la très grande majorité des cas, ce n'est pas le jeune suicidant qui en fait la demande et le psychiatre, en la sollicitant, adopte une position qui tranche avec l'exercice habituel de sa pratique. En outre, l'axe central qui guide la rencontre est l'évaluation de l'état du sujet, ce qui oblige l'intervenant à mener un entretien relativement structuré. Il s'agit en effet de repérer la symptomatologie susceptible de transparaître au travers des attitudes et du discours du sujet examiné. Il faut également connaître les faits marquants de son histoire et de celle de ses proches, de même que les principaux aspects du contexte socio-familial. Il est non moins essentiel de préciser les antécédents personnels et familiaux, l'existence ou non de manifestations prodromiques[1] ayant précédé la

1. Signes ou symptômes avant-coureurs.

crise suicidaire, ainsi que les circonstances du passage à l'acte. Le recueil de ces informations anamnestiques et séméiologiques, est évidemment indispensable à la reconnaissance d'un état anxieux, dépressif ou délirant et à l'établissement d'une première estimation du risque de récidive. Pourtant, il n'est pas suffisant : nombreux sont les jeunes suicidants dont le fonctionnement mental échappe à la nosographie psychiatrique classique.

C'est pourquoi l'entretien proposé n'est pas un simple examen clinique de routine. La démarche diagnostique doit s'accompagner d'une appréciation aussi fine que possible des mécanismes psychiques mis en jeu, de l'aptitude du sujet à accéder au sens de sa TS, et de la nature de son vécu relationnel. Nous l'avons illustré à maintes reprises au cours des chapitres précédents, le geste suicidaire ne représente que la partie émergée d'un « iceberg » personnel et familial. Derrière les facteurs déclenchants invoqués et les considérations sociales « voyantes » (désunions, ruptures, violences...), se cachent très souvent des dynamiques pathogènes qui risquent d'échapper au premier regard (relations réelles ou fantasmées de nature incestueuse, dyades excluant un tiers, flou des limites, identifications mortifères, etc.).

L'approche de ces différentes dimensions est, nous le verrons, souvent incomplète au cours d'un seul entretien. Elle n'est possible aussi que de la part d'un praticien confirmé[1], capable d'introduire une certaine souplesse dans l'échange, sans pour autant perdre de vue l'axe directeur qui est le sien. Cette exploration méthodique doit privilégier une forme relationnelle non rigide, ménageant des détours ou des retours éventuels vis-à-vis de tel ou tel aspect. Établir un contact de bonne qualité avec des jeunes gens plus ou moins hermétiques en début d'entretien, n'est envisageable que dans de tels termes. Un interrogatoire conduit de façon trop directive ne recueillerait que des informations événementielles, dépouillées d'une grande partie des affects s'y rattachant. Une écoute excessivement passive s'exposerait, elle, au développement plus ou moins continu de causes apparentes constituées de projections diverses. En l'absence d'interventions visant de temps à autre à interrompre le sujet pour qu'il explicite davantage ses propos,

1. Les connaissances cliniques et psychopathologiques requises, sont celles d'un psychiatre sénior, non d'un interne en psychiatrie qui, en tant que spécialiste en formation, ne dispose pas encore d'une expérience suffisante.

certains aspects seraient éludés, d'autres abusivement mis en exergue ou privés de sens véritable, le sujet n'en percevant ni les articulations, ni les aspects contradictoires ou analogiques. À l'image de l'amoncellement en vrac des pièces d'un puzzle, les éléments fournis doivent être souplement réagencés par l'intervenant, afin que le patient puisse entreprendre d'en recomposer l'ensemble.

Céline, 17 ans, est hospitalisée depuis la veille à la suite de l'absorption volontaire d'une boîte de somnifères. Ce matin, elle a essayé de se lever pour aller faire sa toilette, mais elle a été prise de vertiges et a dû se recoucher. L'infirmière venue la voir tout à l'heure lui a dit que sa mère avait téléphoné. Elle viendra en fin de matinée, après que le psychiatre soit passé. La voisine de chambre de l'adolescente dort profondément. Céline sait qu'elle aussi a tenté de se suicider. C'est ce qu'elle a appris lorsque les médecins sont venus les examiner l'une et l'autre. À propos de « son cas », Céline a entendu : « Première intox, pas de problème particulier, sortante en début d'après-midi après la visite du psy. » Le spécialiste rencontre Céline vers 11 heures ; aucun bureau n'étant disponible, l'entretien a lieu dans la chambre. Un paravent sépare Céline de sa voisine. L'adolescente se redresse sur son lit et le psychiatre s'assoit à son chevet :

— Bonjour Mademoiselle, je suis le docteur J., psychiatre du service. Je viens vous voir pour que nous parlions un peu de ce qui s'est passé. Vous êtes bien Mlle Céline B. et vous avez 17 ans ?

— Oui, mais il y a une faute à mon nom sur la feuille...

— Je vais corriger ça... Vous rappelez-vous de ce que vous avez avalé et comment vous êtes arrivée ici ?

— J'ai pris des cachets... Je ne sais pas combien, j'ai tout avalé d'un seul coup... Je voulais être dans le vide total, ne plus penser à rien... Je ne sais même pas qui m'a amenée à l'hôpital... Quelqu'un a téléphoné ?

— Oui, votre mère... Elle doit venir et elle a demandé à me rencontrer...

— Pour une fois que ça lui arrive de s'intéresser à moi ! Depuis que mon père est mort, on dirait qu'elle m'en veut...

— Nous allons revenir sur tout cela, mais je voudrais d'abord vous poser quelques questions. C'est arrivé combien de fois, avant cette fois-ci, de faire ce que vous avez fait ?

— Quoi, d'avaler des cachets ?

— Oui, de vouloir vous suicider comme ça ou par un autre moyen...

— Je ne l'ai jamais fait... J'y ai souvent pensé... Mais j'en avais pas le courage...

— Depuis combien de temps y pensiez-vous ?

— Depuis que mon père s'est tué... Je voulais aller le rejoindre... (pleurs)

— (silence) Que s'est-il passé exactement ?

— Il y a qu'il s'est pendu... Voilà... J'allais avoir 15 ans...

— Qu'est-ce que vous avez compris de son suicide ?

— Que ma mère lui rendait la vie impossible... C'est pour ça qu'il buvait...

L'entretien se poursuit pendant vingt minutes. Le docteur J. et Céline conviennent qu'une hospitalisation de quelques jours serait souhaitable. Arrivée peu après, la mère de la jeune fille est également d'accord avec cette proposition, car elle est « très inquiète ». Le service de médecine, situé deux étages plus haut, peut accueillir l'adolescente et le docteur J. reviendra demain s'entretenir avec elle. Dans l'intervalle, les visites et l'accès au téléphone sont autorisés.

L'entretien psychiatrique « au réveil » n'a toutefois pas seulement pour objectif d'évaluer l'état du sujet en souffrance et le type des relations qui le lient à ses proches. La rencontre exerce en elle-même une fonction thérapeutique, dans la mesure où le psychiatre favorise la verbalisation des affects éprouvés. La violence que le sujet a agie à travers son geste et celle qu'il a subie dans sa confrontation à l'univers des urgences, contrastent avec l'apaisement qu'il ressent dans l'« après-geste » ou au « réveil » de son coma toxique. Cette phase constitue un moment propice qu'il faut saisir, parce qu'il est très mobilisateur et d'une grande densité. Des choses s'expriment alors, qui ne pouvaient être dites avant et qui ne le seront pas après, lorsque les mécanismes défensifs reprendront le dessus. Il s'agit d'un entre-deux où la vigilance reste souvent flottante, à l'instar de ces moments de rêverie éveillée qui facilitent une circulation fluide des associations mentales et la libération d'affects profondément enfouis. On parle à juste titre d'effet cathartique[1] pour rendre compte de ce phénomène qui représente, chez certains patients, les prémisses d'une prise de conscience future.

L'importance de ces instants d'intimes révélations, explique sans doute pourquoi les défenses psychologiques vont rapidement « recouvrir » ces confidences. Dans les jours qui suivent, peu de sujets se souviendront de ce qu'ils ont « réellement » dit au cours de l'entrevue. Certes, les psychotropes absorbés lors de la TS ont des effets amnestiques[2] bien connus. Mais le même « blanc mnésique » est souvent retrouvé après d'autres formes de passages à l'acte. Ce que nous appelons de manière générique le « réveil » du jeune suicidant, est une phase au cours de laquelle toute la problématique du sujet émerge sous une forme condensée. Elle est énoncée par lui bien que ses diverses composantes échappent en partie à sa conscience réfléchie. C'est une raison supplémentaire pour que l'entourage reste tenu à distance au cours de cette brève période où l'intimité psychique du sujet est partiellement mise à nu.

1. Du grec *kathartikos* « qui purifie », avec l'idée d'expulsion, d'évacuation.
2. L'amnésie antérograde provoquée par certains tranquillisants, porte sur les faits qui suivent l'intoxication.

Une fois cette étape du premier entretien franchie, la rencontre avec l'entourage s'avère le plus souvent indispensable, afin d'obtenir de sa part une alliance thérapeutique qui conditionne, bien au-delà des obligations légales concernant les mineurs, l'adhésion de tous aux modalités de prise en charge ultérieures. Un contact téléphonique avec le médecin traitant complète utilement les échanges que le psychiatre a eus avec les uns et les autres.

Certaines situations sont assez rapidement résolues, surtout si le jeune et sa famille acceptent l'orientation proposée. C'est notamment le cas lorsque le jeune suicidant est déjà suivi et que le médecin ou le thérapeute qui le prend habituellement en charge est en mesure de lui donner un rendez-vous dans les heures qui suivent sa sortie. C'est encore le cas lorsque la TS s'est produite dans un contexte psychopathologique franc déjà connu (psychose, dépression majeure...) et pour lequel le sujet bénéficie d'une prise en charge spécialisée. Une réorientation vers le service psychiatrique concerné est alors possible, en consultation ou en hospitalisation. Que l'acte suicidaire soit le témoin de troubles mentaux évolutifs ou de manifestations pathologiques inaugurales, le recours à l'HDT[1] est parfois obligatoire en présence d'un sujet refusant les soins et dont l'état n'autorise pas dans l'immédiat d'autres alternatives thérapeutiques. La même procédure doit quelquefois être utilisée chez un sujet qui multiplie les passages à l'acte sans que rien ne semble pouvoir enrayer ses conduites autodestructrices. *A contrario*, il est des cas où le non consentement du sujet aux soins ne relève pas d'une telle mesure. La formule de sortie contre avis médical, contresignée par un entourage tout aussi réfractaire à l'orientation proposée, peut être envisagée et discutée. Sans avoir pour objectif illusoire de se dégager de toute responsabilité juridique, cette confrontation – Jacques Védrinne (1982) le souligne aussi – a le mérite de situer clairement les positions respectives de chacun, certains patients révisant

1. Sigle signifiant hospitalisation à la demande d'un tiers. Cette procédure permet de faire hospitaliser en service de psychiatrie un sujet dont les troubles rendent impossible son consentement, bien que son état impose des soins immédiats assortis d'une surveillance constante. Régie par la loi du 27 juin 1990, l'HDT correspond à l'ancien placement volontaire dont certains aspects ont été modifiés. Si le sujet à hospitaliser est mineur, la procédure d'HDT ne se justifie pas. C'est alors au détenteur de l'autorité parentale ou à l'autorité qui s'y substitue (juge des enfants) d'hospitaliser le mineur en cas de nécessité.

à ce moment-là leur désir de sortie. De même, rappelle cet auteur, « [...] lorsqu'il s'agit de mineurs que les parents veulent à tout prix récupérer avant qu'une évaluation complète de la situation ait pu être faite et une prise en charge éventuelle mise en place, [...] peut se poser la question de l'appel à une référence normative. En fait, en dehors de quelques cas où l'on peut recourir à l'application de mesures éducatives faisant intervenir le juge des enfants, dans la plupart des situations la seule réponse réside dans la rencontre avec l'environnement du sujet [...] ».

L'intervention du psychiatre en service de soins somatiques conduit-elle toujours à la mise en œuvre de modalités de prise en charge et d'orientation aussi rapidement définies ? Il est évident que non. Les conditions mêmes de l'entretien sont souvent gênées par la nature de l'endroit où il se déroule. Par définition, un service d'urgence n'est pas un lieu de parole et il n'est pas simple d'avoir accès à un bureau ou à une pièce suffisamment isolée pour offrir un cadre qui respecte l'intimité des personnes examinées. S'entretenir avec un jeune patient alité, dévêtu, se sentant plus ou moins physiquement souillé, et le faire en présence de son voisin de chambre parce que l'état de ce dernier ne permet pas d'éviter cette promiscuité, ne constituent certainement pas des conditions optimales de rencontre[1]. Il est également inconfortable et malaisé pour tout le monde de recevoir les parents dans une salle d'attente où les allées et venues – les urgences l'obligent – sont nécessairement fréquentes et bruyantes. En outre, procéder à un unique entretien avec le jeune concerné s'avère souvent insuffisant. Nous avons vu que différents niveaux d'approche étaient indispensables pour éviter de réduire l'entrevue à un banal examen de routine qui, à défaut d'être plus consistant, aboutirait à un nombre non négligeable de déductions sommaires. Fréquemment, malgré le soin avec lequel le psychiatre accomplit sa mission et même s'il est très expérimenté dans cette pratique, une seule rencontre ne lui permet pas de déterminer avec précision les principaux tenants et aboutissants de l'acte suicidaire. Ce peut être parce que l'effet cathartique du « réveil » masque momentanément l'expression d'une symptomatologie délirante ou dépressive franche, dont certains indices affleurent cependant en cours d'examen.

1. Lorsque les locaux ne permettent aucun aménagement véritable, mais que les somaticiens et les intervenants « psy » entretiennent de bonnes relations, les soignants déploient parfois des trésors d'ingéniosité pour proposer un espace plus adapté à l'entretien (drap recouvrant une porte vitrée, paravents disposés en quinconce, etc.).

Ce peut être encore parce que l'intervenant pressent l'existence de troubles relationnels plus graves que ceux dont parle le sujet. Enfin, dans la plupart des cas, si un échange avec l'entourage est souhaitable après que le jeune patient ait été vu une première fois, il est non moins impératif de réexaminer ensuite, avec ce dernier, les conditions de sa sortie. Faute de percevoir le sens de sa TS, il arrive que le sujet accepte puis refuse tour à tour les propositions thérapeutiques qui lui sont faites. Les situations sont multiples, complexes, rapidement évolutives dans un sens favorable ou non, au gré d'événements tels que la visite inopinée d'un proche, les réactions hostiles ou opposées des parents entre eux, etc. À la prise en compte et à la régulation de ces phénomènes, s'ajoute, pour le psychiatre intervenant, l'obligation de consacrer une partie non négligeable de son activité au travail de liaison imposé par les circonstances (contacts téléphoniques, échanges de vue avec l'équipe soignante, courriers circonstanciés adressés aux correspondants...).

Tout cela mobilise un temps considérable compte tenu de la disponibilité généralement réduite du spécialiste. Celui-ci aurait souvent besoin d'augmenter la période d'observation, au-delà des 24 à 48 heures prescrites par le fonctionnement du service. Dans de nombreux cas, son intervention débouche en effet sur un constat paradoxal. D'une part, la nécessité d'une prise en charge médico-psychologique semble aller de soi pour des jeunes gens qui ne peuvent être directement réadressés chez eux, sans que les mêmes causes n'entraînent un peu plus tard les mêmes effets, sous la forme d'une récidive suicidaire. D'autre part, les réponses thérapeutiques ou les aménagements institutionnels susceptibles d'être proposés, se heurtent à des limites manifestes. Ainsi en est-il de la formule, si souvent retenue, qui consiste à proposer au sujet un retour rapide à son domicile et à l'adresser à un consultant extérieur. Généralement bien reçue d'emblée lorsque le jeune suicidant pense que son acceptation de principe est la condition *sine qua non* de sa sortie, cette perspective de soin se révèle, en pratique, soumise à une très faible observance. Seul un patient sur dix se rendra effectivement au moins une fois chez le spécialiste qui lui a été nommément indiqué. N'en percevant pas l'intérêt et cherchant à se convaincre que « ses problèmes se régleront d'eux-mêmes », le sujet néglige de prendre rendez-vous avec un psychiatre ou un psychologue, spécialiste qu'il ne connaît pas, de surcroît. L'impasse dans laquelle il se trouve pour exprimer et résoudre ses difficultés autrement que dans l'agir, rend cette proposition d'un lieu de parole et d'écoute, non accessible dans l'immédiat.

Quant à l'orientation vers les structures traditionnelles d'hospitalisation psychiatrique, elle bute sur un obstacle majeur : ces dernières n'offrent encore que trop rarement des modalités d'accueil adaptées et spécifiques, en âges et en pathologies traitées. De ce fait, elles sont régulièrement refusées par les jeunes suicidants et leurs proches, l'image de la folie devenant dissuasive de tout investissement thérapeutique.

Kevin, 15 ans, est en observation dans la salle de réveil du département des urgences. Il a été admis hier soir après avoir fait une chute d'environ quatre mètres de hauteur et avoir présenté une brève perte de connaissance initiale. Le bilan effectué à l'entrée ne relève que l'existence de quelques contusions sans gravité. Kevin aurait été sortant dès ce matin, mais l'équipe des urgences souhaite un avis psychiatrique. En effet, les circonstances de l'accident sont peu claires : l'adolescent reconnaît avoir fumé un joint et s'être assis sur le rebord du balcon de sa chambre d'où il aurait glissé. Il espère que les soignants ne diront pas cela à ses parents qui en restent, eux, à la première version « officielle », telle que Kevin l'a proposée en arrivant à l'hôpital : « Je prenais l'air sur le balcon et j'ai eu un malaise. » Le jeune homme accepte facilement de s'entretenir avec le psychiatre consultant qu'il rencontre en fin de matinée. Il admet « fumer du shit tous les jours » et « avoir souvent des idées noires ». À propos de l'« accident », l'adolescent prétend « ne pas se souvenir s'il a fait exprès ou non de tomber ». Il reconnaît « qu'il n'allait pas bien depuis deux jours », sa petite amie l'ayant alors quitté. Kevin décrit par ailleurs la survenue fréquente de « moments d'angoisse très forts » pendant lesquels « il a peur de faire une grosse connerie, d'avoir envie de tuer des gens, par exemple ». Il n'en a jamais parlé à personne. Dans l'immédiat, il dit « ne pas être pressé de revoir ses parents qui vont l'engueuler à coup sûr ». Le jeune homme « veut bien rester un peu à l'hôpital si on ne l'envoie pas chez les fous et s'il peut avoir la visite de ses copains ».

Ni prêts à débuter ou à poursuivre un travail d'élaboration psychique en ambulatoire, ni bénéficiaires potentiels d'un séjour en milieu spécialisé classique, beaucoup de jeunes suicidants risquent de quitter prématurément l'hôpital et, ce faisant, d'abandonner tout autre projet de soins. C'est pourquoi le psychiatre qui intervient « au réveil » doit pouvoir disposer d'alternatives thérapeutiques et, pour cela, ne pas demeurer un acteur isolé. S'il appartient à une équipe pluridisciplinaire et s'il est en mesure d'offrir des conditions de traitement prenant en compte les difficultés que nous venons d'évoquer, le premier entretien avec le sujet aura pleinement exercé sa fonction d'amorçage, de préparation à un suivi ultérieur. Plus la prise en charge est débutée précocement, c'est-à-dire dans la continuité de la première rencontre, meilleure sera l'adhésion aux soins des jeunes patients et de leur entourage. Cela suppose la mise en place de points d'ancrage institutionnels qui rendent possibles de telles articulations. L'existence d'un dispositif de consultations spécialisées aisément accessible à partir des services d'urgence, en est un exemple probant. Lorsqu'à l'issue de l'entretien initial et dans un bref délai, c'est le même intervenant, ou la même équipe, qui propose un rendez-vous et qui assure cette prestation, l'observance des patients est nettement améliorée. De même, la présence d'attachés-consultants de santé mentale au sein des services de médecine ou de pédiatrie, facilite considérablement l'accueil et la prise en charge des suicidants. Mieux sensibilisés et formés à ce travail, souvent de ce fait, plus motivés pour le faire, les soignants de ces services offrent alors un cadre de soins qui permet d'envisager une réelle mise en observation des sujets en souffrance. Une fois sortis, ces derniers accepteront plus facilement les modalités de suivi recommandées, parce qu'ils en percevront mieux l'intérêt. Enfin, l'existence de petites unités « sas », de site et de fonction intermédiaires, ajoute un maillon supplémentaire qui favorise tout à la fois le passage du somatique au psychologique et le relais de l'univers hospitalier à l'environnement extérieur. Disposant généralement de quatre à huit lits selon l'importance de l'établissement, ces unités ont, en principe, un personnel pluridisciplinaire et sont rattachées aux services d'urgence (pôle d'activité, service porte...), aux départements de psychiatrie de l'hôpital général ou à l'hôpital psychiatrique. Encore peu répandu, ce type de structure, qui possède souvent son propre dispositif de consultations, évite le transfert systématique et abusif des suicidants indemnes de troubles mentaux vers les unités de psychiatrie traditionnelles. Un séjour de quelques jours autorise la réalisation hors de l'urgence d'une véritable intervention de crise qui a commencé avec l'évaluation faite au réveil et qui se poursuit dans le cadre d'une prise en charge enrichie par l'implication de nouveaux intervenants.

D'autres formules existent, privilégiant et développant tel ou tel aspect de ces modalités thérapeutiques. Ainsi, au Québec[1], l'intervention de crise se situe aux urgences. Après avoir éliminé une pathologie psychiatrique qui nécessiterait une hospitalisation, l'intervenant y

1. Nous faisons référence aux modalités de prise en charge proposées notamment à l'hôpital de Montréal pour enfants ou à l'hôpital Sainte-Justine. Au sein de ce dernier établissement, coexistent et collaborent un service de médecine et un service de psychiatrie de l'adolescence, celui-ci étant composé d'une unité de douze lits, d'un centre de jour et d'un dispositif de consultation ambulatoire.

reçoit ensemble le sujet et ses parents. Patricia Garel (1995) indique que l'intauration de cet espace relationnel pourra être suivie, « [...] selon les cas, de quelques entrevues rapprochées ou déboucher sur une prise en charge à plus long terme [...] ». Il n'existe certainement pas de configuration standard, tant sont variables les infrastructures, les ressources en personnel et les liens inter-institutionnels ou transdisciplinaires. Il n'existe pas non plus de « modèle » thérapeutique exclusif. L'idéal est, bien entendu, que les dispositifs ou les services concernés aient, sinon une réelle spécificité en âge, du moins un fonctionnement compatible avec l'accueil d'adolescents et post-adolescents. Il est essentiel que les jeunes suicidants y côtoient des pairs, dans un environnement qui, conçu pour eux, devient de ce fait moins « étranger » ou « menaçant » que celui des services traditionnellement dévolus aux enfants ou aux adultes. Les jeunes gens fréquentant ces lieux spécifiques, ne sont pas nécessairement traités pour les mêmes raisons. Lorsqu'il s'agit d'une unité de pédiatrie spécialisée en médecine de l'adolescence[1], les jeunes suicidants ou anorexiques – dont la proportion est généralement contrôlée – évoluent avec d'autres jeunes qui souffrent, eux, de troubles organiques. En psychiatrie, les services pour adolescents accueillent également les jeunes suicidants parmi des sujets développant d'autres troubles psychiques ou comportementaux[2]. À l'inverse de ce qui est proposé aux sujets présentant des conduites addictives graves (troubles alimentaires sévères, toxicomanies constituées, etc.), la plupart des spécialistes s'accordent sur la nécessité de courts séjours pour un grand nombre de jeunes suicidants, le relais ambulatoire étant pris dès que cette modalité de prise en charge devient envisageable. C'est le cas des patients indemnes de pathologie psychiatrique avérée et de ceux pour qui le comportement suicidaire ne prend pas un caractère itératif.

Le débat que d'aucuns cherchent à instaurer concernant la primauté de la place de la pédiatrie ou de la psychiatrie dans les soins aux adolescents suicidants ne nous paraît pas très fécond. Il nous semble

1. Le premier service pédiatrique français à avoir acquis cette spécificité est celui de l'hôpital universitaire du Kremlin-Bicêtre. Créé en 1982 par le Pr Victor Courtecuisse, il est actuellement dirigé par son successeur, le Dr Patrick Alvin.

2. C'est le cas du service de psychiatrie de l'adolescent et du jeune adulte (Pr Philippe Jeammet) de l'hôpital international de l'Université de Paris.

beaucoup plus intéressant que chacun s'efforce de repérer les spécificités de sa discipline et de déterminer en quoi l'existence de passerelles transdisciplinaires efficientes pourrait être utile. Les objectifs thérapeutiques, même s'ils se déclinent différemment, sont complémentaires. L'aménagement d'une période de transition entre les soins d'urgence et le retour à domicile, vise la restauration narcissique des sujets (soins corporels et relationnels) et le rétablissement d'échanges moins critiques entre ces derniers et leurs proches. L'expérience montre d'ailleurs, ici ou là, que des actions synergiques sont non seulement réalisables, mais qu'elles s'avèrent propices à la constitution de réseaux de soins intra et extra-hospitaliers. Quelle que soit la spécialité du service concerné, la motivation du personnel pour prendre en charge des jeunes suicidants, est fondamentale. Il est évidemment capital que les soignants croient à des projets de soins possibles et qu'ils ne soient pas paralysés par la hantise d'un suicide institutionnel. Compte tenu de la problématique de nombreux sujets où, aux failles narcissiques, s'ajoutent les menaces réelles ou supposées de relations objectales traumatiques, les soignants doivent aussi veiller à maintenir une distance relationnelle supportable afin d'éviter d'être trop proches et intrusifs ou trop éloignés et rejetants. Il est en tout cas important que l'équipe ne bascule pas du côté d'un travers classique : celui du « maternage » censé restituer au sujet le goût de vivre « en lui donnant ce qui lui manque ». Favoriser la restauration narcissique à travers le cadre, les soins, les échanges et les rencontres diverses, n'est pas synonyme de mise en œuvre d'un mode relationnel destiné à satisfaire les éventuels désirs de régression manifestés par le jeune suicidant. L'axe thérapeutique central consiste au contraire à favoriser l'autonomisation, en amenant le sujet à imaginer qu'il lui faudra un jour s'assumer, renoncer à la toute-puissance et tolérer le manque. D'ailleurs, une attitude de « nursing relationnel » serait vécue comme l'emprise d'une figure maternelle archaïque, répétant en négatif les fonctionnements révolus de la dyade mère-enfant et le retrait paternel. Certes, comme le rappelle Philippe Jeammet (1985*a*), « [...] c'est en utilisant les mêmes chemins qui ont conduit à la pathologie qu'il est possible d'offrir d'autres issues. C'est en effet parce qu'il s'est construit une image de lui portée par le désir de sa mère et parlée par elle, que l'adolescent a besoin de retrouver un support à la fois semblable et suffisamment différent pour pouvoir exister et se situer autrement que dans le négatif. Sans ce support, c'est sa propre continuité qui s'effondre dans la paralysie de la panique, ou du vide. Toutefois un support unique est aisément assimilé à la figure totalitaire de la mère et suscite le retrait (méconnaissant la dimension d'appui de cette opposition dans le retrait et la profonde dépendance qu'elle maintient). La pluralité des interlocuteurs peut créer les conditions de restitution d'un espace où il lui est possible d'occuper progressivement une place qui lui soit propre […] ». Un même sentiment d'emprise intolérable serait ressenti par le sujet, face à des soignants qui exigeraient de « tout savoir », dans le but omnipotent et illusoire de « tout comprendre ».

Ces principes institutionnels sont familiers aux équipes de pédopsychiatrie prenant en charge des adolescents. La majorité d'entre elles prône actuellement l'aménagement d'institutions de soins pouvant représenter de véritables espaces transitionnels[1]. De tels dispositifs s'avèrent très adaptés à la prise en charge des adolescents qui développent des conduites pathologiques. Comme tous les troubles du comportement, l'acte suicidaire est, nous l'avons vu, transnosographique et, souvent, ce n'est pas la maladie mentale qui permet de rendre compte ni de sa survenue, ni de sa gravité, encore moins de sa valeur pronostique. Au-delà du traitement symptomatique de l'état anxieux ou dépressif majeur que présentent éventuellement les sujets concernés, l'enjeu thérapeutique est de répondre à un fonctionnement mental particulier et à un mode de relations à autrui, que de nombreux jeunes partagent : dépendance et intolérance à la perte, effondrement narcissique, déni de la réalité, non figurabilité du conflit intra-psychique et des tensions œdipiennes, projections sur le corps propre qui est attaqué en lieu et place des liens de dépendance, etc. De telles particularités justifient pleinement l'aménagement de cadres institutionnels spécifiques, à condition que ceux-ci soient pensés en fonction de la nature des mécanismes qu'ils prétendent aider à résoudre. Le développement de structures de santé mentale ayant une réelle spécificité en âges et en

---

1. C'est à D.W. Winnicott que l'on doit le concept d'objet transitionnel qui s'applique à un objet partiel (au sens psychanalytique du terme) assurant le passage d'un objet à l'autre dans l'évolution de l'enfant (exemple : l'animal en peluche). Dans le prolongement de sa célèbre théorie, cet auteur a introduit en 1975, dans le champ thérapeutique, la notion d'aire transitionnelle de jeu, de créativité et d'expérience. Raymond Cahn (1985) a remarquablement développé l'idée selon laquelle une institution pour adolescents ne peut être authentiquement thérapeutique que lorsqu'elle est en mesure de proposer un cadre et un espace transitionnel, où se trouvent simultanément mobilisés l'interne et l'externe, le dedans et le dehors, l'avant et l'après, l'individu et le groupe.

pathologies traitées, semble aujourd'hui faire l'unanimité au sein des équipes spécialisées, même si les contraintes budgétaires freinent leur mise en place. Comme le soulignent Jean-Luc Vénisse et son équipe (1995), qui ont créé une unité pour jeunes patients addictifs[1], « [...] on peut espérer que les enjeux de cette spécificité ne soient plus du côté de l'exclusion ou de la mise à l'index mais du côté de la mise au point et en œuvre de dispositifs thérapeutiques adaptés aux particularités du fonctionnement pathologique de certains sujets [...] ».

Dans le domaine des conduites suicidaires, et hormis les cas où s'impose d'emblée une prise en charge de longue durée, il nous semble précisément capital que le passage à l'acte soit appréhendé pour ce qu'il est : un comportement qui court-circuite la pensée et qui témoigne dramatiquement d'une transition impossible entre corps et psychisme, narcissisme et relation d'objet. C'est en partant du constat que chez beaucoup d'adolescents suicidaires et leurs proches, tout se joue – dans le réel et dans l'imaginaire – en termes d'indistinction des limites et d'oscillations permanentes entre des rapprochements intrusifs et des éloignements rejetants, qu'un aménagement thérapeutique spécifique prend, selon nous, tout son sens. Notre postulat principal est que la tentative de suicide de l'adolescent ou du post-adolescent mérite une indication d'hospitalisation brève, en un lieu et un environnement spécifiques. Il ne s'agit pas de prétendre qu'il suffirait de quelques jours d'hospitalisation pour obtenir, chez ces jeunes gens, un changement radical et durable de leur fonctionnement psychique. Il apparaît, en revanche, essentiel de pouvoir saisir l'acte et la réalité externe qui l'accompagne (conflits relationnels, violences, etc.), tels qu'ils se présentent, non pour en déposséder les sujets, mais pour les inviter à en entrevoir la fonction et le sens. En somme, l'entreprise thérapeutique consiste à miser sur les propriétés mobilisatrices du passage à l'acte et sur les capacités potentielles des adolescents à entreprendre, à partir de cet événement dramatique, un travail d'élaboration psychique. Dans cette perspective, l'hospitalisation peut devenir une expérience, un passage, qui restitue à l'acte toute sa valeur dynamique.

---

1. Mise en place au CHRU de Nantes en 1990, l'unité du Pr Jean-Luc Vénisse accueille de grands adolescents et jeunes adultes âgés de 16 à 35 ans, présentant des troubles graves des conduites alimentaires (74 %), des problèmes d'alcool, de dépendances médicamenteuses, ou encore ayant fait des tentatives de suicide à répétition (5 %).

Une structure expérimentale : le centre Abadie

À Bordeaux, le nombre important de jeunes suicidants admis dans le même hôpital général[1], nous a conduit à structurer le relais du somatique au psychologique sous une forme institutionnelle innovante : la mise en place d'une unité ouverte, spécifique et de court séjour, pour réaliser, après les soins d'urgence, un travail de la crise avec le jeune suicidant et ses proches. L'unité médico-psychologique de l'adolescent et du jeune adulte (UMPAJA) a été créée en novembre 1992, au centre Abadie du CHU de Bordeaux. Il s'agit de la première structure française spécifiquement dévolue à la prise en charge de jeunes suicidaires. Elle dispose de quinze lits et accueille deux types de jeunes patients : ceux qui viennent d'effectuer une TS et pour qui les soins d'urgence sont terminés ; ceux qui sont adressés en prévention[2], après s'être signalés par des conduites de risques diverses ou l'expression manifeste d'une idéation morbide. Les premiers forment le contingent principal des jeunes gens hospitalisés dans l'unité, soit 80 % des admissions. Celles-ci font suite aux entretiens que tous les sujets concernés ont, en service d'urgence, avec l'un des psychiatres de l'UMPAJA, ce travail de liaison étant intégralement assuré par notre équipe. Quant aux jeunes gens adressés à titre préventif par les services de santé scolaire, les médecins traitants, d'autres institutions etc., ils sont reçus en consultation préalable ou directement admis après concertation médicale.

1. Les services d'urgence et de réanimation du groupe hospitalier Pellegrin-Tripode (CHU de Bordeaux), reçoivent chaque année environ 2 000 suicidants. Parmi eux, 600 à 700 sont âgés de moins de 25 ans. Comme ailleurs, huit à neuf TS sur dix sont des intoxications volontaires et le sex-ratio chez les adolescents et jeunes adultes concernés est de trois filles pour un garçon. Le séjour en réanimation de ces sujets est très bref, puisque 75 % d'entre eux quittent ces services moins de 24 heures après y être entrés.

2. Cette appellation signifie très souvent « prévention d'une récidive ». En effet, elle s'applique à tout sujet qui n'a pas fait de TS dans la semaine précédant son hospitalisation. La précision est d'importance lorsque l'on sait que neuf sujets sur dix admis à l'UMPAJA ont déjà effectué antérieurement au moins une TS.

Quatre cents patients par an séjournent dans l'unité, pour une durée moyenne de neuf jours[1]. Leur répartition par sexe est le reflet de la nette dominante féminine observée chez les jeunes suicidants, à savoir trois filles pour un garçon. D'un point de vue administratif, l'UMPAJA est susceptible d'accueillir tout sujet âgé de 14 à 35 ans. Toutefois, en pratique, la tranche d'âge la plus représentée est celle de 15–25 ans (moyenne d'âge : 19 ans), car c'est précisément pour les adolescents et post-adolescents que se pose de manière aiguë le problème de l'inadaptation des structures de santé mentale traditionnelles. Tous les sujets doivent donner leur accord personnel pour pouvoir être hospitalisés. Par définition, les seuls critères d'exclusion absolus à une admission à l'UMPAJA, ne concernent que les jeunes toxicomanes aux drogues illicites injectables, population prise en charge à Bordeaux par deux autres équipes spécialisées. Par ailleurs, tout jeune suicidant bénéficiant déjà d'une prise en charge psychiatrique, n'est admis dans l'unité qu'en accord avec l'équipe ou le praticien assurant ce suivi, et dans la mesure où la notion de court séjour n'apparaît pas inappropriée au cas considéré. À la sortie, seuls 10 % des sujets continueront à être suivis par un psychiatre ou un psychologue de l'unité. Tous les autres seront adressés ou réadressés vers les correspondants institutionnels ou privés acceptant de prendre le relais thérapeutique.

Dans la perspective de constituer un maillon supplémentaire entre les urgences et l'environnement extra-hospitalier, l'équipe de l'UMPAJA s'assigne une triple mission : compléter et approfondir l'évaluation initiale faite au « réveil », aider le sujet à ébaucher une élaboration psychique qui devra se poursuivre ultérieurement avec un psychothérapeute et, enfin, se donner le temps nécessaire à une médiation effective entre le patient et son entourage. Notre approche comporte deux dimensions qui sont complémentaires. D'une part, il s'agit d'examiner les arguments cliniques, psychopathologiques et sociaux permettant une appréciation plus fine de la symptomatologie et de la situation

1. La durée d'hospitalisation varie de cinq jours à trois semaines. Exceptionnellement, certains séjours dépassent trente jours. La volonté de l'équipe est de maintenir une durée moyenne de séjour de huit à dix jours, quitte à ce que certains patients reviennent plusieurs fois, jusqu'à ce qu'ils puissent réellement s'investir dans un projet thérapeutique personnel. Quinze pour cent des sujets bénéficient ainsi de deux séjours par an, sept pour cent de plus de deux séjours.

sociofamiliale considérées. Les mesures thérapeutiques[1] et les dispositions sociales qui en découlent, sont discutées avec le sujet et ses proches en fonction des données actuelles, mais aussi en regard du type de projet envisagé à la sortie. D'autre part, il convient d'aider ces personnes à prendre la mesure de leurs dynamiques personnelle et familiale et à identifier, au moins en partie, la nature de leur souffrance. Notre souci est de privilégier l'aspect diachronique des troubles, en proposant au sujet l'utilisation optimale de ses capacités psychiques, sans méconnaître ni une éventuelle pathologie, ni les principaux traits du milieu dans lequel il évolue. La recherche d'une alliance thérapeutique avec les familles est également fondamentale. Les parents sont systématiquement rencontrés et associés tant à la prise en charge qu'au projet de sortie. L'hospitalisation du jeune en souffrance apaise leurs angoisses et leur fournit un étayage mobilisateur supportable. Réactivés sur leur propre adolescence, ils doivent bénéficier eux aussi dans l'institution, de possibilités d'écoute en parallèle à la prise en charge de leur enfant. « Nous avons sûrement raté des choses, dit la mère de Lydie, 15 ans, mais nous ne pouvons même pas en parler avec notre fille... Par ses menaces constantes de suicide, elle nous terrorise... Nous ne savons que faire... Elle se comporte avec nous comme une bombe à retardement. » L'intérêt du séjour est aussi de permettre une confrontation familiale qui, si elle s'avère parfois compliquée, a le mérite de mettre à plat les difficultés, les tensions et de situer clairement la position de chacun.

Comment aider les uns et les autres à sortir de l'impasse relationnelle dans laquelle les maintient l'acte de rupture qu'est la TS ? Les aménagements que nous proposons visent à délimiter un espace transitionnel défini selon plusieurs axes. S'en tenir à une durée d'hospitalisation brève en est l'un des aspects essentiel. Le caractère transitoire du séjour répond en effet à l'indication d'un travail de la crise qui doit déboucher sur une autre forme de prise en charge par la suite. Il est en particulier primordial de ne pas entretenir, chez le sujet, l'illusion que la vie institutionnelle peut être un substitut durable à son cadre de vie habituel. Beaucoup d'adolescents suicidants auraient en effet la tentation de passer d'un état de dépendance à un autre, en s'installant à

1. Les soins psychiques incluent évidemment, chaque fois que nécessaire, la prescription de médicaments psychotropes.

l'UMPAJA comme dans un « cocon » réparateur loin de tout conflit, parce que situé entre parenthèses, c'est-à-dire en marge de la réalité. Les soignants insistent d'emblée sur cette dimension de transition, d'étape intermédiaire, de temps de préparation à des aménagements ou à des changements ultérieurs. L'enjeu thérapeutique est de susciter une mobilisation psychique, non d'induire la chronicisation des troubles. Une durée de séjour de l'ordre d'une à deux semaines représente également un espace-temps pensable pour de nombreux adolescents[1]. L'expérience indique d'ailleurs que ces derniers refusent rarement cette opportunité, lorsque la proposition leur en est faite aux urgences, au moment du « réveil ». D'autre part, au souhait de ne pas marginaliser l'adolescent vis-à-vis de sa famille, de son école, de son travail, s'ajoute l'obligation pour la structure de garder une capacité d'accueil compatible avec les besoins des services d'urgence. Au sein de cette délimitation temporelle, l'équipe de l'UMPAJA fournit une représentation condensée et analogique de l'« espace adolescent » et de ses principaux enjeux en termes de séparation et d'individuation. En intervenant dans et par la réalité, l'unité définit un cadre spatial et temporel de soins qui matérialise en quelque sorte un « passage ». Trois temps peuvent y être ainsi distingués. En premier lieu, l'hospitalisation débute par une séparation du sujet d'avec l'environnement extérieur, pendant les 48 premières heures. En second lieu, s'opère un regroupement d'adolescents se reconnaissant dans des problématiques similaires, le séjour se déroulant au fil d'entretiens et de rassemblements, qu'ils soient libres et spontanés entre jeunes patients ou formalisés avec les soignants. En dernier lieu, l'hospitalisation s'ouvre sur des perspectives de reprise de dialogue entre le sujet et son entourage, assorties d'offres de rencontre, de soutien ou de suivi et, le cas échéant, de dispositions à caractère social ou éducatif dont les modalités ont été préalablement discutées avec tous les acteurs impliqués dans le projet. Bien entendu, les analogies proposées – qui rappellent le tryptique séparation-ségrégation-agrégation des rites de passage – sont, pour l'équipe, des mises en correspondance conscientes et argumentées, tandis qu'elles restent pour le patient et son entourage, préconscientes et implicites. Mais c'est précisément cette activation du travail du préconscient qui concourt, selon nous, au dépassement de la situation de

1. Rappelons que la temporalité adolescente est bien différente de celle connue à l'âge adulte.

crise, en restaurant les capacités de représentation et l'accession au symbolique. Nous fournissons une réalité externe spécifique, que nous supposons activatrice du processus de construction d'un espace psychique interne. L'unité offre un cadre et un contenu déterminés en fonction d'insuffisances ou de carences présupposées (limites et loi paternelle déficientes, activité symbolique délaissée au profit de l'agir, absence de liaison entre affects et représentations...), afin que les sujets puissent se saisir des supports proposés et donner du sens à leurs attentes et à leurs manques. Les modalités offertes et les règles de vie établies sont définies en fonction de ce qu'elles sont censées « réfléchir » en termes de repères, de limites et d'étayages.

Violaine F., 16 ans, a été vue ce matin par le docteur D., psychiatre de l'UMPAJA, dans le service de réanimation où elle a été admise hier pour TS par ingestion d'une trentaine de comprimés de Témesta 1 mg* et d'alcool. Elle a facilement accepté la proposition d'un séjour dans l'unité pour « faire le point » avec notre équipe. En compagnie d'une infirmière, Violaine et sa mère ont visité l'unité avant de donner leur accord définitif. Elles ont également pris connaissance du règlement intérieur qui stipule ce qui est permis et ce qui ne l'est pas, et qui définit les obligations et les contraintes du séjour (*cf.* annexe). Violaine sait que pendant 48 heures, elle n'aura pas le téléphone dans sa chambre, ne recevra aucune visite et n'aura l'autorisation ni d'aller se promener dans le parc de l'hôpital, ni d'avoir une permission. Dans l'intervalle, Mme F. et son concubin seront reçus, à part, par l'une des deux assistantes sociales du service[1]. L'adolescente apprend également qu'elle devra s'investir dans certaines tâches ménagères (faire son lit, ranger sa chambre, laver son linge...). Violaine demande à l'infirmière s'il est permis de fumer. Cette dernière lui indique que cela est autorisé dans les chambres, qui sont considérées comme des lieux privés, mais interdit partout ailleurs conformément à la loi. Ce sera le docteur D. qui prendra Violaine en charge au cours de son séjour. Après la visite, Violaine quitte sa mère, s'installe dans sa chambre et fait avec l'infirmière un inventaire de ses effets, afin de s'assurer qu'elle ne dispose d'aucun objet interdit par le règlement[2].

---

1. À l'UMPAJA, les assistantes sociales assurent systématiquement la première entrevue avec les familles. Ces dernières pourront ultérieurement rencontrer le psychiatre qui s'occupe de leur adolescent. Mais ce dispositif permet d'éviter de donner au premier entretien une fonction d'explication diagnostique, alors même que le sujet vient à peine d'être admis. Angoissés et culpabilisés, les parents – s'ils rencontraient d'emblée le médecin – auraient en effet tendance à ne s'interroger que sur la nature et la gravité des troubles psychiatriques présentés par leur enfant. L'entrevue initiale avec l'assistante sociale permet aux parents d'exprimer leur propre souffrance, de parler de leur vécu, de revisiter leur histoire et celle de la famille.

2. Il est intéressant de noter que certains adolescents exhibent alors couteaux, lames de rasoir, cordes..., c'est-à-dire toute une série d'objets utilisables à des fins suicidaires, comme s'il fallait qu'ils « déposent les armes » avant d'entrer, pour mieux se convaincre qu'ils viennent dans l'unité se protéger d'eux-mêmes.

À l'incapacité pour le sujet de s'engager d'emblée dans un travail d'élaboration psychique, à la prégnance de traumatismes passés ou actuels qui maintiennent béantes de douloureuses effractions psychiques, l'institution répond par la mise en place d'un cadre thérapeutique délimitant, contenant et pare-excitant[1]. Celui-ci est destiné à protéger les adolescents contre eux-mêmes ou contre la réalité externe, au sein d'une structure conçue pour cela et acceptée par eux (architecture, règlement intérieur...). L'implication personnelle qui est demandée à chacun, place le sujet dans une position d'acteur principal de la démarche de soins. L'adolescent participe lui-même à son « sauvetage » dans un espace mis à sa disposition, mais en même temps investi par lui comme un lieu lui appartenant. En l'aidant à s'approprier son acte pour ce qu'il représente et à l'inscrire dans son histoire personnelle et familiale, l'institution lui permet d'amorcer un travail de réflexion et d'élaboration. Au cours des deux premiers jours de son séjour, les soignants présentent au sujet un premier outil thérapeutique destiné à l'y inviter. Cet outil, c'est le génogramme. Il s'agit de la représentation graphique de la constellation familiale, réalisée à l'aide de symboles conventionnels (voir encadré). Cette figuration schématique de la généalogie, définit succintement pour chaque personnage sa place, son rôle, son statut, sa fonction et son histoire. Ainsi, se révèlent les liens maintenus ou rompus, les répétitions de drames ou de ruptures d'une génération à l'autre ou à l'intérieur d'une même génération. Apparaissent également les approximations ou les « blancs » qui traduisent les difficultés de repérage que le sujet a vis-à-vis de tel ou tel membre de sa famille. « L'âge de mon grand-père maternel, avoue Coralie, 14 ans, je suis incapable de le dire... Disons que quand il est mort, je crois qu'il y avait déjà longtemps qu'il était en maison de retraite... Quant à sa femme, enfin, il vaudrait mieux dire ses femmes, je n'en ai connu aucune, ma mère non plus d'ailleurs ! » Lorsque l'infirmière propose cette reconstitution de la trajectoire familiale, les adolescents semblent parfois surpris mais acceptent facilement de

1. Le terme pare-excitations (de l'allemand *Reizschutz* « protection contre l'excitation ») a été introduit par S. Freud (1920) dans *Au-delà du principe de plaisir*. Pour rendre compte des mécanismes de protection contre les agressions dont dispose l'appareil psychique, Freud y développe un modèle physiologique : celui de la membrane protectrice et filtrante vis-à-vis des excitations du monde extérieur, que toute vésicule vivante doit avoir autour d'elle pour se protéger.

Le génogramme

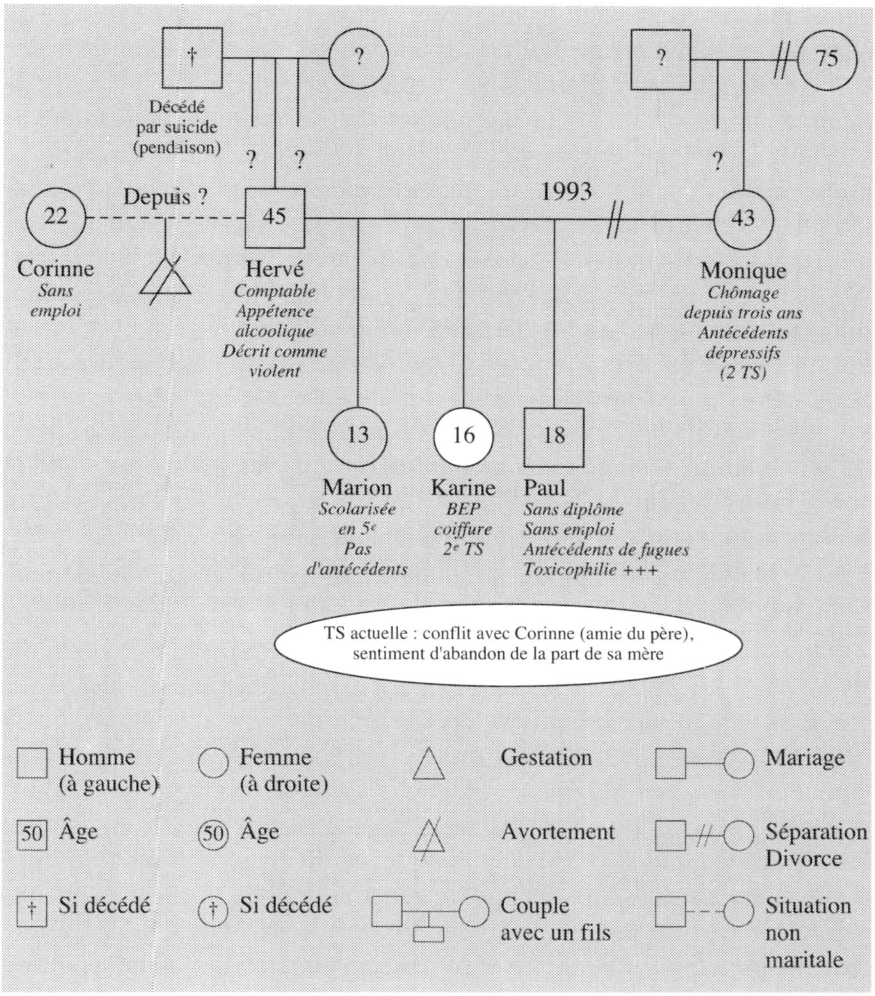

Karine, 16 ans, est la seconde d'une fratrie de trois enfants. Avec son frère aîné, Paul, 18 ans, et sa sœur Marion, 13 ans, Karine vit chez son père, comptable âgé de 45 ans, décrit comme violent et alcoolique. Les parents sont divorcés depuis 1993. Le père de Karine a une relation sentimentale avec une jeune femme, Corinne, 22 ans, qui a récemment fait l'objet d'une interruption volontaire de grossesse. Karine n'a pas de nouvelles de sa mère depuis quelques mois. Cette dernière est âgée de 43 ans, est au chômage et a déjà effectué une TS. L'adolescente sait que son grand-père paternel est décédé par suicide (pendaison). Elle attribue sa propre TS à un conflit relationnel majeur avec l'amie de son père, ainsi qu'au sentiment d'être abandonnée de sa mère.

souscrire à cet exercice. La plupart se disent « très intéressés » par la démarche. Au terme de la transcription, le soignant demande à l'adolescent de faire des commentaires sur chaque personnage. Bien entendu, il n'est pas question d'envisager le génogramme comme un outil de « vérité absolue ». Il se situe sur un plan de pseudo-réalité historique. Il s'agit de le considérer comme un cliché, un instantané, le témoignage graphique du récit d'un jour. Cet aspect est d'importance, car il autorise le sujet à omettre des éléments, à produire des erreurs délibérées ou non, ce qui donnera l'occasion de rajouts ou de corrections ultérieures. Au-delà de la réalité de l'expérience, on devine aisément que le dépôt du génogramme permet au jeune patient de livrer son vécu et de prendre un certain recul par rapport à son histoire familiale. Il arrive d'ailleurs fréquemment que des aspects lui paraissent subitement significatifs, alors qu'ils ne l'étaient pas jusqu'à présent. Sonia, 18 ans, parle de « révélation » pour décrire l'impression qu'elle a eue en regardant son génogramme avec l'infirmière : « Quand j'ai vu tous ces couples barrés par des traits, concernant mes parents, ma sœur et son ex-mari, mon frère et son "ex", tout ça, j'ai réalisé que moi aussi, je cassais sans arrêt et que je ne restais jamais plus de trois mois avec le même mec. »

Quant aux entretiens avec le psychiatre référent ou le psychologue, ils ne sont pas proposés selon un protocole strict et inamovible. Leur durée et leur fréquence varient en fonction de l'état du patient, de sa demande, de son aptitude à exprimer et verbaliser ses affects. Ils s'articulent de la manière la plus coordonnée possible (transmissions orales et écrites) avec le travail relationnel effectué par les autres soignants et les assistantes sociales[1]. En dehors du lever, du coucher et du temps des repas, ainsi que des moments d'entretien sollicités par le patient lui-même ou par l'un des membres de l'équipe, le déroulement de chaque journée est laissé à l'initiative de chaque patient. Le séjour étant de courte durée, il n'y a pas d'activité « occupationnelle »[2]. Le sujet doit

1. L'équipe de l'UMPAJA est pluridisciplinaire. Elle comprend quatre psychiatres (dont trois à mi-temps), deux psychologues à mi-temps, deux assistantes sociales à temps plein, une secrétaire à temps plein et une à mi-temps, une surveillante, huit infirmières, cinq aide-soignantes et trois agents d'entretien.

2. Aucun atelier n'est proposé. En revanche, des activités physiques facultatives sont possibles (gymnastique, piscine, escalade), leur encadrement étant assuré par des éducateurs sportifs délégués par la municipalité. De plus, une fois par semaine, une séance d'initiation aux arts plastiques a lieu au musée d'art contemporain de la ville de Bordeaux (CAPC).

disposer de son temps pour réfléchir, fréquenter ou non les autres patients... ou ne rien faire. C'est-à-dire que lui est délibérément laissée la gestion de son temps libre, afin de lui signifier que rien n'est possible, du point de vue thérapeutique, sans son investissement personnel. Son attitude (non-respect des consignes, passivité, etc.) pourra lui être commenté au cours des rencontres, mais sans jugement moral ou objectif culpabilisateur. En présence, par exemple, d'un patient passant ses journées allongé sur son lit, faire avec lui le constat de son repli régressif permet de réexaminer le but du séjour et les perspectives sur lesquelles l'hospitalisation est censée déboucher. Convenir alors d'une date de sortie plus tôt que prévu peut être l'événement activateur d'une mobilisation qui n'était pas encore possible, l'adolescent ayant eu jusque-là le sentiment de subir son hospitalisation. En le considérant comme un individu libre et responsable, l'institution confirme que sa place est celle d'un sujet porteur d'un projet potentiel et non d'un objet amené à s'inscrire dans le désir de l'autre. À ce titre, le sujet doit aussi assumer ses choix comme ses résistances ou exactions, la loi intervenant lors de toute transgression vis-à-vis du cadre posé. Ce n'est évidemment pas seulement une question de discipline qu'oblige toute vie en collectivité. L'intérêt de l'énoncé et de l'application de la loi procède également de la prise en charge thérapeutique. Il s'agit de rappeler, sous toutes les formes possibles, les limites réelles ou symboliques (entre l'autorisé et l'interdit, le dedans et le dehors, le territoire de l'un et celui de l'autre, etc.), afin qu'elles puissent être intégrées par les patients, c'est-à-dire faire loi.

Mylène, 18 ans, séjourne dans l'unité depuis cinq jours. Elle est entrée à la demande de son entourage, car elle multiplie les passages à l'acte depuis quelques mois (fugues, scarifications, ivresses répétées...). Son père est décédé d'un cancer peu avant qu'elle ne présente ces troubles du comportement. « Mes parents n'ont rien à voir dans tout ça, et mon père je le détestais », ne cesse-t-elle de répéter spontanément. « C'est moi qui me hais, je veux mourir, je ne pense qu'à ça. » Mylène « n'a rien à dire aux infirmières » et estime que « les psys ne servent à rien non plus, d'ailleurs, celui qu'elle voit ici, sa tête ne lui revient pas ». Seules, Myriam et Alexandra, deux autres patientes, « sont vraiment super et l'aident à ne pas trop psychoter ». Mylène transgresse régulièrement l'interdiction de fumer dans le couloir, refuse de débarrasser ses couverts, obligeant les soignants à lui rappeler sans cesse le règlement. « Je me fous de tout », dit-elle avant d'obtempérer puis de discuter le principe de telle ou telle consigne. Un après-midi, Mylène est trouvée dans sa chambre en train de fumer un « joint ». Elle est convoquée par le responsable de l'unité qui lui dit ceci : « Depuis que vous êtes arrivée, vous semblez avoir beaucoup de mal à respecter le règlement. Les soignants vous en font souvent la remarque. Là, en consommant du haschisch, la transgression est telle que notre réponse ne peut être que l'exclusion dans l'heure. C'est la décision que je prends en tant que responsable du service. En même temps, tout le monde pense ici que vous n'allez pas bien et que vous avez besoin d'aide. Je souhaite que vous preniez un rendez-vous dès que possible avec le psychiatre qui s'est occupé de vous pendant votre séjour. Je l'ai mis au courant. Il attend que vous vous manifestiez auprès de lui pour discuter avec vous de tout cela. » Le lendemain, Mylène est réhospitalisée avec un contrat. L'équipe procède en pareil cas à une véritable réadmission administrative, avec nouvelle séparation de 48 heures, etc. En trois semaines, il faudra effectuer ces procédures à quatre reprises avant que Mylène ne cesse de faire voler en éclats le règlement intérieur au bout de quelques jours.

La question du regroupement transitoire d'adolescents et de post-adolescents suicidaires en un même lieu de soins, mérite une attention particulière. Au contraire de ce qui s'impose à chacun d'entre eux dans la réalité de leur vie quotidienne (scolarité, modèles parentaux, etc.), la constitution du groupe de patients hospitalisés à l'UMPAJA est indépendante de critères d'âge précis, de sexe, de niveau socio-culturel ou de milieu social. C'est à partir de ce qu'ils ont mis en acte ou imaginé de faire, qu'il y a regroupement. Si les patients se reconnaissent autour de traits identificatoires communs, contrairement à ce que d'aucuns pourraient imaginer, ceux-ci ne semblent pas être posés autour de l'acte mais, intuitivement, autour de ce qui les y a conduits. De fait, dans l'unité, les jeunes suicidants ne cherchent pas à se distinguer des jeunes gens admis en prévention. Il n'est pas nécessaire de « se suicider » pour être reconnu par les pairs et les soignants comme un sujet en souffrance. Il n'y a pas non plus de phénomène de contagion et, lorsqu'un patient passe à l'acte au cours de son séjour, le groupe lui-même manifeste souvent de manière collective l'émotion et l'angoisse que suscite cet événement. L'expérience montre en effet que l'ensemble des patients reste notablement en deçà de l'identification par le comportement suicidaire, ce qui témoigne de la dimension anti-critique et contenante de l'espace transitionnel et du va-et-vient constant qui s'y produit entre individualité et corps groupal. Il n'est pas rare d'ailleurs que la crise du groupe se substitue à la crise du sujet et, par là même, participe à sa dissolution, par déplacement. Ainsi, par exemple, lorsque Sabrina se scarifie dans sa chambre, le groupe en tant que tel exprime son angoisse, sa compassion, sa solidarité, sa culpabilité, son agressivité, son impuissance... Autant de réactions qui font résonner la détresse de Sabrina, mais surtout la contiennent dans l'enveloppe vivante du groupe qui se déforme et s'adapte sans se déchirer au gré des circonstances.

Le temps d'intégration dans l'unité est court. Les sujets investissent rapidement le lieu parce qu'ils y rencontrent leur « semblable », dans tous les sens du terme. Situés pour un temps hors du milieu familial (qu'il soit conflictuel ou non), ils séjournent avec d'autres adolescents confrontés à des situations de crise similaires, en conflit eux aussi avec leurs parents ou leurs éducateurs. Ce milieu est d'autant plus vite le leur[1], qu'ils ont donné leur accord pour être admis et que l'unité est en mesure d'offrir des possibilités d'identifications, permises par la pluralité des intervenants et les diverses situations de groupe, des plus spontanées aux plus institutionnalisées. Comme l'exprime notre collaboratrice Emmanuelle Caule-Ducler (1994), « [...] ce que l'hospitalisation propose au patient, c'est une scène (un cadre) et des personnages (soignants, autres patients), à la fois réels et nouveaux avec lesquels recréer, ici et maintenant, une histoire, des liens susceptibles, d'une part, de combler provisoirement la rupture de l'historicité et, d'autre part, de contenir la fuite narcissique révélée par la crise en fournissant des modèles identificatoires immédiats. Cette hypothèse revient à attribuer au groupe une fonction d'opérateur du travail psychique individuel, à savoir à miser sur les potentialités résolutives et métabolisatrices du groupe [...] ». La mise en place de groupes de parole[2] répond à la nécessité d'une structuration institutionnelle du regroupement des patients, parallèlement à celui qui se fait et se défait spontanément au fil des entrées et des sorties. Ces séances bi-hebdomadaires fournissent

1. Appropriation qui retentit aussi comme « le leurre » du même, de l'identique, dans cette quête identificatoire qui fait dire à Mélanie : « Moi, c'est comme Clémence, d'ailleurs on pense pareil. »

2. Bi-hebdomadaires, ces rencontres durent 45 minutes et sont animées en alternance par chacune des deux psychologues. Une infirmière ou une aide-soignante participe à toutes les séances, en position d'observation, de même que les assistantes sociales. La présence au groupe de parole est obligatoire pour chaque patient, au même titre que tout entretien individuel pour lequel il est sollicité. L'obligation de présence – et non de parole, bien entendu – affirme une position institutionnelle susceptible de résister au déni de la souffrance (*via* le dénigrement du soin : « ça ne sert à rien »), à son exhibition masochiste (« je suis trop mal »), à la banalisation du séjour (« je ne peux pas, j'ai des visites »). Cette manière « forte » renvoie finalement le sujet à son désir : pourquoi est-il hospitalisé ?

elles-mêmes une représentation analogique des séjours de chacun dans l'unité, avec un cadre spatio-temporel défini, des relations réciproques qui s'y établissent entre le sujet et le groupe de patients, d'autres qui intéressent jeunes et soignants et qui, à travers elles, rappellent les échanges que les sujets ont – ou déplorent de ne pas avoir – avec leurs parents et l'environnement extérieur. « La bouffe est pas terrible », commente Alexandre, très vite relayé par Sandra qui est d'accord et qui, en plus, « estime inadmissible de voir disparaître en deux jours tous les Nutella* de la semaine ». Une discussion s'engage, l'institution étant tour à tour attaquée et défendue à propos de la qualité de la nourriture, du caractère inégal de sa présentation, etc. Sébastien et Marjorie finiront par ouvertement se demander « si derrière le problème de la bouffe ne se cache pas un autre truc, comme par exemple l'envie de se faire coucouner... On a tous tellement des têtes d'enterrement ! ». Dans l'espace groupal ainsi posé, les adolescents – aidés par le travail de reformulation proposé par la psychologue qui anime la séance – retrouvent et se réapproprient des fragments de leur propre discours. Ce point illustre un versant important du travail du groupe, à savoir favoriser la métaphorisation, la représentation, par le jeu des associations. Les sujets en discerneront mieux le sens en reprenant tel ou tel aspect de leur problématique avec un soignant lorsqu'ils seront en relation duelle avec lui.

L'unité offre en fait des surfaces de projection qui permettent à chaque adolescent d'y laisser originalement sa trace et sa singularité. Imparfaite, la dynamique institutionnelle échappe en partie à l'équipe, que ce soit au niveau du mur d'expression[1] ou à travers la transmission de codes d'accès secrets sur l'ordinateur mis à la disposition des jeunes et transformé par eux en messagerie informatique cryptée[2]. Sans parler des innombrables « histoires » qui ponctuent les séjours et dont les bribes ne parviennent aux oreilles des soignants que lorsque les événements sont déjà loin dans les mémoires. Sans compter enfin avec le prolongement extra-hospitalier que représente la constitution

1. Il s'agit d'un support mural de trois mètres sur douze, sur lequel les patients peuvent librement s'exprimer, sans aucune censure (dessins, tags, graffitis...).

2. À l'origine, cet ordinateur disposait d'un logiciel « interactif » sur le sida. En démantelant systématiquement le programme informatique chaque fois que nous tentions de le réinstaller, les adolescents se sont emparés de cet outil... dans lequel aucun soignant ne peut plus pénétrer, faute de code d'accès !

spontanée d'un réseau[1] entre patients. Conservant ainsi une certaine maîtrise de son séjour, l'adolescent peut se reconnaître dans le fonctionnement de cette unité qui récuse la « magie » et la toute-puissance.

Dans ces conditions, nous pouvons parler de fonction thérapeutique de l'institution. Même si notre recul épidémiologique est encore insuffisant, les données statistiques issues de nos enquêtes de suivi confortent d'ailleurs cette perspective. Deux tiers des patients admis à l'UMPAJA s'investissent à la sortie dans une prise en charge spécialisée, en grande majorité de type psychothérapique. Nos correspondants signalent généralement que le niveau d'investissement est sans commune mesure avec celui observé chez les rares adolescents suicidants acceptant d'emblée de s'engager dans une telle démarche, au sortir des services d'urgence. Le taux de récidive suicidaire dans les douze mois qui suivent l'hospitalisation à l'UMPAJA, est environ moitié moindre que le risque statistique de TS communément admis (15 % contre 30 %) et deux à quatre fois plus faible en ce qui concerne le risque de décès par suicide au cours de la même période (0,4 % contre 1 à 2 %). De plus, les récidives sont de gravité somatique notablement réduite, comparées à celles survenues au sein d'une population « témoin[2] » constituée de jeunes suicidants n'ayant bénéficié d'aucune prise en charge spécialisée, hormis les soins physiques de réanimation. Afficher des résultats thérapeutiques de manière aussi compactée, appelle quelques remarques. D'une part, pour positives qu'elles soient, ces données ne doivent pas cacher qu'un certain nombre de prises en charge proposées à l'UMPAJA ne font pas la preuve de leur efficacité préventive en termes de récidives suicidaires. L'équipe de l'unité n'est donc pas moins confrontée que les autres à des situations de mise en échec dans lesquelles certains adolescents suicidants

---

1. Contacts et rencontres entre certains ex-patients. Le réseau apparaît à première vue comme un échec partiel du travail de séparation et d'individuation. Tout se passe comme si le « désillusionnement » devait être différé dans le temps. À sa sortie, l'adolescent se défend en évitant partiellement un processus de deuil, de séparation. En même temps, le réseau représente une protection ou un relais supplémentaire qui appartient cette fois complètement à l'adolescent lui-même. Lorsqu'un adolescent va mieux et qu'il donne de ses nouvelles, il est fréquent qu'il dise : « Je n'ai plus besoin de voir les autres », sous-entendant « Je n'ai plus besoin du réseau ».

2. Enquête effectuée dans le même hôpital avant l'ouverture de l'UMPAJA, et portant sur le devenir à douze mois de mille suicidants de moins de 25 ans.

(et souvent leur entourage) semblent vouloir se perdre plutôt que de renoncer à des liens pathogènes ou révolus. D'autre part, la répétition suicidaire – indicateur statistique négatif s'il en est – n'est paradoxalement pas toujours l'expression d'une situation d'impasse thérapeutique. À l'instar de ce qui s'observe dans d'autres troubles des conduites, c'est au moment où certains sujets vont mieux que leur « comportement-symptôme » s'aggrave momentanément[1]. « J'avais l'impression de perdre quelque chose », reconnaît aujourd'hui Chloé, 17 ans, qui a multiplié les scarifications à visée phlébotomique au cours des premières semaines de sa psychothérapie. Enfin, même si l'évaluation des soins et la mise en place d'un suivi épidémiologique sont indispensables, il faut bien admettre que certains effets thérapeutiques sont particulièrement difficiles à « mesurer ». Comment, par exemple, restituer statistiquement le travail effectué avec les familles ? De plus, la restauration des relations du sujet avec son entourage n'est pas la seule preuve de l'efficacité de la médiation entreprise. En comprenant mieux les enjeux de la problématique qui le concerne, tel ou tel protagoniste de la scène familiale peut être amené, par exemple, à prendre enfin conscience qu'une décision de séparation ou d'éloignement jusque-là inenvisageable, s'avérerait salutaire pour tous.

Modestement, notre travail nous oblige cependant à dire que tout reste à faire pour l'adolescent. L'hospitalisation lui indique l'existence de gués où il aura à s'engager plus avant. La mobilisation recherchée n'est, bien entendu, que le prélude à un travail psychique plus en profondeur qui devra se poursuivre à la sortie. De courte durée, le séjour du sujet est destiné à en établir les fondements, à témoigner explicitement de l'importance d'un cadre défini comme préalable à toute entreprise thérapeutique, et à permettre au sujet de repérer les termes de son investissement dans un projet. Certains adolescents parviennent rapidement à saisir ces différents aspects. D'autres restent dans une impasse qui ne trouve pas encore de voies de dégagement satisfaisantes. D'autres encore ont besoin d'effectuer plusieurs séjours pour percevoir en quoi ils sont les véritables détenteurs d'un projet qui leur appartient. « La première fois que je suis venue, dit Alexandra, je me disais : qu'est-ce qu'ils me veulent ceux-là ? Je me rappelle avoir

1. Ce peut être notamment lorsque l'évolution vers un mieux-être est vécue par le sujet comme une angoissante perte de contrôle.

dit à une infirmière : vous craquerez avant moi, vous finirez par me jeter, parce que moi, je ne veux pas aller mieux… La deuxième fois que je suis venue, j'avais demandé moi-même à rentrer. J'avais peur de refaire une connerie… Je me suis quand même barrée en fugue au bout de deux jours… Là, cette fois-ci, j'ai envie de comprendre pourquoi je fais toujours tout pour que tout foire lamentablement… Pour moi, c'est mon premier vrai séjour. »

Conclusion

L'usage courant a retenu le syntagme crise d'adolescence pour désigner les débordements comportementaux et les crispations relationnelles qui caractérisent cet âge de la vie. Bien qu'elle prête parfois à confusion[1], cette expression concerne le processus adolescent normal qui – avec ses tensions et ses difficultés – représente un passage obligé vers l'individualité, l'altérité et, *in fine*, la maturité. Ce temps de métamorphose, marqué par de profondes transformations corporelles, des réaménagements psychiques et interpersonnels majeurs, mobilise une énergie considérable. La fatigue, les moments de dépressivité et une certaine anxiété sont donc inévitables. L'agir tient aussi une place importante et les conflits entre le jeune et ses proches sont habituels. En somme, même si tout se passe bien, cette période n'est facile, ni pour le sujet, ni pour son entourage. De toute évidence, il n'y a pas d'adolescence « tranquille » ou « économique ». Le point important est que ces manifestations ne présentent pas de caractère pathologique lorqu'elles restent tempérées et contenues. Il ne faudrait donc pas confondre crise d'adolescence et adolescence en crise. Cette dernière formule s'applique, elle, aux signes d'expression d'une souffrance intérieure dont l'intensité, la persistance et le cumul menacent tout autant l'avenir du sujet que celui de ses relations aux autres. Par définition, l'acte suicidaire appartient à cette catégorie. On ne saurait donc le considérer

1. Crise est d'abord un terme médical qui signifie « phase décisive d'une maladie ». Il est emprunté au latin *crisis*, lui-même du grec *krisis* « décision ».

comme un événement banal, ponctuant une traversée adolescente un peu plus houleuse que d'ordinaire. Toute conduite suicidaire est fondamentalement critique et désorganisatrice, révélant – quelle qu'en soit la raison – la mise en panne de l'activité symbolique et, par là-même, celle des représentations de la conflictualité intra-psychique.

Signe d'une tragique défaillance narcissique et objectale, l'acte suicidaire ne peut être le plus souvent appréhendé que dans la perspective d'une double problématique : le défaut des limites et la pathologie des liens. La complexité des mécanismes mis en jeu résulte en grande partie de leur intrication et de leur renforcement réciproque. À l'indistinction si fréquente entre diverses réalités (externe et interne, corporelle et psychique, génitale et libidinale...), se juxtapose généralement la confusion des rôles, des places, des attributs et des générations. En même temps, la dépendance aux figures parentales et l'effet de rapproché incestueux qu'elle suscite, obligent le sujet à recourir au déni de la réalité, au clivage et aux transpositions projectives que constitue l'attaque du corps propre ou celle du « corps scolaire ». Le flou des limites, la prégnance de liens révolus tout autant que l'excitation pulsionnelle qui lui est liée, et la non-figurabilité du conflit intra-psychique, expliquent sans doute pourquoi l'approche diagnostique des jeunes suicidaires est elle-même source de malentendus et de confusions. Ainsi, la fréquence avec laquelle la pathologie des états limites est d'emblée retenue au « réveil », coïncide mal avec ce qu'indique l'expérience du suivi ultérieur, à savoir que l'évolution vers une pathologie aussi fixée est relativement rare. De même, certains parlent de « moment psychotique » à propos du désamarrage symbolique momentané auquel correspond le passage à l'acte. Or, le processus psychotique ne se réduit pas à une simple rupture transitoire : dans la plupart des cas, l'acte suicidaire signe l'échec de la symbolisation, non l'inaccessibilité au symbolique. Quant à l'hystérie, si elle est aussi souvent évoquée abusivement, c'est que l'érotisation et la mise en scène sont très présentes dans nombre de TS.

Une problématique aussi complexe que celle du suicide à l'adolescence ne peut se satisfaire de réponses simplistes. S'en tenir au facteur déclenchant invoqué, en niant l'existence d'une souffrance psychologique « sérieuse » ou, au contraire, considérer tout adolescent suicidaire comme un malade mental, ne débouche que sur des perspectives de prise en charge réductrices et inadaptées. C'est pourquoi, au-delà de la prise en compte de tel ou tel aspect socio-familial ou symptomatique, les implications préventives et thérapeutiques passent nécessairement par des mesures visant la restauration narcissique, la réintroduction de repères et de limites contenantes, et l'amorce d'une élaboration psychique destinée à favoriser l'activité symbolique. Il s'agit de permettre au sujet et à ses proches d'examiner les modalités de leurs relations et de donner à l'acte suicidaire un sens et une place dans leur histoire. À l'inverse de la banalisation et du déni, cette reconnaissance peut faciliter le réinvestissement plus tempéré de leur vie relationnelle future. Amener l'adolescent lui-même à percevoir le sens de sa souffrance, représente un véritable enjeu de prévention des conduites suicidaires et de leur répétition. On ne peut renoncer qu'à ce qu'on a compris. Savoir de quoi on souffre, apaise non seulement l'angoisse qui lui est liée, mais fournit surtout des alternatives efficaces à la résignation et au désespoir. Puisse ce livre avoir contribué à dégager quelques ouvertures dans cette voie.

Annexe

RÈGLEMENT INTÉRIEUR DE L'UMPAJA

L'Unité médico-psychologique de l'adolescent et du jeune adulte est une unité de soins située au sein de l'hôpital. C'est une structure ouverte où l'on est admis de plein gré. Dans ce contexte, il est demandé à chaque patient d'être responsable de lui-même et d'accepter les consignes dans le respect de soi et de l'autre. Les patients sont tenus de participer aux activités thérapeutiques. Ils doivent également prendre en charge un certain nombre de tâches les concernant, à savoir :

- faire son lit et maintenir sa chambre en ordre,
- entretenir son linge personnel en respectant les consignes affichées dans la buanderie,
- se conformer aux règles de fonctionnement des repas.

I PRINCIPES DE FONCTIONNEMENT

Admission. Elle s'effectue entre *10 h* et *15 h* du lundi au vendredi inclus, sauf jours fériés. Un inventaire des effets personnels est fait à l'arrivée. Il est recommandé aux familles de prendre rendez-vous avec l'assistante sociale dès l'admission du patient, en s'adressant au secrétariat.

Permissions de sortie. Elles sont accordées sur autorisation médicale, pour une durée maximale de 9 heures par jour *(de 9 à 18 heures)*.

Promenades dans l'enceinte du centre Jean-Abadie. Elles sont accordées uniquement après autorisation d'un membre de l'équipe, le matin (une demi-heure) et l'après-midi par demi-heure(s) renouvelable(s) dans la tranche horaire *14–19 h*. Toute absence hors de l'Unité non signalée, non autorisée, ou dépassant le temps imparti est considérée comme une fugue.

Activités sportives. Facultatives, elles sont gérées administrativement comme les permissions de sortie et engage l'assurance responsabilité civile de l'intéressé. Elles sont autorisées sur demande et en l'absence de contre-indication(s) connue(s) antérieurement, dans la limite des horaires indiqués (*cf.* horaires), après *accord écrit* des parents (ou autorités tutélaires) et *du médecin de l'unité*, concernant la pratique de l'une ou de l'ensemble des activités proposées (gymnastique/musculation en salle, jogging, mur d'escalade et piscine). Elles sont animées et encadrées par des éducateurs sportifs diplômés de la Ville de Bordeaux. Une tenue adaptée est requise (tennis ou baskets, T-shirt, short, et maillot de bain). Tout manquement aux règles et consignes entraîne l'exclusion immédiate de la pratique concernée.

Sortie définitive. Elle peut avoir lieu tous les jours sur décision médicale.

Téléphone. Son usage dans chaque chambre est accordé sur avis médical.

Horaires des repas. Petit déjeuner : 8 h – 9 h 30 ; déjeuner : 12 h – 12 h 30 ; dîner : 19 h – 19 h 30.
Une participation au service est demandée quotidiennement (voir tableau d'affichage dans la salle à manger).

Horaires de la bibliothèque. La bibliothèque est ouverte de 9 h 30 à 23 h avec interruptions aux heures des repas (soit de 12 h 00 à 12 h 30 et de 19 h 00 à 19 h 30). Les visiteurs n'y ont pas accès. Les ouvrages et documents sont librement accessibles sur place, ou empruntés *un par un* (fiche d'emprunt obligatoire). Aucun de ces ouvrages ne peut être sorti de l'unité, tout document emprunté devant être restitué avant la sortie définitive.
L'usage du magnétoscope est autorisé tous les jours, de 16 à 19 h. L'Unité dispose de cassettes VHS dont la liste figure dans la bibliothèque ; elles peuvent être obtenues sur simple demande auprès de l'équipe soignante. Il en est de même des CD dont l'usage est exclusivement réservé à la bibliothèque. Il est interdit de fumer, de boire et de manger dans la bibliothèque.

Horaires des visites. Il est demandé aux patients et à leur entourage de respecter l'absence de visite au cours des 48 premières heures après leur admission. Les visites peuvent avoir lieu tous les jours, de 14 h à 19 h. Dans la mesure du possible, les personnes en visite sont invitées à répartir leurs venues au cours de cette plage horaire afin de ne pas être plus de deux visiteurs par patient en même temps. Il convient d'éviter les visites le lundi et le vendredi entre 15 h et 16 h (présence obligatoire des patients aux groupes de parole). Les visites des ex-pensionnaires sont proscrites.

Horaires des activités sportives facultatives. Gymnastique et exercices de musculation en salle (UMPAJA) : lundi, mardi, jeudi de 9 h à 10 h ; jogging en extérieur : vendredi de 8 h à 10 h ; piscine/mur d'escalade (en alternance) : jeudi de 12 h à 14 h.

Horaires de fermeture de l'Unité. D'octobre à mars : *19 h 00 – 8 h 00* ; d'avril à septembre : *20 h 30 – 8 h 00.*

Horaires du coucher. À partir de *22 h 00*, il est demandé aux patients de respecter le repos et le sommeil des autres. L'horaire du coucher ne peut en aucun cas excéder *minuit* (sauf demande de soins auprès de l'Équipe) ; à partir de cette heure, chaque patient doit être dans sa chambre.

Horaires du lever. En semaine, au plus tard à *9 h 00*. Le week-end, au plus tard à *10 h 00*.

II Interdits

II.1 Objets

Il est formellement interdit à tout patient ainsi qu'à leurs visiteurs d'introduire :
– l'alcool sous toutes ses formes,
– les armes, tout objet contondant, coupant ou tranchant, ainsi que tout autre objet dangereux et considéré comme tel par l'équipe soignante,
– les médicaments à l'exception des contraceptifs oraux,
– les stupéfiants, les solvants ainsi que toute substance considérée comme drogue,
– les produits à usages industriel, ménager ou agricole.

II.2 Comportements

Toute relation sexuelle ou comportement de « flirt » est formellement interdit dans l'unité ainsi que tout état d'ébriété ou état secondaire à une consommation de drogue.

Les manifestations violentes à l'égard de personnes ou d'objets sont proscrites.

Toute dégradation de matériel ou vol (incluant livres, cassettes, CD) entraîne l'engagement de l'assurance responsabilité civile de l'intéressé(e), de ses parents, ou de ses tuteurs.

Une tenue vestimentaire correcte est exigée.

L'usage du tabac est autorisé dans les chambres, mais il est interdit partout ailleurs dans l'unité.

Le non respect des interdits peut entraîner l'exclusion de l'unité de soins.

II.3 Argent et valeurs

Il est demandé aux patients de ne pas être porteurs d'une somme d'argent importante. Argent et valeurs doivent être déclarés au moment de l'admission. L'unité se décharge de toute responsabilité quant au vol, à la perte d'argent ou à la disparition de tout objet de valeur.

Bibliographie

Adolescences (1993), sous la direction de P. Jeammet, Paris, Éds. AGF/Fondation de France.

Adolescentes, adolescents. Psychopathologie différentielle (1995), sous la direction de A. Braconnier, C. Chiland, M. Choquet, R. Pomarède, Paris, Bayard/Fondation de France, coll. « Païdos/Adolescence ».

Adolescence et suicide (1989), sous la direction de H. Caglar, avec F. Ladame, G. Raimbault, M.H. Samy, Paris, ESF, coll. « La vie de l'enfant ».

Adolescence et suicide (1995), sous la direction de F Ladame, J. Ottino, C. Pawlak, Paris, Masson, coll. « Médecine et Psychothérapie ».

Adolescence - Identités, Santé, Société (1992), Cahiers d'étude et de réflexion édités par la Coopérative d'édition de la vie mutualiste, *Prévenir*, n° 23.

ALLÉON A.-M., MORVAN O., LEBOVICI S. (1985), *Adolescence terminée - Adolescence interminable*, Paris, PUF.

ALLÉON A.-M., MORVAN O., LEBOVICI S. (1990), *Devenir adulte ?*, Paris, PUF.

APULÉE, *Métamorphoses*, trad. D.S. Robertson et P. Vallette éd., Paris, coll. des Universités de France, 1908.

AYOUN P. (1995), « Inceste, violence et culture », in *Le traumatisme de l'inceste*, sous la direction de Marceline Gabel, Serge Lebovici et Philippe Mazet, Monographies de la psychiatrie de l'enfant, Paris, PUF, 33–52.

BAECHLER J. (1975), *Les suicides*, Paris, Calmann-Lévy.

Baromètre Santé 92, 1994, sous la direction de F. Baudier, C. Dressen et F. Alias, Paris, Éditions CFES.

BERMAN A.L., JOBES D. A. (1991), *Adolescent Suicide. Assessment and Intervention*, Washington DC, American Psychological Association.

BETTELHEIM B. (1976), *Psychanalyse des contes de fées*, Paris, Éd. Robert Laffont, coll. « Réponses ».

BIRRAUX A. (1990), *L'adolescent face à son corps*, Paris, Éditions Universitaires.

BLOS P. (1967), « The Second Individuation Process of Adolescence », *Psychoanalytic Study of the Child*, 22, 161–186.

BOTTA J.-M. (1982), « Conduites suicidaires et image du corps », in *Suicide et conduites suicidaires*, tome II, Aspects cliniques et institutionnels, n° 122, Paris, Masson, coll. « Médecine légale et de toxicologie médicale », 83–91.

BRACONNIER A., MARCELLI D. (1988), *L'adolescence aux mille visages*, Paris, Éditions Universitaires. Rééd. Le Livre de Poche, n° 7997.

BRENT D.A. et *al.* (1988), *Risks factors for adolescent suicide*, Archives of General Psychiatry, 45, 581–588.

BRETON Ph. (1992), *L'utopie de la communication*, Paris, La Découverte.

BRYOIS Ch., FERRERO F. (1995), *Prévention et traitement du risque suicidaire à l'hôpital psychiatrique*, Nervure, tome VIII, n° 8, 67–72.

CAGLAR H. (1989), « La prévention des tentatives de suicide des adolescents », in *Adolescence et suicide*, Paris, ESF, coll. « La vie de l'enfant », 121–168.

CAHN R. (1985), « Espace transitionnel et institution thérapeutique », in *Adolescence terminée, adolescence interminable*, A.-M. Alléon, O. Morvan, S. Lebovici (Éds), Paris, PUF, 137–141.

CAHN R. (1994), « De l'objet et du sujet du croire », in *Croyances*, Adolescence, n° 24, Paris, Bayard, 19–35.

CARRÉ J.R., ZUCKER E. (1989), *Mortalité et morbidité violentes dans la population des 15 à 24 ans*, Haut Conseil de la population et de la famille, Paris, Documentation française.

CAULE-DUCLER E. (1994), « Le groupe de parole », in *Le suicide chez l'adolescent*, Soins, Psychiatrie, n° 169, 35–39.

Chabrol H. (1984), *Les comportements suicidaires de l'adolescent*, Paris, PUF.

CHAMBOREDON J.-C. (1985), « Adolescence et post-adolescence : la "juvénisation" », in *Adolescence terminée, adolescence interminable*, A.-M. Alléon, O. Morvan, S. Lebovici (eds), Paris, PUF, 13–28.

CHARLES-NICOLAS A., VALLEUR M. (1982), « Les conduites ordaliques », in C. Olivenstein et coll., *La vie du toxicomane*, Nodules, Paris, PUF.

CHOQUET M. et coll. (1993), *Adolescence : Physiologie, Épidémiologie, Sociologie*, Dossiers documentaires, Paris, Inserm-Nathan, coll. « Suivre la science ».

CHOQUET M., LEDOUX S. (1994), *Adolescents. Enquête nationale*, Paris, Éds Inserm.

CHOQUET M., LEDOUX S. (1994*b*), « Épidémiologie et adolescence », in *Épidémiologie et psychiatrie*, Confrontations psychiatriques n° 35.

COHEN A. (1968), *Belle du Seigneur*, Paris, Gallimard.

CRIVILLÉ A., DESCHAMPS M., FERNET C., SITTLER M.-F. (1994), *L'inceste. Comprendre pour intervenir*, Toulouse, Privat.

DAVIDSON F., PHILIPPE A. (1986), *Suicide et tentatives de suicide aujourd'hui, étude épidémiologique*, Paris, Inserm/Doin Éds, coll. « Grandes enquêtes ».

DEBOUT M. (1993), *Le suicide*, Conseil économique et social, Paris, Journal officiel.

DELAGE M., RAOUL Y., DUPONT G. et coll. (1993), « Soins et décès par suicide à l'hôpital », *Psychologie médicale*, 25, 4, 335–338.

DELILE J.-M., POMMEREAU X. et coll. (1987), « Suicides et toxicomanies à l'adolescence », *Psychologie médicale*, 19, 5, 663–666.

DIEKSTRA R.F.W., HAWTON K. (eds) (1987), *Suicide in Adolescence*, Dordrecht, Martinus Nijhoff Publishers.

DIEKSTRA R.F.W., MORITZ B.J.M. (1987), « Suicidal behaviour among adolescents : an overview », in Diekstra R.F.W. et Hawton K. (eds), *Suicide in Adolescence*, Dordrecht, Martinus Nijhoff Publishers, 7–24.

DOLTO F. (1988), *La cause des adolescents*, Paris, Éditions Robert Laffont.

DUBET F. (1991), *Les lycéens*, Paris, Le Seuil.

DURKHEIM E. (1897), *Le suicide, étude de sociologie*, rééd. 1990, Paris, PUF, coll. « Quadrige ».

EMMANUELLI M. (1994), « Incidences du narcissisme sur les processus de pensée », *La Psychiatrie de l'enfant*, vol. XXXVII, 1, 249–305.

Feillard J. (1980), « Décès par suicide en établissement psychiatrique », *Présences et perspectives en santé mentale*, n° 77, 3–7.

FOUSSARD N., LAURENT A., BOUCHARLAT J. (1995), « Les tentatives de suicide de l'enfant et de l'adolescent », *Synapse*, 116, 29–34.

FREUD S. (1905), *Trois Essais sur la théorie de la sexualité*, trad. B. Reverchon-Jouve, Paris, Gallimard, 1962.

FREUD S. (1912–1913), *Totem et Tabou*, trad. S. Jankélévitch, 7e éd., Paris, Payot, 1977.

FREUD S. (1917), *Deuil et mélancolie*, in *Métapsychologie*, trad. J. Laplanche et J.-B. Pontalis, Paris, Gallimard, 1968.

FREUD S. (1920), « Au-delà du principe de plaisir », in *Essais de psychanalyse*, nouv. éd. A. Bourguignon, P. Cotet, J. Laplanche *et al.*, Paris, Payot, 1981.

GAREL P. (1995), « Comportements suicidaires et pertinence de l'intervention de crise », in *Adolescence et suicide*, sous la direction de F. Ladame, J. Ottino, C. Pawlak, Paris : Masson, coll. « Médecine et Psychothérapie », 165–172.

GARFINKEL B., NORTHRUP G. (eds) (1989), *Adolescent Suicide. Recognition, Treatment and Prevention*, New York, The Haworth Press.

GASQUET I., CHOQUET M. (1995), « Spécificité du comportement suicidaire des garçons à l'adolescence ; implications thérapeutiques », in *Adolescentes, adolescents. Psychopathologie différentielle*, 1995, sous la direction de A. Braconnier, C. Chiland, M. Choquet, R. Pomarède, Paris, Bayard Eds/ Fondation de France, coll. « Païdos/Adolescence », 81–91.

GREEN A. (1983), *Narcissisme de vie, narcissisme de mort*, Paris, Les Éditions de Minuit.

Guillaumin J. (1979), « Pour une méthodologie générale des recherches sur les crises », in *Crise, rupture et dépassement*, Paris, Dunod, coll. « Inconscient et Culture » (dir. par R. Kaës et D. Anzieu), 222–256.

GUILLAUMIN J. (1986), « L'adolescence et la séparation. La position amoureuse comme défense contre la dépression par mise en réserve des deuils ineffectués et ses échecs suicidaires », *Adolescence*, 4, 2, 241–303.

GUTTON P (1991), *Le pubertaire*, Paris, PUF.

HAIM A. (1970), *Les suicides d'adolescents*, Paris, Payot.

Hartmann F. (1995), « Suicide et dépression », in J.-P. Olié, M.-F. Poirier et H. LOO, *Les maladies dépressives*, Paris, Flammarion Médecine-Sciences, 45–51.

HAWTON K. (1987), « Assessment and aftercare of adolescents who take overdoses », in *Suicide in Adolescence*, Diekstra R.F.W. et Hawton K. (eds), Dordrecht, Martinus Nijhoff Publishers, 79–93.

HERITIER F. (1994), *Les deux sœurs et leur mère*, Paris, Éd. Odile Jacob.

JEAMMET Ph. (1985*a*), « Actualité de l'agir. À propos de l'adolescence », in *Les actes, Nouvelle revue de psychanalyse*, Paris, Gallimard, n° 31, 201–222.

JEAMMET Ph. (1985*b*), « La dépression chez l'adolescent », *Traité de psychiatrie de l'enfant et de l'adolescent*, Paris, PUF.

JEAMMET Ph. (1987), « Conduites suicidaires chez les adolescents », *Rev. Prat.*, 37, 13, 725–730.

JEAMMET Ph. (1991), « Addiction, Dépendance, Adolescence. Réflexion sur leurs liens. Conséquences sur nos attitudes thérapeutiques », in J.-L. Venisse (ed.), *Les nouvelles addictions*, Paris, Masson.

JEAMMET Ph. (1992), « Pathologie de la dépendance à l'adolescence », *Méd. et hyg.*, 50, 3206–7.

JEAMMET Ph., BIROT E. (1994), *Étude psychopathologique des tentatives de suicide chez l'adolescent et le jeune adulte*, Paris, PUF, coll. « Psychiatrie de l'enfant ».

JEAMMET Ph. (1994), « Adolescence et processus de changement », in Widlöcher D., *Traité de psychopathologie*, Paris, PUF, 23, 687–726.

KLEIN R.G. (1995), « Maladies dépressives chez l'adolescent », in J.-P. Olié, M.-F. Poirier et H. Lôo, *Les maladies dépressives*, Paris, Flammarion Médecine-Sciences, 25–31.

KLEINER G. J., GRESTON W. M. (1984), *Suicide in pregnancy*, Littleton, John Wright, PSG Inc.

KOTILA L., LONNQUIST J. (1987), « Adolescents who make suicide attempts repeatedly », *Acta Psychiatrica Scandinavica*, 76, 386–393.

KRISTEVA J. (1987), *Soleil noir, dépression et mélancolie*, Paris, Gallimard.

La pulsion de mort (1986), premier symposium de la Fédération européenne de psychanalyse (Marseille, 1984). Textes de Green, Ikonen, Laplanche, Rechardt, Segal, Widlöcher, Yorke, Paris, PUF.

LADAME F. (1981), *Les tentatives de suicide des adolescents*, Paris, Masson.

LADAME F., OTTINO J. (1993), « Les paradoxes du suicide », *Adolescence*, 11, 1, 125–136.

Ladame F. (1995), « Le suicide chez l'enfant et l'adolescent. Approche clinique », in Lebovici S., Diatkine R. et Soulé M., *Nouveau traité de psychiatrie de l'enfant et de l'adolescent*, tome II, 2e éd., Paris, PUF, 85, 1517–1525.

Laplanche J. (1986 a), « La pulsion de mort dans la théorie de la pulsion sexuelle », in *La pulsion de mort* (collectif), Paris, PUF, 11–26.

LAPLANCHE J. (1986*b*), « Table ronde » (avec H. SEGAL, E. Rechardt et A. Green), in *La pulsion de mort* (collectif), Paris, PUF, 80–99.

La santé des adolescents. Quels liens entre recherche et prévention ? (1994), séminaire sous la direction de P.-A. Michaud, F. Baudier, M. Choquet et S. Mansour, Cartigny (Genève), nov. 1993, Paris, Éds CFES.

Les problèmes des passages à l'acte (1988), Journée de Bonneval, 4 oct. 1986, textes recueillis par F. Sauvagnat, *Actualités psychiatriques*, n° 1.

LEWINSOHN P. (1995), « Tentatives de suicide à l'adolescence et facteurs de risque psychosociaux », in F. Ladame, J. Ottino, C. Pawlak, *Adolescence et suicide*, Paris, Masson, coll. « Médecine et Psychothérapie », 60–66.

MAHLER M. (1973), *Symbiose humaine et individuation. Psychose infantile*, Paris, Payot.

MARCELLI D., BRACONNIER A. (1995), *Adolescence et psychopathologie*, 4e éd., Paris, Masson.

MENAHEM R. (1974), « Le suicide est-il une maladie ? », *Perspectives psychiatriques*, 3, 47.

MORVAN O. (1986), « Le suicide est-il une perversion à l'adolescence ? », *Adolescence*, 4, 2, 233–240.

MOUTIA C., FISCHER W., LADAME F. (1995), « Caractéristiques cliniques d'une cohorte d'adolescents suicidants : résultats préliminaires d'une étude prospective », in Ladame F., Ottino J., Pawlak C., *Adolescence et suicide*, Paris, Masson, coll. « Médecine et Psychothérapie », 67–73.

NATHAN T. (1991), « L'art de renaître. Fonctions thérapeutiques de l'affiliation au moyen du traumatisme sexuel », *Nouvelle Revue d'ethnopsychiatrie*, n° 18, 15–36.

POMMEREAU X., DELILE J.-M., CAULE E. (1987), « Hypnotic Overdoses and Fairy Tales : Snow White and the Uses of Disenchantment », *Suicide and Life-Threatening Behavior*, Vol. 17, n° 4, 326–334.

POMMEREAU X. (1989), « Prise en charge des jeunes suicidants à l'hôpital général », *Synapse*, n° 59, 61–65.

POMMEREAU X., TÉDO Ph. et coll. (1989*a*), « Tentatives de suicide par précipitation d'une hauteur : données épidémiologiques, cliniques et psychopathologiques, *Psychologie médicale*, 21, 4, 460–464.

POMMEREAU X., TÉDO Ph. *et al.* (1989*b*), « Attempted suicide by jumping from a height : a five year retrospective study », in *Current Research on Suicide and Parasuicide*, N. Kreitman et S.D. Platt (eds), Edinburgh, Edinburgh University Press, 153–162.

POMMEREAU X. (1993*a*), « Clinique suicidologique : similarités et disparités au sein de la Communauté Européenne », in *Suicides et tentatives de suicide à la Réunion : épidémiologie, anthropologie, abord socio-culturel, essai de Prévention*, Actes du Colloque organisé par le CORI à Saint Gilles de la Réunion, 23–26 avril 1991, co-édition Inserm Lémuria, 257–270.

POMMEREAU X. (1993*b*), « Les tentatives de suicide », in *Adolescence plurielle*, sous la direction de M. Choquet et C. Dressen, *La Santé en action*, Paris, Éds CFES.

POMMEREAU X. et coll. (1994), *La prise en charge des jeunes suicidants*, Revue Soins, *Psychiatrie*, n° 169.

POMMEREAU X., DELORME M., TÉDO Ph., DRUOT J.-M., CAULE-DUCLER E., HERNANDEZ D. (1995), « Pourquoi hospitaliser les adolescents suicidants ? », in *Adolescence et suicide*, sous la direction de F. Ladame, J. Ottino, C. Pawlak, Paris, Masson, coll. « Médecine et Psychothérapie », 185–191.

QUIDU-RICHARD M. (1990), *Le suicide : un deuil impossible ?*, Psychologie Médicale, 22, 5, 437–439.

SAMY M.H., GRISENKO N. (1989), « Examen clinique et traitement de l'adolescent suicidaire », in *Adolescence et suicide*, sous la direction de H. CAGLAR, Paris, ESF Éditions, 77–100.

SHNEIDMAN E. S. (1972), *Death and the College Student. A Collection of Brief Essays on Death and Suicide by Harvard Youth*, New York, Behavioral Publications.

SPADONE C., BAYLÉ F.-J. (1995), « Conduites à risque et dépression », in J.-P. Olié, M.-F. Poirier et H. LOO, *Les maladies dépressives*, Paris, Flammarion Médecine-Sciences, 52–57.

Traumatisme de l'inceste (*le*) (1995), sous la direction de Marceline Gabel, Serge Lebovici et Philippe Mazet, Paris, PUF, coll. « Monographies de la psychiatrie de l'enfant ».

TURSZ A., SOUTEYRAND Y., SALMI R. (Éds) (1993), *Adolescence et risque*, Paris, Syros.

VÉDRINNE J., QUÉNARD O., WÉBER D. (1981), *Suicide et conduites suicidaires, Tome I, Aspects socio-culturels, épidémiologiques. Prévention et traitement*, Paris, Masson, coll. de « Médecine légale et de toxicologie médicale », n° 120.

VÉDRINNE J. (1982), « Suicide, loi et position du médecin », in *Suicide et conduites suicidaires*, sous la direction de J. Védrinne, O. Quénard et D. Weber, tome II, *Aspects cliniques et institutionnels*, Paris, Masson, coll. de « Médecine légale et de toxicologie médicale », n° 122, 253–264.

VÉNISSE J.-L. (1991), *Les nouvelles addictions*, Paris, Masson.

VÉNISSE J.-L., RENAULD M. et ROUSSEAU M. (sous la direction de) (1995), *Conduites de dépendance du sujet jeune*, Paris, ESF Éditeur.

VINDREAU C. (1990), « Dépendance alimentaire », *Dépendances*, vol. E, n° 2.

WIDLOCHER D. (1985), *Les logiques de la dépression*, Paris, Fayard, coll. « Pluriel ».

WINNICOTT D.W. (1975), *Jeu et réalité. L'espace potentiel*, trad. franç., Paris, Gallimard.

Winock M. (1995), « Barrès, Durkheim et la mort », *L'Histoire* n° 189, 40–42.

WORLD HEALTH ORGANIZATION (1982), *Changing Patterns in Suicide Behaviour*, *WHO-EURO Reports and Studies 74*, Copenhagen, Regional Office for Europe.

WORLD HEALTH ORGANIZATION (1986), *Working Group on Preventive Practices in Suicide and Attempted Suicide*, Summary Report, York, England.

ZUMBRUNNEN R., TRICOT L. (1989), « Factors affecting therapeutic decision-making following a suicide attempt », in Norman Kreitman et Stephen David Platt (eds), *Current Research on Suicide and Parasuicide*, Edinburgh University Press, 196–211.

Index

A

B

C

D

E

F

G - H

I

L - M

N

O

P

R

S

T

REMERCIEMENTS

Ce livre est le fruit d'une pratique clinique spécifique. J'ai la chance de la partager et de l'enrichir au quotidien avec de nombreuses personnes qui, depuis plusieurs années, se sont investies à mes côtés dans la conception, la mise en place et le développement de l'Unité médico-psychologique de l'adolescent et du jeune adulte (Centre Abadie, CHU de Bordeaux). Je souhaite ainsi exprimer ma profonde gratitude à mes collaborateurs psychiatres, les docteurs Marc Delorme, Jean-Marc Druot et Philippe-Pierre Tédo, sans qui ce travail n'aurait pu être entrepris. Ma reconnaissance va aussi à Liliane Cayotte, Emmanuelle Caule-Ducler, Marie Faure, Brigitte Hue-Pillette, Sandrine Marc, Christine Menneron, Françoise Penouil, Marita Wasser, et à l'ensemble de l'équipe de l'UMPAJA. Je remercie également les docteurs Jean-Michel Delile, Henri Moreau et Jean Picard, dont les remarques, les analyses et les commentaires m'ont été fort utiles tout au long de la rédaction de cet ouvrage.

STEDI, 1, boulevard Ney, 75018 Paris
Dépôt légal, Imprimeur, n° 5106
Dépôt légal : février 1997
Imprimé en France
Dépôt légal 1re édition : 2e trimestre 1996